O AUTOR MULTIPLICADO
Um estudo sobre os filmes de Peter Greenaway

Gilberto Alexandre Sobrinho

O AUTOR MULTIPLICADO
Um estudo sobre os filmes de Peter Greenaway

Copyright © 2012 Gilberto Alexandre Sobrinho

Grafia atualizada segundo o Acordo Ortográfico da Língua Portuguesa de 1990, que entrou em vigor no Brasil em 2009.

Publishers: Joana Monteleone/Haroldo Ceravolo Sereza/Roberto Cosso
Edição: Joana Monteleone
Editor assistente: Vitor Rodrigo Donofrio Arruda
Projeto gráfico e diagramação: Juliana Pellegrini
Capa: Vitor Rodrigo Donofrio Arruda
Revisão: João Paulo Putini
Assistentes de produção: Gabriel Patez Silva/Felipe Lima Bernardino

CIP–BRASIL. CATALOGAÇÃO NA PUBLICAÇÃO
SINDICATO NACIONAL DOS EDITORES DE LIVROS, RJ

S661a

Sobrinho, Gilberto Alexandre
O AUTOR MULTIPLICADO: UM ESTUDO SOBRE OS FILMES DE PETER GREENAWAY
Gilberto Alexandre Sobrinho, 1. ed.
São Paulo: Alameda, 2012.
322 p.

Inclui bibliografia
ISBN 978-85-7939-190-3

1. Greenaway, Peter, 1942 – 2. Cinema – História. I. Título.

| 13-0127 | CDD: 791.403981 |
| | CDU: 791(81) |

ALAMEDA CASA EDITORIAL
Rua Conselheiro Ramalho, 694 – Bela Vista
CEP 01325-000 – São Paulo, SP
Tel. (11) 3012-2400
www.alamedaeditorial.com.br

Agradeço à Capes, pela viabilização desta
publicação, e à Fapesp, pelo financiamento da
pesquisa; aos meus amigos, à minha família e ao
Alessandro, pelo apoio e carinho e, principalmente, à
Valderez Helena Gil Junqueira, minha grande mestra,
a quem dedico este livro.

Sumário

Introdução   9

Capítulo 1   49
Peter Greenaway e o cinema experimental

Capítulo 2   91
Os longas-metragens de ficção dos anos 1980/1990

Capítulo 3   227
Dos documentários institucionais à televisão britânica

Capitulo 4   257
Cinema e novas mídias:
modos expandidos de construções narrativas

Considerações finais   299

Filmes citados   303

Referências bibliográficas   307

Introdução

Este livro traz um estudo de alguns filmes dirigidos pelo cineasta britânico Peter Greenaway, desde os seus primeiros filmes experimentais (*Intervals*, 1969) até o longa-metragem *A última tempestade*. O material compreende também uma apresentação sobre o projeto em narrativa transmídia *Tulse Luper Suitcases* (2003/2004), marco de sua produção contemporânea, e uma entrevista com o diretor. A partir de alguns filmes escolhidos, busco percorrer o conjunto de sua obra para oferecer ao leitor uma visão ampla da construção de seu estilo, marcado por fases singulares e diferenciadas, influências diversas, experimentações, variações e negociações com os domínios do cinema, da televisão e das novas mídias.

A abordagem dos filmes privilegia a análise dos mesmos, com o objetivo de apontar para as camadas de significação que subjaz nas construções narrativas. Os filmes, entendidos como objetos autônomos de sentido, são enfrentados em sua estrutura interna e, em sua maioria, trazem uma marca forte do estilo de Peter Greenaway: a intertextualidade com um campo vasto de referências, em que transbordam as citações, o sentido enciclopédico de organização do conteúdo, o apego e à critica aos sistemas de classificação e de organização, o excesso trabalhado como um valor, o grotesco na abordagem dos temas e no tratamento dos personagens. Não quero dizer com isso que haverá a sucessão de análises isoladas, mas é esse movimento endereçado aos mesmos que permite o estabelecimento de relações internas e externas entre os filmes do diretor, da história do cinema e de outras formas de expressão artística.

Trata-se de um diretor que possui uma filmografia quantitativamente expressiva e nesse trabalho não almejei olhar para todo o material, pois além de não ter tido acesso a tudo que foi produzido, há filmes como *O cozinheiro, o ladrão, sua mulher e o amante* e *O livro de cabeceira* que já foram bastante estudados no Brasil, sendo assim, concentrei esfoço em destacar o que não é tão conhecido, principalmente pelo cenário acadêmico, mas que possui a força do estilo do diretor. Grande parte de sua obra cinematográfica e televisiva já foi exibida no Brasil. Parte representativa da produção experimental e da televisiva foi apresentada nas duas grandes retrospectivas realizadas, a primeira em 1998 (SESC – São Paulo e Centro Cultural Banco do Brasil – Rio de Janeiro) e a segunda em 2007 (16º Festival Internacional de Arte Eletrônica SESC_VIDEOBRASIL); a maioria dos longas–metragens foram exibidos em circuitos de exibição para filmes de arte e, porteriomente, disponibilizados em VHS e DVD. Além desses espaços que permitiram o visionamento de seus filmes, também frequentei os arquivos do British Film Institute e do Central Office of Information em busca das raridades, além das videotecas do Goldsmith's College e do Birkbeck College, todos esses lugares em Londres.[1]

Internacionalmente conhecido pelos seus filmes experimentais e de ficção, o cineasta Peter Greenaway também é artista plástico e escritor, dois ofícios que se estendem em seus filmes pela atenção permanente no trabalho com as imagens, na elaboração dos roteiros originais e nos trabalhos de adaptação literária e teatral. No plano visual, encontramos o registro

---

1 Bolsa Capes/Doutorado Sanduíche e bolsa Fapesp de doutorado no Brasil.

das imagens que buscam realçar seus aspectos plásticos por meio do realce das cores, texturas e tons, da recorrência aos estilos e gêneros circunscritos na história da arte europeia, com destaque para a paisagem, o retrato e a natureza-morta, da citação de quadros de cronologias variadas, da inscrição de suas obras pictóricas no seio de seus filmes, de um minucioso trabalho com a encenação que privilegia o artificialismo nas elaborações figurativas. Nas narrativas, estabelece-se um laborioso processo em que o acontecimento narrativo é construído por via da quebra da unidade causal, pela inserção de falsas pistas e enigmas, pelo uso de sistemas de classificação que tencionam a ordem e o caos, dada a insuficiência em restituir uma totalidade pela fratura. Esses arranjos, trabalhados artificialmente pelo instrumental do cinema e que, no desenvolvimento da obra, inclui um relacionamento íntimo com as imagens eletrônicas e digitais, realçam a reflexividade de sua poética. Os filmes de Greenaway também possuem uma sonoridade própria, seja pela proximidade com a ópera em alguns filmes, pela adesão à música experimental e minimalista como expressão musical, enfim, o som também participa ativamente da elaboração de seu universo artificialista.

A intrincadas tramas de suas ficções carregam um tom hermético que pode afugentar determinadas plateias; o trabalho obsessivo com o plano de expressão permite uma ligação de seus filmes com um formalismo, por vezes, fora de moda; o vocabulário de referências centrado em artistas canônicos de épocas remotas e do modernismo ocidental, com forte presença do caldo europeu, libera um tom elitista em seus filmes que parecem não dialogar com o presente do mundo globalizado e suas diferenças. Enfim, esses aspectos coexistem na sua obra, mas não irão compor a tônica dominante de minha leitura.

Greenaway também é diretor de óperas contemporâneas, curador e organizador de exposições, ofícios que não serão explorados nesse livro, embora estejam intimamente ligados com o universo dos filmes que ele dirige. Assisti no Brasil, em São Paulo, a ópera *100 Objetos para representar o mundo*, um dos eventos que marcou a primeira grande retrospectiva do artista, em 1998. Mais recentemente, a exposição *As maletas de Tulse Luper* tomaram conta de um dos espaços da unidade do Sesc, da Avenida Paulista, em São Paulo. Foram as duas vezes que estive mais próximo das realizações desse tipo e a impressão é estar perto de um possível cenário hipertrofiado de um filme seu, reiterando as inter-relações e continuidades que seu processo criativo enseja.

Em relação à sua produção fílmica, julgo produtivo para a minha leitura pessoal dos seus filmes um recorte que a secciona com a intenção de tornar visíveis aspectos particulares de seu estilo. Para esse recorte, estabeleci como parâmetro de análise: 1) as relações dos filmes com os gêneros cinematográficos e, consequentemente, o tipo particular de "narrativa" que é desenvolvida (ficção, documentário e experimental); 2) os modos de produção que fornecem as condições materiais para a execução dos projetos, bem como antecipam os meios de circulação dos filmes; 3) um olhar particular sobre sua filmografia produzida e exibida em canais de televisão; 4) as tecnologias utilizadas e as experiências estéticas agenciadas, haja vista o forte impacto que as novas mídias provocaram em seu cinema, após os anos 1990; e 5) o campo das referências que marcarm sua estética intertextual. Ressalto que esses parâmetros não funcionam como caixas que compartimentam a poética de Greenaway, ao contrário, há uma interpenetração entre esses eixos e, em se tratando de um cineasta com esse "furor" criativo, qualquer tentativa de sistematização rígida tende a um fracasso retumbante.

Assim, em primeiro lugar, vou considerar o seu período de formação artística que se inicia em 1966 com os curtas *Train* e *Tree* e segue com os filmes *Revolution* e *Postcards from capital cities*, ambos de 1967, *Intervals* (1969), *Erosion* (1971), e *H is for house* (1973), *Windows*, *Water* e *Water wrackets*, todos de 1975, *Goole by numbers* (1976), *Dear Phone* (1977), *1-100*, *A walk through h: the reincarnation of an ornithologist*, *Vertical feature remake* (1978), *The Falls* (1980). Esse período assinala a "preocupação formalista e estruturalista"[2] por meio de filmes de curta duração, com exceção do longa de *The Falls*, de 185 minutos. Assim como acontece em outros países, o cinema experimental, do qual esses filmes são tributários, está em plena atividade e Greenaway filia-se, neste primeiro momento, a essa estética. Podem-se estabelecer analogias com outros realizadores tais como Michael Snow, Hollis Frampton, e George Landow, que, assim como Greenaway, compunham filmes em que a manipulação dos componentes visuais, os jogos com o significante e a alta dosagem reflexiva endossavam as produções, negando a narrativa que alimenta o cinema ilusionista. Em termos contextuais, os primeiros filmes foram feitos num momento em que o pensamento estruturalista

---

2   BROWN, Robert. "Greenaway's contract". In: GRAS, V.; GRAS, M. (orgs.). *Peter Greenaway: interviews*. Jackson: University of Mississippi Press, 2000, p. 7.

vivia seu auge, o que levou alguns críticos a denominarem essa estética cinematográfica de cinema estrutural.

Em segundo lugar, vou considerar os documentários dirigidos para o *Central Office of Information* (COI), esclarecendo desde já que parte do material produzido em sua fase experimental tinha como "método" justamente parodiar e ironizar as práticas documentárias, sobretudo institucionais, com uma evidência da ética da desconfiança em relação a uma possível verdade na imagem. Mesmo assim, a prática contínua do documentário institucional, na montagem e na direção, permitiu ao diretor tornar-se íntimo do dispositivo e o convívio com dados, estatísticas e classificações reverberou intensamente em sua poética. Foram dirigidos para o COI: *Leeds Castle* (1979), *Cut above the rest* (1978), *Eddie Kidd Wonder Kid* (1978), *Zandra Rhodes* (1979), *Women artists* (1979), *Terence Conran* (1981) e *Beside the sea* (1983). Ainda nesse segundo momento de abordagem de seus filmes, irei considerar os filmes produzidos e veiculados na televisão britânica. São unitários e seriados que, de alguma forma, apelam em sua estrutura para certa voz documentarista, ressalta-se "ensaísta", e também preservam o experimentalismo dos anos 1960 e 1970. Os seguintes filmes foram produzidos e veiculados na televisão, no recorte que estabeleço: *Act of god* (1981), *Four american composers* (1983), *Making a splash* (1984), *Inside rooms – 26 bathrooms* (1985), *Fear of drowning* (1988), *Death in Seine* (1988), *A TV Dante* (1989), *M is for Man Music and Mozart* (1991) e *Darwin* (1992).

Os longas-metragens, considerados como filmes de arte, estabelecem-se como o terceiro recorte de sua filmografia que se inicia com *O contrato do desenhista* (1982) e segue com *ZOO – Um z e dois zeros*, *A barriga do arquiteto* (1987), *Afogando em números* (1988), *O cozinheiro, o ladrão, sua mulher e o amante* (1989), *O Bebê Santo de Mâcon* e *81/2 Mulheres* (1998). Trata-se do momento em que Greenaway começou a gozar do reconhecimento do público, sendo tratado como uma das grandes inovações do cinema britânico e europeu. O cineasta ficou na moda. Se nos filmes anteriores havia total liberdade de ação, em que eram decididos na moviola, a partir deste momento as concepções pessoais de roteiro e de enquadramento passaram a ter um papel fundamental na criação, devido aos esquemas de produção dos longas-metragens e dos filmes para televisão. Nos filmes, já se notava o requinte visual que seria uma das marcas em sua trajetória, principalmente em *O contrato do desenhista* e seu maior sucesso de público e de crítica, *O cozinheiro, o ladrão, sua mulher e o amante*. Greenaway se valeu da narrativa, mas não abandonou as listagens, o alfabeto e os números: ele introduzia esses elementos em suas histórias deliberadamente artificiais. Ao ser caracterizado pelo excesso visual, pelo conjunto de referências, pela imprecisão nas reconstituições históricas, pelo barroquismo das imagens etc., o cinema de Peter Greenaway da década de oitenta e do começo dos anos 1990 passou a ser tratado por alguns estudiosos e críticos como referência da estética pós-moderna e neobarroca.

Para o quarto recorte, iniciarei a análise com *A última tempestade* e, em seguida, faço algumas considerações sobre *Tulse Luper Suitcases* (2000). Trata-se de um momento de amadurecimento e de busca por novas possibilidades expressivas por meio da incorporação das novas mídias para a construção das narrativas, que transborda, de forma pioneira, nas chamadas experiências de narrativas transmidiáticas. Consolidado o trabalho como cineasta, Greenaway questiona de forma reiterada o modelo hegemônico de cinema, sobretudo o cinema narrativo e as salas de projeção. A partir da década de 1990, ocupou-se também de projetos grandiosos, como as instalações realizadas nas cidades de Munique, Genebra e Barcelona, realizou curadorias em cidades europeias, elaborou óperas, projetos para televisão e teve o conjunto de sua obra sendo revista em cidades como Paris, Nova York, Rio de Janeiro e São Paulo. Neste momento, a insatisfação do diretor diante dos limites do cinema instigou-o a buscar alternativas na tentativa de reinventar o meio.

Greenaway expõe declaradamente sua rejeição em relação ao cinema ilusionista, cujo modelo hegemônico encontra-se nas produções norte-americanas. Ao contrário de cineastas como Martin Scorsese, nome sempre citado pelo diretor, há uma recusa em criar filmes transparentes assentados no modelo clássico da narrativa, inspirado nos romances realistas do século XIX, que privilegiam os aspectos psicológicos e seus desdobramentos em torno da identificação. Não que seus filmes abandonem a estrutura clássica firmada no prólogo, três atos e um epílogo, mas há um investimento maior na maneira como os acontecimentos são apresentados, o que é diferente de privilegiar o que está sendo contado somente no nível da fábula.

Trava-se, deste modo, um importante diálogo com um tipo de narrativa literária que influencia seu modo de composição narrativa, neste caso, Jorge Luis Borges, Gabriel García Márquez e Ítalo Calvino, escritores cujas produções são tidas, grosso

O autor multiplicado

modo, como marcos da estética literária contemporânea pelo nível de fabulação artificial ao lado de investimentos com a linguagem. Autores como esses se tornam referências para filmes com histórias deliberadamente artificiais, nebulosas e de alto teor intelectual. Conclui o cineasta referindo-se sobre o aspecto exageradamente racional de seu filme *A barriga do arquiteto*:

> Eu sou um produto da alienação pós-brechtniana nos anos 60 e não de *Kramer vs Kramer*. Eu gosto de tornar o cinema tão próximo da mente quanto distante do envolvimento emocional, e isso tem sido o tom de filmes como *O contrato do desenhista* e *Zoo – um z e dois zeros*, em que todos os atores eram essencialmente indicadores de idéias.[3]

Em sua visão atenta para o dispositivo cinematográfico, Greenaway questiona o vínculo entre a sétima arte e a literatura ou o teatro, almeja, por via da realização, alinhá-la aos seus antecessores, as artes visuais. Assim, a pintura europeia ao longo de dois mil anos torna-se a referência básica para que ele possa compor visualmente: "Eu ainda sou, primeiramente, um pintor que está trabalhando no cinema. Eu acho que meu cinema é melhor compreendido quando relacionado, em termos críticos, às tradições da pintura e da história da arte".[4]

---

3   RANVAUD, D. "Belly of an architect: Peter Greenaway interviewed". In: GRAS, V.; GRAS, M. (orgs.). *Op. cit.*, p. 48.

4   SMITH, G. "Food for thought: an interview with Peter Greenaway". In: GRAS, V.; GRAS, M. (orgs.). *Op. cit.*, p. 100.

Poucos movimentos de câmera, organização meticulosa do espaço da encenação e rígida organização do quadro são procedimentos comuns, principalmente nos filmes de longa-metragem de ficção dos anos 1980. Essas decisões são formas de deslocar o espectador do jogo de identificação e fazê-lo apreciar a imagem em sua elaboração, tal como se procede num museu.

O trabalho de análise que segue é dividido em quatro capítulos. No primeiro capítulo, faço um recuo às origens da formação de Greenaway. Nele enfatizo alguns elementos biográficos, tais como a formação como pintor. Outros dados proeminentes do período e apontados neste estudo são os comentários sobre a conjuntura histórica do período dos anos 1960 e 1970 na Inglaterra, em que aponto as diretrizes políticas, e os movimentos artísticos, dando destaque para a Arte Pop Britânica e o cinema experimental. Assim, sob o impulso do cinema experimental dos anos 1960 e já esmaecido na década seguinte ele produziu, dirigiu e montou, primeiramente, filmes não muito expressivos, mas, posteriormente, ganharia respaldo institucional para desenvolver projetos ousados na trilha de uma vanguarda tardia, culminando no ambicioso *The Falls* (1980), o único filme de um diretor britânico a receber o prestigioso *British Film Institute Award* em vinte anos. Sintomática do desbotamento a que se sujeitavam as realizações radicais anti-ilusionistas, essa primeira fase traz filmes em que a paródia, excessivamente explorada na década posterior, começa a penetrar no seio da vanguarda, e aqui Greenaway não apenas recicla o olhar voltado para o próprio dispositivo, atitude bastante recorrente, mas também já antecipa sua inserção nos filmes, desenvolvendo uma espécie de narcisismo autoral, interpretado, ao mesmo tempo, como ato de resistência e de autopromoção: a crise estava apontada. O capítulo é finalizado com a análise dos filmes *A walk through H* (1978), *Vertical Features Remake* (1978) e *The Falls*, tendo como norte a figura de Tulse Luper, alter-ego do diretor que funciona como enunciador interno nas narrativas. Trato aqui das relações que se estabelecem entre essa projeção e as particularidades de sua fase experimental.

No segundo capítulo abordo os filmes de longa-metragem realizados durante as décadas de 1980 e 1990, momento em que ocorre um deslocamento abrupto de sua realização assumidamente experimental para o circuito de produção, distribuição e exibição do cinema de arte, tanto na Europa como em outros lugares, como é o caso de todos seus filmes veiculados comercialmente no Brasil. Seu nome, desde então, vinculou-se a uma geração de cineastas apontados como "o novo cinema inglês", em que ele, Derek Jarman e Terence Davies soergueram-se como autores de propostas estéticas mais ousadas quando comparados com Stephen Frears, Mike Leigh, Neil Jordan e Alan Parker, que atendiam, de certa forma, à continuação do realismo "kitchen sink" de Karel Reiz e de Lindsay Anderson, com a tônica permanente da criação de narrativas que investigavam a realidade inglesa sob a roupagem do realismo.

A década de 1980 viu surgir o estilo pós-moderno nas artes e "trouxe como sinal dos tempos um esgotamento nítido da capacidade de renovação e revolução das vanguardas conforme esboçada no início do século e retomada com todo vigor nos anos 60", no dizer de Fernão Ramos.[5] No cinema, ficaram flagrantes as reconstituições históricas, as citações exageradas, a paródia, o pastiche, a presença constante da ironia, o visual estilizado e carregado. Greenaway foi projetado nacional e internacionalmente e seus filmes traziam elementos consoantes com outras obras do mesmo período, indicando, por um lado, a necessidade do diálogo com um público maior e, por outro, o ímpeto contemporâneo de manifestar-se em consonância com as questões que estavam no ar, tal como atestam o primeiro filme da década lançado comercialmente, *O contrato do desenhista* (1982), e o último, *O cozinheiro, o ladrão, sua mulher e o amante* (1989), sucessos de público e de crítica. Esse modo de ser prolongou-se em filmes tais como *O Bebê Santo de Mâcon* e *81/2 Mulheres.*

O chamado cinema pós-moderno, sintomático de um momento de crise e de superação do ideal heroico do modernismo, surgiu no contexto econômico do avanço e do estabelecimento do neoliberalismo, sendo determinante a reconfiguração do quadro político nas chamadas sociedades pós-industriais, destacando-se a chegada e a permanência no poder dos líderes Ronald Reagan, nos Estados Unidos, e Margareth Thatcher, na Grã-Bretanha, durante a década de 1980. Esse quadro geral, brindado pela vitória do capitalismo, do consumo e do espetáculo, foi filtrado criticamente no cinema por Greenaway, resultando em filmes alegóricos em que a excessiva decodificação visual não só atendia ao espírito de uma época marcada pelo transbordamento da informação visual e seus simulacros, mas revelava um estado de tensão entre

---

5   RAMOS, F. P. "O esgotamento de uma estética". In: LABAKI, A. *O cinema dos anos 80.* São Paulo: Brasiliense, 1996.

a perda da voz individual do artista, decorrendo na crise do autor, outrora vigorado pela possibilidade de mudança e de ruptura, e a imposição inexorável do consumo febril e da banalização do objeto artístico.

O ponto de vista que este trabalho lança sobre os filmes do período concentra-se na busca pela compreensão deste cinema que, embora possa ser enquadrado sob auspícios da pós-modernidade, carrega elementos do modernismo tardio, criando assim um campo de conflito entre a herança das rupturas pós-godardianas e uma certa perda da força demolidora. Entram em cena novamente os aspectos contextuais da época, com destaque para os desdobramentos da política de Margareth Thatcher para a vida cultural. Para isso, destaco os filmes *O contrato do desenhista*, *Zoo – Um z e dois zeros* e *A barriga do arquiteto* (1985), enfatizando os percursos dos protagonistas. Em seguida, analiso o fime *Afogando em números* (1987), filme que restitui, a partir de certas convenções narrativas, o clima de estranhamento da fase anterior, notadamente o que se denomina os artifícios do diretor, bem como alegoriza a conjuntura político-social do período com bastante intensidade. O capítulo encerra com uma análise de *O Bebê Santo de Mâcon* (1993), entendido como um filme que concentra fortes tonalidades de um processo de criação de narrativas dentro de estúdios.

No terceiro capítulo, abordo os documentários e os unitários feitos para a televisão. Um dado relevante e pouco abordado pela crítica é seu aprendizado cinematográfico no Central Office of Information, primeiro como montador e depois como diretor de filmes documentários. Tal como nos primeiros filmes, é por meio da televisão que o artista se volta ao ideal de resistência às formas dominantes da narrativa audiovisual. Para essa abordagem também levei em consideração aspectos contextuais decisivos para a inserção do diretor no quadro da televisão inglesa. Os filmes televisivos selecionados foram *Act of god* (1981), *Four american composers* (1983), *Death in Seine* (1988) e *A TV Dante* (1989).

No quarto capítulo exploro as relações entre o cinema e as novas mídias. A partir de *A última tempestade*, o que se tem é um momento de amadurecimento e de busca por novas possibilidades expressivas através da intensificação do trabalho com a televisão e da utilização das tecnologias digitais. Sob o impulso do avanço do computador na esfera artística, Greenaway realizou esse longa, que se tornaria um dos marcos da emergente hibridização dos processos de realização cinematográfica, levando ao extremo os processos de colagem, já presentes nos filmes anteriores e, agora, potencializados pelas novas mídias. A partir desse momento, sua imagem ficou marcada como a de artista plural ao realizar óperas, instalações e curadorias de grandes exposições. Aos poucos, Greenaway parece afastar-se do cinema, referindo-se constantemente à impossibilidade de alcançar novas formas de expressão, acreditando na pouca vocação narrativa do meio e insistindo em expandir o horizonte do cinema por meio de seu diálogo com a pintura e à necessidade constante de fundir texto e imagem, desejo extremado em seu projeto *Tulse Luper Suitcases.*

O autor Peter Greenaway:
questões sobre a autoria no cinema

O fervor no debate sobre a autoria no cinema teve, na década de 1950, na França, o momento privilegiado, quando os jovens críticos e depois cineastas François Truffaut, Eric Rohmer, Jean–Luc Godard e Jacques Rivette, mais engajados em tangenciar a questão a partir de uma postura política que teórica, questionaram a ênfase dada ao roteiro nos filmes franceses e passaram a valorizar a figura do diretor, tendo como alvo um conjunto de filmes americanos de diretores do chamado período clássico (John Ford, Raoul Walsh, Howard Hawks e outros), analisados a partir dos usos particulares que faziam dos recursos da encenação, sendo, em seguida, o diretor denominado como autor. Desde então, o cinema tem sido um dos territórios privilegiados da questão e o debate continua, tal como comprova um texto de 1999, publicado por Colin MacCabe,[6] *The revenge of the author* (A vingança do autor).

MacCabe mapeia historicamente a questão, tomando o polêmico texto de Roland Barthes,[7] *A morte do autor*, como trampolim para suas considerações. Ele inicia o artigo destacando

---

6   MacCABE, C. "The revenge of the author". In: *The eloquence of the vulgar.* Londres: BFI, 1999, p. 33–41. São particularmente relevantes as ideias de MacCabe decorrentes da conciliação entre a reflexão teórica e sua atuação no British Film Institute, primeiro como diretor de produção (1985–1989) e depois como diretor de pesquisa (1989–1998). Em seus escritos, fortemente influenciados pela abordagem marxista dos fenômenos, tem-se uma visão sobre certos processos culturais, enriquecida pela experiência direta em uma instituição que atua diretamente nos rumos da prática e do pensamento sobre o cinema, no contexto britânico.

7   BARTHES, R. "The death of an author". In: *Image, music, text.* Londres: Fontana, 1977, p. 142–148.

a influência de Barthes no pensamento de sua geração no final da década de 1960 e que tomou grande impulso na década seguinte. Quanto ao texto citado, realça a contribuição teórica para os estudos literários firmados na ideia da socialização da escrita e na transindividualidade de seus códigos, ao mesmo tempo em que sempre se viu preocupado com a ideia de abolição da autoria. Esse dado tomou dimensão maior, a partir dos anos 1980, quando ele passou a atuar diretamente na realização de filmes, o que reafirmou sua crença no diretor como autor: "A preocupação mais generalizada do elenco e da equipe de filmagem, para não mencionar o produtor, é a de que o diretor sabe que filme está sendo feito, que existe um autor no set".[8]

A inspeção que faz da questão do autor parte do campo literário para depois alcançar a situação do cinema. Seu texto ressalta a importância de voltarmos para a história, em que destaca o surgimento da imprensa como o marco na alteração das relações entre escritor e leitor. Deste modo, o surgimento desta tecnologia foi determinante para a reavaliação do papel do autor no processo de produção e sua relação com o público leitor. Assim, se o manuscrito impunha uma relação direta entre as duas entidades, com o texto impresso, durante o Renascimento, apresenta-se uma virada radical, enfeixada pelo poder individual do autor tornado representante legítimo do vernáculo, assegurado pela institucionalização da propriedade intelectual, com o surgimento dos direitos

---

8   MacCABE, C. *Op. cit.*, p. 33.

autorais – a figura do autor passa, então, a ser remodelada por aparatos tecnológicos e legais.[9]

O século XIX representa o momento em que o sujeito experiencia de modo agravante a crise daquela cisão. Isso devido, principalmente, ao aumento da circulação dos jornais em escala nacional e ao problema do endereçamento da propriedade autoral a um vasto público nacional, num contexto em que a informação é dispersiva. Para MacCabe, o pensamento de Barthes brota da reação modernista a esse dilema que enxerga a crise e postula um público ideal e indistinto no futuro,[10] que leva à anulação da figura do autor, compreendido como uma entidade que obscurece a especificidade do texto. As noções barthesianas, assentadas na ênfase da polissemia potencial de qualquer texto, em sua potência para a

---

9   *Ibidem*, p. 34.

10 Mashall Berman também analisa a questão da crise do sujeito, intepretando-a como uma ausência do sujeito na vida moderna e localiza a postura de Roland Barthes da seguinte forma: "Barthes coloca essa ausência debaixo de uma luz positiva, até mesmo heroica: o escritor moderno 'volta as costas para a sociedade e confronta o mundo dos objetos, recusando-se a caminhar através de quaisquer das formas da História ou da vida social' [citação extraída de *O prazer do texto*]. O modernismo aparece, desse modo, como uma grande tentativa de libertar os artistas modernos das impurezas e vulgaridades da vida moderna. Muitos artistas e escritores – e mais ainda, críticos de arte e literatura – são gratos a esse modernismo por estabelecer a autonomia e a dignidade de suas atividades. Mas poucos artistas e escritores modernos pactuaram com esse modernismo por muito tempo: uma arte desprovida de sentimentos pessoais e de relações sociais está condenada a parecer árida e sem vida, em pouco tempo. A liberdade que ela permite é a liberdade belamente configurada e perfeitamente selada... da tumba". BERMAN, M. *Tudo que é sólido desmancha no ar*. São Paulo: Companhia das Letras, 1986, p. 29.

infinitude, no realce da análise dos códigos transindividuais inerentes aos textos, levam a crer que os textos seriam determinados pelos seus significados, daí surge o questionamento de se entender essas determinações sem considerar, por um lado, um autor produzindo significados autônomos em uma esfera anterior às suas articulações específicas e, por outro, um público impondo qualquer significado que se quer a um texto. A resposta de MacCabe para questões dessa ordem, no campo do cinema, é levar em consideração o processo de filmagem e o processo de criação do texto/filme, em que as relações entre autor e público aparecem de forma esclarecedora. Deste modo, ele não descarta totalmente as conquistas dadas à dimensão textual, mas inclui na busca pelo sentido do filme essa instância anterior, a posição do diretor na realização, fundamental para a distinção do filme como produto artístico e os desdobramentos de sua polissemia.

> O autor é, mais propriamente, um movimento contraditório dentro de uma coletividade do que um sujeito totalizador, autônomo e homogêneo. Se o processo de filmagem permite-nos um caminho óbvio de enxergar o autor em uma pluralidade de posições, isso não deveria ser considerado como uma fórmula empírica para o estudo dos autores. Se alguém fosse pegar um filme específico e tentar constituir o autor em relação ao seu primeiro público, esse sujeito estaria de frente a uma multiplicidade de determinações para aquele público a um nível que torna impossível a análise exaustiva não apenas tecnicamente, mas teoricamente. A utilidade da analogia fílmica e a utilidade dos críticos dos

Cahiers que deliberadamente adotaram uma posição similar é justificada pela multiplicidade de posições nas quais devemos localizar o autor. (...) Deve ser sublinhado que a infinitude, mais uma vez, torna--se um termo real na análise. Entretanto, a diferença entre essa concepção de infinitude e a de Barthes é que, ao passo que a de Barthes é localizada em determinações atemporais e idealistas, aqui ela é guiada por determinações históricas e materialistas no processo de significação.[11]

O cinema de Peter Greenaway desenvolve-se como lugar em que confluem experimentação, fabulação e erudição. São quase cinco décadas de realização artística em que o cinema está no centro de seus investimentos criativos. Trata-se de uma obra autoral que inclui em seu início o trabalho artesanal de produção, roteirização, direção e montagem nos moldes do *cinema experimental*, avançando para o filme de arte que prevê um esquema comercial de produção, de distribuição e de exibição, mas que preserva a centralização do diretor na execução do trabalho e que inclui permanentemente seu trabalho como roteirista e a participação contínua de colaboradores como o produtor Kess Kasander, o diretor de fotografia Sacha Vierny e o músico e compositor Michael Nyman. Não tenho a intenção de buscar a unidade em um trabalho tão vasto, ao contrário, penso, sobretudo, que a ideia de *multiplicidade*, desenvolvida

---

11 MacCABE, C. *Op. cit.*, p. 39.

pelo escritor Ítalo Calvino,[12] seja mais pertinente para lançar um olhar oblíquo sobre sua extensa obra:

> Alguém poderia objetar que quanto mais a obra tende para a multiplicidade dos possíveis mais se distancia daquele *unicum* que é o *self* de quem escreve, a sinceridade interior, a descoberta de sua própria verdade. Ao contrário, respondo, quem somos nós, quem é cada um de nós senão uma combinatória de experiências, de informações, de leituras, de imaginações? Cada vida é uma enciclopédia, uma biblioteca, um inventário de objetos, uma amostragem de estilos, onde tudo pode ser continuamente remexido e reordenado de todas as maneiras possíveis.

Seus filmes organizam-se pelo viés de um processo intertextual contínuo. Desdobram referências de sua atividade como pintor, da história da arte europeia, da música, do próprio cinema, da literatura, do teatro, da arquitetura, da fotografia, da ciência, do jogo, cenas da infância, a ornitologia, a lembrança da figura paterna. Em seu percurso encontram-se filmes documentários de propaganda, filmes experimentais, longas-metragens ligados ao cinema de arte, curadorias de exposições, instalações, pinturas, óperas, romances, filmes para a televisão e as novas mídias.[13] Essa multiplicidade de

---

12 CALVINO, I. *Seis propostas para o próximo milênio.* São Paulo: Companhia das Letras, 1999, p. 138.

13 Os dispositivos digitais de imagem e som (cinema, televisão e vídeo), os ambientes e os mundos virtuais, os games de computador e os consoles computadorizados, as instalações interativas mediadas por computador, as animações com imagens reais e sintéticas, os domínios da

atividades prevê o domínio de dispositivos distintos, e no campo do cinema isso se deu pela intensa atividade como montador e diretor de documentários institucionais, seguido de pesquisa de linguagem em vários suportes, com destaque para as relações que estabelece entre pintura e cinema na confecção das imagens, além das ficções elaboradas de modo irônico e artificial.

O processo intertextual citado inclui referências cotextuais em que uma obra se projeta em outra constituindo um processo contínuo de reescritura. Desenhos e pinturas realizados pelo diretor são inseridos nos filmes, personagens transitam de uma obra para outra, filmes transformam-se em livros e em exposições. A maioria dos filmes são assim inter-relacionados formalmente, e sobre essas variações nos deteremos mais nas análises nos próximos capítulos.

Na concepção de Paul Virilio,[14] o cinema é o primeiro *veículo audiovisual*, aterrorizante máquina que antropofagiza o passado cultural em suas linguagens tradicionais: literatura, pintura, teatro, escultura, dança, arquitetura; é um aparelho que *reproduz* o movimento, deslocando-se da fixidez da

---

multimídia, os dispositivos móveis e as demais interfaces humano--computador (MURRAY, J. H. Hamlet on the Holodeck: the future of narrative in the cyberspace. Cambridge: MIT, 1998) compõem a listagem dos domínios amplos das novas mídias. São esses e outros aparelhos que dinamizam as trocas simbólicas entre os sujeitos, na contemporaneidade. Portáteis, móveis, imersivas, interativas e conectadas à Internet, as novas mídias assinalam outro patamar no âmbito da história social da mídia e da cultura.

14 VIRILIO, P. "O último veículo". *34 Letras*, n° 5/6, set. 1989.

fotografia. Para Ramon Carmona,[15] o cinema assume caráter hegemônico em nossa época por influenciar decisivamente os sistemas posteriores à sua invenção como a televisão, o vídeo e as novas mídias. É essa a envergadura do cinema de Peter Greenaway, ou seja, seu universo cinematográfico leva em consideração as sérias implicações que o meio possui com outras formas de representação e isso se estabelece por um movimento interno contínuo que traz para o seio da elaboração dos filmes a inclusão de formas de representação prévias ao cinema, como o desenho, a pintura e a fotografia, e outras posteriores, como o vídeo e as novas mídias; ou seja, um conjunto de citações que exige do espectador um saber enciclopédico.[16] As constantes citações, o cruzamento e o entrecruzamento de figuras de uma obra para outra num movimento interminável e a reescritura como parte do processo criativo conduzem a uma poética da transversalidade. Trata-se de uma visão do conjunto da obra a partir de sua obliquidade, colateralidade e verticalidade, em que se explicita o atravessamento de uma obra em outra. O cinema transversal de Peter Greenaway é uma construção artística que foge a uma regularidade precisa em seus aspectos formais e narrativos. Em seu desenvolvimento, desde os primeiros filmes, constata-se um fluxo contínuo em que gêneros, suportes e

---

15 *Como se comenta un texto fílmico*. Madri: Cátedra, 1986, p. 25.

16 Maria Esther Maciel parte da conformação enciclopédica dos filmes para analisar os filmes de Peter Greenaway. MACIEL, M. E. "A poesia no cinema: de Luis Buñuel a Peter Greenaway". *Cadernos de Tradução*, Florianópolis, UFSC, vol. 7, 2002, p. 81–92.

temas são manipulados ao lado da forte presença de outras formas de representação artística.

O tema da autoria também se instaura em seus filmes de forma contundente e atravessa a obra do diretor. Isso implica num duplo aspecto: por um lado percorreremos seus filmes tentando decodificar em que consiste essa transmutação autoral no seio das narrativas, sendo na verdade um gancho para análise de questões relativas ao ponto de vista em que a obra dispõe um sistema de navegação que gera uma estética reflexiva. Por outro lado, temos as fortes marcas de sua assinatura, como as relações entre linguagens que, ao serem constantes, principalmente na inscrição da pintura, permitem o delineamento ou a cartografia da obra do diretor em seus percursos e opções, além das contundentes relações contextuais que os filmes trazem; enfim, almejo fugir do cerco fechado do estilo para o campo aberto das variações de estilos que se erguem sob a assinatura de Peter Greenaway.

A visão do teórico e realizador Peter Wollen sobre a teoria do autor é resultado da análise da *politique des auteurs* dos críticos franceses[17] da revista *Cahiers du Cinéma*, elaborada posteriormente por Andrew Sarris como a teoria do autor. Tanto a política como a teoria valorizaram a figura do diretor em detrimento do produtor; isso se dava por uma dupla perspectiva: perseguir temas ou motivos recorrentes ou analisar a expressão do diretor na encenação do filme. Em ambas as atitudes críticas procurava-se reafirmar o potencial de diretores consagrados,

---

17 Jovens críticos que depois se tornariam os cineastas da *Nouvelle Vague*: Jean-Luc Godard, François Truffaut, Claude Chabrol, Eric Rohmer, Jacques Rivette, Jean Doniol-Valcroze.

dentre os quais Hitchcock, Ford e Hawks, e também revelar autores desconhecidos ou esquecidos, tendo principalmente o cinema americano como foco de análise.[18]

Primeiramente sob a perspectiva estruturalista, Wollen analisou a produção autoral de Howard Hawks e John Ford, atentando para a permanência das unidades temática e estilística reveladoras de visões de mundo distintas em suas complexidades; num segundo momento, o teórico e cineasta foi influenciado pela tese foucaultiana do autor como função e deixou de defender a ideia do autor como indivíduo isolado, que atende às determinações fechadas num conjunto de obras, para defender um ponto de vista que privilegia o autor como um catalisador, que estende seus aspectos estilísticos para outros filmes ou para o meio cinematográfico.[19]

Nesse sentido, Wollen parte da premissa de que a estrutura coerente subjacente ao trabalho autoral não se aplica somente ao indivíduo que se expressa pessoalmente no filme, mas é "através da força de suas preocupações que um significado inconsciente e não intencional pode ser decifrado no filme, geralmente para surpresa do indivíduo envolvido". Enfatizando a concepção textual do filme, ainda afirma que o "filme não é uma comunicação, mas um artefato que é inconscientemente estruturado de certa forma".[20]

É necessário dizer que não há a negação categórica do sujeito criador, mas perde-se de vista a visão romântica que

---

18 WOLLEN, P. *Signos e significação no cinema.* Lisboa: Livros Horizonte, 1984, p. 76–80.

19 *Idem*, p. 168.

20 *Idem*, p. 167.

busca na análise da obra a originalidade do processo de criação que vincula os traços semânticos e estilísticos diretamente ao indivíduo. Essa ideia do catalisador pareceu-me interessante como indicador de traços estilísticos nos filmes de Peter Greenaway, partindo do ponto de vista de Wollen, que enxerga o autor como um catalisador inconsciente responsável pelo processo de feitura do filme e que, dadas as condições de produção coletiva do cinema, funciona como um agente que se posiciona reflexivamente na organização do produto artístico.

Essa visão da teoria do autor como catalisador almeja enfatizar também as relações e influências do filme com outros filmes e outras linguagens, sendo, nas palavras de Wollen, "uma ilusão crer qualquer obra de arte completa em si mesma", pois "códigos diferentes podem atravessar livremente as fronteiras textuais, encontrar-se e estar em conflito dentro delas".[21]

De forma eloquente, Jean-Claude Bernardet[22] também analisa o autor no cinema. Centrando-se nos contextos francês e brasileiro, com breves comentários sobre a questão nos Estados Unidos, Bernardet traça um interessante painel histórico, tomando também como ponto de partida as ideias contidas na *politique* dos *Jovens Turcos*, mas indo além, realizando recuos para oferecer uma ampla compreensão do desenvolvimento da ideia de autoria. Uma vez a ideia de autoria dispersa em jornais e revistas, não havia consenso sobre o que os críticos queriam realmente dizer com o termo autor; em seu estudo, ele destaca três traços que giravam em torno do

---

21 *Idem*, p. 169.

22 BERNARDET, J. C. *O autor no cinema: a política dos autores – França, Brasil anos 50 e 60*. São Paulo: Brasiliense/Edusp, 1994.

conceito: 1) o autor do filme é o realizador–autor da história ou diretor; 2) o autor deveria ser diretor, roteirista e produtor; e 3) deve haver uma expressão pessoal ligada ao autor do filme, sem que ele seja necessariamente roteirista ou produtor.[23] O ponto central da primeira parte do livro de Bernardet é a crítica que faz aos apelos da *política*, principalmente em sua busca pela expressão subjetiva guiada pelas noções de matriz e a incessante busca pela unidade:

> A construção da matriz passa obrigatoriamente pela análise do conjunto de filmes de um autor, é um trabalho sobre a redundância: peça essencial do método crítico. São as repetições e as similitudes identificadas na diversidade das situações dramáticas propostas pelos vários enredos que permitirão delinear a matriz. O autor é, nessa concepção, um cineasta que se repete, e não raro houve críticos que consideraram cineastas autores pelo simples fato de se repetirem.[24]

E ainda:

> Seu método crítico visa a perceber o autor como uma unidade, é a absoluta coerência interna do sujeito que se expressa. "*Je* est un." Verdadeiras muralhas são erguidas para impedir a dispersão do sujeito que só existe quando uniformemente igual a si próprio. Terrorismo do uno, da unidade, contra o diverso, o múltiplo.[25]

23 *Idem*, p. 23.
24 *Idem*, p. 31.
25 *Idem*, p. 38.

Bernardet critica o fato de os críticos da *política* se aterem a essa questão da descoberta de um tema dominante que habita a obra de determinado cineasta e a incessante busca por um fio que garante unidade a um universo criativo. Desse modo, a falibilidade da matriz pode ser gerada por um conjunto de elementos exteriores e inerentes ao sujeito criador, próprios do sistema cinematográfico, complexo em sua organização coletiva. A matriz é ameaçada pelo próprio crítico que não enxerga ser o seu trabalho uma interpretação a partir de escolhas subjetivas, a sua cegueira em relação à produção que viabiliza o produto artístico, não vendo necessariamente o filme como o trabalho de uma expressão individual de um autor, a questão do público e da relação de comunicação que pode estabelecer ou não e, por fim, o próprio autor que pode se contradizer, como algumas vezes acontece ao vermos cineastas expondo opiniões sobre seus filmes.[26]

O trabalho de Jean-Claude Bernardet inicia pela definição de dicionário da palavra autor, destacando a primeira acepção encontrada no *Nouvelle Larousse Ilustré* – "Deus, aquele que é a causa primeira" – e finaliza a primeira parte trazendo para discussão as relações ideológicas dos *Jovens Turcos* com a doutrina filosófica-cristã denominada personalismo, a partir das considerações do crítico americano John Hess na publicação *Jump Cut*.[27] A conclusão que extrai descortina um aspecto do

---

26 O livro apresenta algumas opiniões bastante diferenciadas de cineastas opinando sobre a própria obra, tais como Federico Fellini e Carl Dreyer.

27 Cito integralmente a passagem que Bernardet define o personalismo a partir de John Hess: o personalismo "considerava que o homem vive num estado que resulta de sua queda num mundo corrompido, mas,

autor que se aproxima da característica romântico–burguesa ao qual o autor individualizado pode se relacionar:

> O autor, em última instância, revela Deus, e não será essa a função última do cinema? As obras dos grandes autores não são filmes, mas se identificam com o próprio cinema. Já tivemos acima um exemplo desse tipo de colocação a respeito de Hitchcock: "se ele se engana então o cinema inteiro se engana". Temos outros: "cada plano, cada imagem [de Nicholas Ray] respira o cinema e nos faz compreender o que é o cinema". Hitchcock "é cinema qualquer coisa que faça". A obra do autor identifica–se com o cinema, é o cinema, cria o cinema. O romantismo não está longe: "O artista tornou–se um Deus criador", escreve o alemão Herder. Um passo a mais e ao autor cinematográfico torna–se o Criador. Godard dá esse passo, ao concluir uma nota sobre Índia, de Renoir, anunciado um artigo sobre esse filme. "Num próximo número provarei por que Índia é a criação do mundo". O autor virou Deus.[28]

No último capítulo do livro, intitulado "O declínio do autor", o tratamento da questão gira em torno de um enfoque deslocado do centramento do autor, do qual a *política dos autores* era tributária, e denuncia a banalização da autoria, os deslocamentos e mudanças na produção na década de 1970 com

---

por mais desesperada que pareça sua situação, ele tem a possibilidade de se libertar dela, desde que enfrente seu destino e se volte para os outros e para Deus". (BERNARDET, J.–C. *Op. cit.,* p. 54).

28 *Idem,* p. 65.

a irrupção do cinema militante, em que destaca o papel da noção de *Terceiro Cinema* elaborada em tom de manifesto pelos argentinos Fernando Solanas e Octávio Getino, em 1969. Indo além do horizonte cinematográfico, o autor recupera o pensamento voltado para as artes plásticas na voz do teórico marxista Nicos Hadjnicolau, em que explicita a impossibilidade do tratamento da obra a partir da noção de unidade.[29] As considerações de Hadjinicolaou endossadas por Bernarnet confirmam meu desejo de olhar a autoria pelo viés da multiplicidade, conforme expus, valendo-me de Ítalo Calvino:

> Assim como cada folha de uma árvore não se parece com nenhuma outra folha existente, não é menos certo que cada ser humano é distinto de todos os outros. Querer aplicar esta concepção à história da arte implicaria, de um lado, a transformação dos historiadores em detetives que descobririam a personalidade dos "criadores" pelas impressões digitais; por outro, isso os levaria a ignorar as diferenças determinantes entre as imagens produzidas pelo mesmo indivíduo, a ignorar o fato de que pertencem a ideologias em imagens se não opostas, pelo menos diferentes. Os caminhos que pretendem

---

29 Eis o momento em que, valendo-se das considerações do teórico marxista, Bernardet aponta para a impossibilidade da *política*: "Na sua luta contra o sujeito e a unidade, Hadjinicolaou conclui: 'O postulado da unidade da obra, que, mais ou menos explicitamente, sempre assediou o empreendimento crítico, deve, portanto, ser denunciado: a obra não é criada por uma intenção (subjetiva ou objetiva); é produzida a partir de condições determinantes (...) Explicar a obra é, em vez de remontar a um centro oculto que lhe daria vida (a ilusão interpretativa é organicista e vitalista), vê-la no seu efetivo descentramento (...)".

levar-nos à compreensão do estilo de um indivíduo não levam a parte alguma.[30]

Já evocamos a influência do estruturalismo em Wollen e Bernardet avança na discussão ao problematizar a questão do autor, contemplando demarcadores de mudanças radicais de paradigma que tocam na crise do sujeito, como os pós--estruturalistas Michel Foucault, que considera o autor como função, e o polêmico ensaio de Roland Barthes, que decreta a morte do autor. Ainda valendo-me da obra *O autor no cinema*, chamam a atenção, sobretudo, as considerações de Raymond Bellour, também no esteio desse pensamento. Assim como Peter Wollen, que releva a dimensão textual e toma partido da dissociação entre sujeito empírico e sujeito textual (o autor como catalisador), Raymond Bellour enfatiza na análise o trabalho com o significante, como procedimento capaz de revelar o autor. Essa aderência à discursividade coloca em evidência a crise do sujeito, o rompimento com a visão do autor como centralizador do processo criativo pela matriz que garantia unidade ao conjunto. Observemos sua definição de autor:

> o autor [é] como um centro móvel no sistema de sua obra (...) [ele é] como uma potência aberta ao infinito no seu princípio bem como precisa em cada um de seus efeitos. Aí está, penso, a resposta mais segura do oráculo sob a forma de um texto enigmático infinitamente variado, a lição mais alta de um autor que, nesse retângulo da tela que ele se aplica incansavelmente a carregar de emoções, nos

30 *Apud* BERNARDET, J.-C. *Op. cit.*, p. 165.

dá também a ver o lugar sempre possível de um vazio insustentável.[31]

Tais afirmações foram traçadas no decorrer da análise do filme *Intriga internacional* (*North by Northwest*, 1959), de Alfred Hitchcock, e focalizam o autor como sujeito textual, cuja potência, mobilidade e variação se constroem na superfície significante, sendo a autoria nada mais que a enunciação responsável pelos mecanismos de encenação fílmica. Bellour, desta maneira, concede à enunciação o papel determinante para a assinatura ou os traços característicos e relevantes do texto artístico vinculados ao sujeito criador. Portanto, a visão do teórico francês sobre a subjetividade do filme fixa-se na noção de simulacro, em que a voz do texto adere a um jogo discursivo que vive e se alimenta da linguagem.

Em outro estudo, André Gaudreault e François Jost (1995) contemplam novamente o filme de ficção e tomam o conceito de relato de Albert Laffay[32] como ponto de partida para a busca de modelos que possam sistematizar os elementos que organizam a narrativa e, assim, sistematizar conceitos que

31 *Apud* BERNARDET, J.-C. *Op. cit.*, p. 182. Citação extraída de BELLOUR, R. *L'analyse du film*. Paris: Albatroz, 1978.

32 Segundo Laffay a definição de relato se dá em oposição à definição de mundo da seguinte forma: 1) contrariamente ao mundo, que não tem começo nem fim, o relato ordena-se segundo um rigoroso determinismo; 2) todo relato cinematográfico tem uma trama lógica, é uma espécie de discurso; 3) é ordenado por um "mostrador" de imagens, "um grande imaginador"; 4) o cinema narra e ao mesmo tempo representa, contrariamente ao mundo que simplesmente é (*Apud* GAUDREAULT, Andre; JOST, François. *El relato cinematográfico*. Barcelona/Buenos Aires/México: Paidós, 1995, p. 22).

funcionem como instrumentos eficientes na prática analítica do filme narrativo de ficção. Rejeitando o tratamento do filme narrativo sem a instância mediadora do narrador, os autores se alinham à tradição da narratologia de cunho estruturalista, inspirando-se principalmente em Genette e nos trabalhos dos semiólogos para formularem seus esquemas voltados para a expressão audiovisual do cinema.

Trata-se de colocar em evidência os processos de organização do discurso cinematográfico, a partir da adequação dos conceitos linguísticos e da teoria da literatura, particularmente os estudos da narrativa literária.

No que concerne à enunciação, realizam uma revisão do conceito aplicado ao cinema, destacando dois modos de olhar o fenômeno da subjetividade do filme narrativo: no primeiro deles, procura-se partir do filme para alcançar as instâncias narrativas; foi nesse sentido que Jost procurou desenvolver para o cinema o equivalente aos dêiticos linguísticos, ou seja, uma série de marcas que testemunham a visão subjetiva da narrativa. Além disso, a detecção do enunciador ou do narrador é variável de acordo com a estética a que o filme se vincula; no cinema clássico, observa-se o distanciamento em relação aos eventos narrados, ao passo que no cinema moderno tem-se a aproximação, o olhar deflagrado de quem organiza o discurso. No segundo modo não se leva em conta o espectador e toma-se o discurso cinematográfico organizado *a priori* por um meganarrador que delega vozes, valendo--se da expressão sincrética do cinema.[33]

---

33 GAUDREAULT, Andre; JOST, François. *Op. cit.*, p. 49–64.

O trabalho avança na reflexão sobre o ponto de vista, tomado a partir do conceito de Genette de focalização. Atentos para o plano de expressão sincrético do cinema, Gaudreault e Jost propõem uma sistematização do ponto de vista para o som e a imagem, denominando–os, respectivamente, como processos de auricularização e ocularização. Estas definições intentam estabelecer parâmetros analíticos para que se possa detectar a fonte emissora (auricularização e ocularização primárias), a situação de troca comunicativa (auricularização e ocularização secundárias), e a neutralidade discursiva (auricularização e ocularização zero – como se os eventos narrassem por si).[34]

A importância dos conceitos desses autores se dá, principalmente, sob o ponto de vista metodológico da análise de estruturas internas. Pois, ao se fixarem na organização do relato, atentando para a dimensão discursiva, a análise não poderá avançar em alcançar relações maiores, já que o método analítico centra–se em descortinar o modo como se constrói a unidade do relato, por via das estruturas que estabelecem o princípio da unidade de tempo, de espaço e de pessoa.

Mesmo existindo restrições quanto ao uso da definição de enunciação para o cinema, dadas as condições distintivas de projeção do filme em relação ao ato de comunicação verbal, e o termo assume mais valor metafórico que indica propriamente uma situação de apropriação da linguagem pelas pessoas do discurso, julgamos pertinente manter seu uso na análise, seguindo os preceitos de Wollen e de Bellour,

---

34 Idem, p. 137–146.

que observam o processo enunciativo no cinema, respectivamente, pela visão do catalisador e pela instauração de uma assinatura no trabalho com os componentes da encenação.

A assinatura no cinema e nas artes em geral possui não apenas a acepção artística, mas agrega valores de mercado. Sobre essa questão da autoria no domínio do mercado cinematográfico, Dudley Andrew[35] traçou um panorama histórico, buscando situar o problema na produção contemporânea.

O texto de Andrew se guia pelas seguintes vertentes: enfatiza a visão elitista da política dos autores dos críticos franceses em contraponto com o conceito de cinema impuro de André Bazin, que via o autor como função num conjunto de forças; mapeia o pensamento do estruturalismo em seu apego ao texto e na negação do sujeito produtor, dando ênfase às reflexões de Peter Wollen e sua adesão à tese de Michel Foucault do autor como função discursiva; analisa a duplicidade da autoria como marca e individualidade criadora nos contextos japonês e europeu, momento em que observa a circulação de produtos culturais no mundo que privilegia a rapidez tecnológica (onde o Japão é paradigma dessa postura), levando o autor a competir com a enxurrada de informações descartáveis; observa a autoria como resistência e criatividade, principalmente quando vista no contexto europeu.

> Sendo sempre um signo muito especial e problemático, a assinatura do autor é uma marca na superfície do texto que indica sua origem. A assinatura contém

---

35 ANDREW, J. D. "O desautorizado autor, hoje". *Imagens*, Campinas, n° 3, dez. 1994.

O autor multiplicado

em si – como num hipertexto – uma autêntica quarta dimensão, o processo temporal que deu origem ao texto. A assinatura ancora a imagem fílmica, por intermédio da fina linha desenhada pela câmera ou pelo pincel, a um recife de valores submerso. É vista nos créditos do filme, como no caso de Hitchcock e, depois dele, de Truffaut, Godard e Rohmer.[36]

Andrew analisa a autoria na contemporaneidade,[37] voltando-se principalmente para o contexto europeu, como similar ao conceito de escritura, no qual os cineastas, ao elaborarem os denominados filmes de pintura, fazem com que seus filmes busquem um diálogo com o tempo fundante da criação, uma anterioridade, uma luta com a expressão, um aprofundamento na invenção contra a superficialidade da pós-modernidade.

Em resposta ao texto de Dudley Andrew, Teixeira Coelho[38] examina as condições em que a autoria desapareceu de cena, isso devido, principalmente, à tese de Michel Foucault. Coelho contextualiza o pensamento de Foucault e analisa seus argumentos para rebatê-los. Para ele, a autoria sobrevive porque encará-la como função nada mais é que um modo de tratamento da questão, dentre outros, que de surgir e desaparecer. Ainda acrescenta:

---

36 *Idem*, p. 67.
37 O artigo de Dudley Andrew foi publicado pela primeira vez em 1993 no livro *Film theory goes to the movies* (Nova York: Routledge).
38 COELHO, T. "O autor, ainda". *Imagens*, Campinas, nº 3, dez. 1994.

> Sem o recurso à idéia da autoria será possível ler a Bíblia e a Odisséia mas não Proust, Joyce, Peter Greenaway, Fellini, Guimarães Rosa, Machado de Assis. A idéia contemporânea (para não dizer pós-moderna) a respeito de autoria não será mais, sem dúvida, a do século XIX ou XVI. Será uma idéia da autoria que não mais elimina de uma obra aquilo que contraria sua linha central, será uma idéia de autoria que não se preocupa mais com traçar o retrato de uma suposta unidade da obra. Será, mesmo assim, uma idéia a respeito de autoria.[39]

Se por um lado, adiro às ideias de autoria de Wollen, de Bernardet e de Bellour, centradas na discursividade, e também aos modelos de Gaudreault e Jost sobre o relato cinematográfico, cuja matriz discursiva também é evidente, é porque acredito que as abordagens empreendidas pela influência do estruturalismo oferecem direções analíticas seguras para a compreensão da obra e sua estrutura de significação. No entanto, permito-me a fusão dessa visão com a observação da narração cinematográfica como fenômeno estético e histórico, além de acreditar no autor não apenas como um sujeito textual, mas também como a manifestação de uma subjetividade que responde pela invenção, criatividade e reflexão, o que me leva também a considerar a proposta de Gianfranco Bettetini,[40] que conceitua o sujeito da enunciação como entidade que agrega o enunciador textual que se projeta no filme e o enunciatário, virtualidade espectatorial. Enfim, tangenciar

---

39 *Idem*, p. 73.

40　BETTETINI, G. *La conversación audionvisual*. Madri: Cátedra, 1986.

O autor multiplicado

uma obra complexa como a de Peter Greenaway exige desdobramentos teóricos para não reduzir sua complexidade.

Peter Greenaway filia-se, primeiramente, à tradição das vanguardas que tiveram seus primeiros ecos no filme de arte do começo do século XX, nas realizações de Louis Delluc, Abel Gance, René Clair, Luis Buñuel, Carl Dreyer, dentre outros, que almejavam uma estética autônoma para o cinema, defendendo a possibilidade de sua pureza em detrimento do modelo clássico inspirado na literatura e no teatro realista. Essa tradição teve seu auge com as propostas de Sergei Eisenstein, que se tornou divisor de águas no tocante à concepção de montagem. Como influências contemporâneas estão os trabalhos experimentais de Hollis Frampton, o cinema de Alain Resnais, principalmente o filme *Ano passado em Marienbad* (1961), e Jean-Luc Godard.

Ao alinhar o trabalho de Greenaway a esses criadores, que primeiramente tomaram o cinema como instrumento de poesia[41] e, mesmo distanciando entre si nas realizações voltadas para temas tão diferenciados, observa-se a permanência do gesto que procura conferir ao cinema seu status artístico por meio da referência a outras formas artísticas como a pintura e a literatura. Não se trata de mimetizar a maneira como essas linguagens exercem seus ofícios, mas de levar adiante o gesto que rompe com as analogias e pode partir para relações de outra natureza, ou seja, estabelecer um processo de aprendizado para o cinema a partir dos procedimentos elaborados por formas artísticas que têm seu lugar na tradição e do qual o

---

41 Expressão cunhada por Luis Buñuel em texto homônimo.

cinema é tributário, de tal forma que os componentes cinematográficos sejam potencializados por meio dessa confrontação. Essa visão centra-se no propósito de filiar a obra de Peter Greenaway na problemática das artes comparadas, que teve como precursor Horácio em seu *Üt pictura poesis*, na antiguidade, percorre a renascença por meio de Leonardo Da Vinci no seu livro *Paragone: uma comparação das artes* e atinge o momento de maturação com o tratado *Laokoon ou sobre os limites da pintura e da poesia*, de Gotthold Efraim Lessing, publicado em 1766, na Alemanha, num período em que, na Europa, amadurecia o pensamento sobre a criação e a natureza da obra de arte, culminando no surgimento da estética como disciplina filosófica, voltada para essas questões.

Logo na introdução de *Signos e significação no cinema*, Peter Wollen[42] defende a pesquisa cinematográfica a partir dessa incursão teórica e que pode ser justificada pela própria natureza do meio cinematográfico:

> Largueza de vistas é de fato importante uma vez que, por direito próprio, a estética fílmica ocupa uma posição central no estudo da estética em geral. Em primeiro lugar, o cinema é uma arte inteiramente nova, uma arte que ainda não alcançou cem anos de vida. Trata-se de um desafio sem precedentes à estética; é difícil pensar num acontecimento mais importante que a emergência de uma arte nova: um desafio sem precedentes e uma oportunidade espantosa. Lumière e Méliès alcançaram, quase no nosso tempo de vida, o que fez que

---

42 WOLLEN, P. *Op. cit.*, p. 9–10.

Orfeu e Tubal-Caim (os criadores míticos da arte da música) fossem venerados durante milênios. Em segundo lugar, o cinema não é tão somente um arte nova; é também uma arte que combina e incorpora outras, que opera em diferentes bandas sensórias, diferentes canais, servindo-se de códigos e modos de expressão diversos. Coloca da forma mais viva o problema da relação entre as diversas artes, as suas similaridades e diferenças, as possibilidades de tradução e transcriação: todas as questões postas à estética pela noção wagneriana da *gesamstkunstwerk* e a crítica brechtiana a Wagner, questões essas que nos reenviam para a teoria da sinestesia, para o *Laocoon*, de Lessing, e para as *correspondances* de Baudelaire.

Nas obras de Peter Greenaway fica patente a ideia do cinema artificial, desprendido das imagens realistas assiduamente defendidas por André Bazin e seus seguidores. Greenaway, conforme apontamos, pertence a outra tradição, a de Eisenstein, e ao romper com aquelas noções aproxima o cinema da pintura e da história da arte, daí a possibilidade de estudá-lo a partir de uma perspectiva comparativa, pois o gesto autoral que expande as fronteiras da criação cinematográfica pelo intenso diálogo com outras formas de representação pode trazer reflexão sobre os limites da expressão de uma determinada arte em relação a outra.

O texto de Wollen, de certa forma datado no que concerne ao olhar sobre o cinema como arte nova, é provocativo na medida em que vemos o desenvolvimento da obra de Greenaway percorrer diferentes estágios do cinema e a forma particular como ele responde a essas variações. De início, observamos o gesto criador voltado para o formato experimental, depois a realização próxima ao cinema de arte comercial e a emergência de filmes em sintonia com a imagem eletrônica, que iriam culminar num terceiro momento, em que o cinema se uniria às tecnologias digitais.

CAPÍTULO 1
Peter Greenaway e o cinema experimental

Peter Greenaway nasceu em 1942, em Newport, no País de Gales. Terminada a 2ª Guerra Mundial, aos três anos de idade, sua família mudou-se para Londres e passaram, então, a morar na área leste da cidade, conhecida por ser um bairro operário. Foi na metrópole inglesa que o artista teve sua educação escolar e universitária, viveu sob o contexto das marcantes transformações sociais, políticas, econômicas, culturais e artísticas do pós-guerra, e optou, já na juventude, pela criação artística nos universos da pintura e do cinema, além de preservar seu acentuado interesse pela literatura, escrevendo romances. Pintura, cinema e literatura não são universos isolados em seu processo criativo, ao longo de seu percurso esses meios convergem em seus filmes, sendo o cinema o meio que impera em sua trajetória.

Artista mais afeito às discussões intelectuais sobre seu trabalho e às questões que ele lança, em seus textos e entrevistas não abundam dados de sua biografia, mas certa vez declarou que as idas ao cinema desde a infância ao lado de uma tia e o gosto acentuado pela leitura, motivado por sua mãe, foram os acontecimentos fundamentais que moldaram seu espírito erudito e que reverberaria em sua produção artística. Do pai herdou o apego ao conhecimento científico e à catalogação, duas facetas advindas da admiração que nutria pela sua atividade como ornitólogo amador, sendo exercida com esmero e disciplina ao longo da vida. O personagem Tulse Luper, criação emblemática do diretor, cumpre, dentre outras atividades, a de ornitólogo, e a obsessão com pássaros e com sistemas, principalmente nos filmes do período de formação, de classificação, podem advir desse entusiasmo. Outro fato que merece consideração foram as idas repetidas ao cinema, aos 17 anos, para assistir *O sétimo selo*, de Ingmar Bergman, no começo dos anos 1960, momento no qual decidiu seguir carreira no cinema, diante da fascinação provocada pelas estranhas associações e o universo fantástico no filme do cineasta sueco.[1]

Se sobre sua biografia temos apenas fatos lacunares que, de certa forma, apontam para os rumos de sua formação, penso que uma breve revisão do contexto em que se deu sua formação como artista resulta num movimento direcionado menos para o esclarecimento centrado em causas e consequências do entorno que o aquecimento do debate sobre as questões que sua obra provoca e que dialogam com aquele ambiente. Acredito que se acercar tanto dos contextos culturais britânicos como de momentos de sua história possam enriquecer a construção de uma visão crítica do universo criativo de Greenaway. Além do forte diálogo que a obra mantém com extratos da produção artística, há, também, passagens pela cultura e pela história. Isso não quer dizer que haja necessariamente o fechamento da obra num lugar histórico preciso, tampouco o enraizamento de sua produção nas fronteiras culturais de seu país; existem, na verdade, percursos que coincidem ou conflitam com esses setores.

---

1   SMITH, G. "Food for thought: an interview with Peter Greenaway"; TURMAN, S. "Peter Greenaway". In: GRAS, V.; GRAS, M. (orgs.). *Peter Greenaway: interviews*. Jackson: University of Mississippi Press, 2000.

Em *Dreams of England*,[2] livro dedicado à obra do cineasta inglês Derek Jarman, contemporâneo de Greenaway e que teria a mesma idade, se ainda estivesse vivo, Michael O'Pray. referindo-se ao ano de seu nascimento, assinala que entre os anos de 1941 e 1943 Beveridge preparava o documento responsável pelo "Welfare State", o famoso *Beveridge Report*, que consistia em um abrangente sistema de assistência social que contemplava garantias trabalhistas, auxílio à infância e um programa voltado para a saúde pública em nível nacional.[3] Sob esse contexto nasceria a obra moderna de Greenaway, que viria a ser, ao lado de Derek Jarman, uma das figuras mais representativas do cinema autoral britânico.[4]

Grosso modo, o documento preparava a Grã-Bretanha para o que se tornou conhecido como o *consenso* político do pós-guerra, estendido desde meados dos anos 1940 até a chegada de Margareth Thatcher no final dos anos 1970. Levando-se em conta que a derrocada do Império Britânico não significou a perda da influência da monarquia nas decisões políticas, o que caracterizou, sobremaneira, o consenso foi uma dupla estratégia: por um lado garantia-se a modernização de

2   O'PRAY, M. *Derek Jarman: dreams of England*. Londres: BFI, 1996, p. 32.

3   HEWISON, R. *Culture and consensus: England, art and politics since 1940*. Londres: Methuen, 1995, p. 27. Além da importância do economista William Beveridge, é o trabalho de outro economista, John M. Keynes, que atuará com maior decisão sobre os rumos na política, na sociedade e na cultura.

4   Destaco o trabalho de Derek Jarman, ao lado de Greenaway, seguindo o pensamento de Peter Wollen, que diz encontrar nos dois cineastas as obras mais coerentes em relação à herança modernista no contexto britânico após o movimento da Arte Pop.

instituições democráticas ampliando-se os poderes do Partido Trabalhista e investindo-se em políticas públicas (sociais e culturais) que visavam o aumento da participação da classe trabalhadora na sociedade; por outro lado permanecia a afirmação da autoridade tradicional centrada no poder simbólico da monarquia e nas ideias elitistas do Partido Conservador. A oscilação no comando entre trabalhistas e conservadores se manteve, no entanto o consenso duraria até o final da década de 1970, quando se rompeu com as "conquistas" das décadas anteriores e inaugurou-se um novo momento histórico, centrado nos ditames do mercado que reconfiguraria, inclusive, a plataforma Trabalhista.

O país onde Greenaway iniciava sua carreira vivia sob esse clima e incluía também um acirrado debate na cena cultural com as ideias elitistas de T. S. Eliot, as ideias marxistas dos recentes Estudos Culturais e os apelos sociais no território literário pelos "Jovens Irados" (*Angry Young Man*). Outro elemento que se agrega ao fervor da cena artística é a insurgência do *Independent Group* (IG) contra antigos dogmas conservadores da arte. Esse grupo de artistas plásticos que se reunia no Institute of Contemporary Arts (ICA) radicalizou a produção ao incorporar nos seus métodos elementos da cultura popular, herança da ampla difusão dos meios de comunicação de massa e da indústria cultural que assinalavam outros tempos, fazendo vir à tona o que conhecemos como Arte Pop inglesa.

Havia, portanto, um clima de mudanças profundas que necessariamente repercutiram na arte. A necessidade de imposição de um sentimento nacionalista abalado pela dissolução do Império fez com que as elites conservadoras desenvolvessem

O autor multiplicado

estratégias de disseminação de símbolos nacionais. Do conjunto de iniciativas que visavam reerguer o caráter nacional, podemos citar os filmes de Humphrey Jennings[5] sobre a reconstrução do país após os bombardeios durante a Segunda Guerra, com forte apelo para o espírito do trabalho, da solidariedade e do cooperativismo da "família britânica", a recuperação de símbolos vitorianos, com ênfase na valorização da arquitetura, um clima de nostalgia instaurado pela apologia ao universo pastoril romântico da "paisagem inglesa" e das propriedades rurais e suas casas monumentais tornadas patrimônios públicos e absorvidos na agenda turística. Esses símbolos nacionais seriam incorporados nos primeiros filmes de Greenaway, conforme veremos, sendo a apropriação resultado de uma combinação tensiva entre passado e presente, haja vista as rupturas que estavam acontecendo e das quais a nascente obra do diretor não sairia ilesa.

Se por um lado havia um movimento que tentava reinstaurar valores de um passado imperialista, o cenário nesses anos após a guerra respirava mudanças profundas no quadro social e que iriam repercutir diretamente nos rumos do pensamento e da arte, enfim, das produções simbólicas de um modo geral. A chegada de imigrantes negros africanos e de caribenhos e indianos[6] das ex-colônias mudou a

---

5   Refiro-me aos filmes *The Heart of Britain* (1941), *Listen to Britain* (1942), *The Silent Village* (1943).

6   Em Londres, encontra-se uma população negra que emigrou, a partir da década de 1950 do século passado, de antigas colônias dos continentes africano e americano e passou a re-elaborar a paisagem humana, estabelecendo-se, primeiramente, em guetos na periferia da metrópole. Essa situação marginal detonou, consequentemente, determinados

configuração social e a resposta não foi a miscigenação, mas, primeiramente, a formação de guetos desses grupos marginalizados. Os questionamentos feministas que envolviam a ação política, a reflexão acadêmica e a prática artística[7] e o efêmero movimento punk,[8] já em meados da década de 1970,

procedimentos na atitude dos sujeitos excluídos, bem como na reação dos nativos, predominantemente brancos. Essa presença gerou formas de inserção no horizonte das práticas de representação como feiras, filmes, indumentária, música, religião, artes plásticas, meios impressos de informação e linguagem. À primeira vista, existiu uma batalha entre a negritude e o anglicismo. De um lado, negros de antigas colônias ou nascidos na Inglaterra assimilaram, reelaboraram e se inseriram na cultura local; de outro lado, o anglicismo viu-se cada vez mais colocado em xeque diante das profundas transformações ocorridas no Pós-Guerra diante da mudanças sociais, tais como: o crescente fluxo migratório, as pressões da classe trabalhadora, a revolução sexual e o abalo na auto-identidade diante da supremacia norte-americana. Sobre a imigração de indianos, temos como marco o ano de 1947, período em que Índia e Paquistão tornaram-se independentes. Após um ano, chegou na Inglaterra o The Empire Windrush, um navio trazendo os primeiros trabalhadores indianos para a Grã-Bretanha. Foi esse o marco de um processo intenso de imigração que se desenvolve até hoje e os números indicam que seis por cento da população britânica se constitui de indianos, paquistaneses, negros africanos e caribenhos, além de outros povos asiáticos, principalmente chineses e coreanos, que não figuram nesses números, mas contribuem para a modificação da paisagem humana. A resposta do poder público diante desse fenômeno oscilou entre a abertura das fronteiras, principalmente pela necessidade de trabalhadores, e restrições severas à imigração pelo Partido Conservador, Enoch Powell, criação do National Front e culminou num discurso ultra-conservador de Margaret Thatcher, preocupada com a perda da "pureza" da cultura britânica.

7   Destaco o livro de Laura Mulvey, *Visual and other pleasures*, que apresenta ensaios decorrentes dessas três vertentes dos questionamentos feministas.

8   O filme *Jubilee* (1978), do diretor Derek Jarman, apresenta de forma alegórica uma interessante incursão pela cena punk, provocando instituições

assinalam também, senão rupturas, ao menos uma provocação intensa na sociedade. Como consequência do *Welfare* no plano da educação e da democratização no ensino com a universidade extramuros, guiada pelo pensamento dos Estudos Culturais, houve maior mobilidade social, assim, jovens da classe trabalhadora imbuídos de novos valores passaram a ocupar postos importantes, onde se destaca a participação ativa na formatação da televisão que crescia assustadoramente. Finalmente, no quadro geral das transformações, logo nos anos 1950, houve uma programação intensa de filmes realistas, feitos por jovens diretores de forma artesanal, com equipamentos leves, o *Free Cinema*,[9] em que o foco já não era mais a atmosfera romântica das imagens do trabalhador de Jennings,[10] mas a classe trabalhadora vista de outro ângulo, sob forte influência do Neorrealismo italiano. Esses elementos, pincelados rapidamente, formam o contexto em que se forma o artista Greenaway, o que fica ou se inscreve ou passa ao largo é motivo para ser sempre revisto. A seguir ofereço minha interpretação do que acredito serem os reflexos mais fortes em sua obra.

No começo dos anos 1960, Greenaway frequentou a Walthamstow School of Arts, formando-se como pintor. Dessa experiência, o autor revela que "realmente não sabia o que

de poder.

9   Lorenza Mazetti, Karel Reiz, Walter Lissally, John Fletcher, Lindsay Anderson, Tony Richardson.

10 Ressalto os deslocamentos estéticos e não rupturas com o artista, pois Jennings era reverenciado pelo grupo, tendo influenciado notadamente seus filmes.

estava fazendo – me diziam repetidamente que minhas pinturas eram muito literárias, eu não estava interessado em trabalhos de observação ou em me tornar um observador desapaixonado ou mesmo apaixonado. Escolas de Arte são bem sucedidas em romper sua segurança".[11] Em 1963, a visita à exposição do artista americano exilado em Londres R. B. Kitaj, na Marlborough New London Gallery, tornou-se um ponto de partida para as afirmações de suas crenças no poder de articulação da palavra e da imagem na representação visual:

> Vi, de repente, aquele conjunto de obras que legitimava tudo que eu esperava um dia fazer. Kitaj legitimava o texto, legitimava informação elitista e arcana, ele desenhava e pintava dez vezes diferentemente na mesma tela, ele jogava idéias no ar tal como confetes, idéias que eram duplamente pura pictorialidade e citação direta de Warburg [Kitaj estava usando matérias do Journal of the Warburg and Courtauld Institutes, um periódico acadêmico voltado para o estudo da iconografia e da relação entre texto e imagem]; havia uma paixão política petulante, além de extravagantes e arrojadas imagens sexuais. Suas idéias eram internacionais, distantes da timidez e do humor ingleses e da tímida e ridícula pop art.[12]

---

11 WOODS, A. *Being naked, playing dead: the art of Peter Greenaway*. Manchester: Manchester University Press, 1997, p. 105.

12 *Idem*, p. 105–106. Mesmo rejeitando o humor e a Arte Pop ingleses, nota-se que ambos são incorporados tanto nas narrativas que constrói quanto na forma com que articula visualmente as cenas dos filmes. Entretanto, o que seu procedimento artístico proporciona não é a reprodução de lugares comuns da comédia inglesa, amplamente

Segundo o crítico Lawrence Alloway, responsável pelo termo Arte Pop, Ronald B. Kitaj pertenceu ao terceiro momento dessa vertente das artes plásticas no contexto britânico, ao lado de David Hockney, outra influência para Greenaway, embora com menor intensidade. Sobre Kitaj, Alloway destaca que o "mundo fora da tela e as rotas e chances de conexão com a pintura estão entre suas preocupações", e ainda acrescenta o desenvolvimento de um código pictórico diagramático em que se funde verbal e visual no idioleto do artista, as referências de antigas cosmogonias e de desenhos de índios americanos e o trabalho incessante de modificação de suas fontes.[13] Os trabalhos pictóricos que Greenaway desenvolveu após os estudos em Walthamstow e incorporou nos filmes da década de 1970 dão uma amostragem do vínculo que manteve com Kitaj, e, segundo o diretor, essa referência se mantém ao longo de seu trabalho, influenciando decisivamente na forma como compõe visualmente seus filmes. Deste modo, uma parcela da Arte Pop, à revelia do final de seu depoimento acima, introduziu-se de forma decisiva em sua arte por meio de pinturas que mesclavam inscrições verbais com signos visuais, colagens e em seguida filmes experimentais com destacado trabalho na imagem e também um apego à palavra articulada em sua dimensão narrativa.

---

divulgadas pela televisão local e internacional, mas o desenvolvimento de uma sofisticada sátira a certas situações. Em relação à Arte Pop, a fala de Greenaway é bastante ambígua, já que é o mesmo movimento que irá abrir as portas para os artistas de sua geração, e a ele mesmo, para o caminho da liberdade formal e temática.

13 ALLOWAY, L. "The development of British Pop". In: LIPPARD, L. *Pop art.* Londres: Thames and Hudson, 1966, p. 57.

Os filmes experimentais de Peter Greenaway

Seguindo a proposição de A. L. Rees,[14] tratarei indistintamente os termos vanguarda e experimental, no entanto, pode-se divisar que o primeiro carrega de forma mais acentuada a atitude de resistência e o desejo de inovação em toda esfera artística desde o modernismo do começo do século XX, e o segundo tem se se firmado mais no campo da realização cinematográfica e videográfica após a explosão criativa dos anos 1950 e 1960, em que se nota o aparecimento de expressões artísticas com contornos diferenciados da cena europeia, antes da 2ª Guerra Mundial, tais como as formas mito-poéticas (Maya Deren, Kenneth Anger), o cinema *underground* (Andy Warhol, Grupo Fluxos) e, o cinema estrutural/ materialista (Stan Brakhage, Peter Gidal, Malcom Le Grice, Hollis Frampton). Adiante, falarei um pouco sobre essa última vertente e sua relação com Peter Greenaway.

Em sua gênese, a ideia de vanguarda se estende amplamente à esfera artística em todo o território da criação e vincula-se diretamente, num primeiro momento, às rupturas do modernismo em que o cinema como meio de realização, caracterizado pelo movimento das imagens, era mais um dispositivo a ser explorado na construção visual. Partindo do método cubista, que potencializou as investigações de Cézanne rumo à abstração, o cinema como expressão moderna era trabalhado principalmente em função da afirmação de sua autonomia em relação à literatura e ao teatro, que influenciavam fortemente o cinema narrativo dos primeiros tempos.

---

14 REES, A. L. *A history of experimental film and vídeo*. Londres: BFI, 1999.

O autor multiplicado

Daí as experiências dos anos 1920 e 1930 do impressionismo francês, do próprio cinema cubista, do futurismo e do dadaísmo, centradas em forjar imagens voltadas para as distorções, exploração de distintos pontos de vista dos objetos, na geometrização das formas.

P. Adams Sitney,[15] ao discorrer sobre o modernismo e o cinema, buscando pontos de intersecção entre a produção literária e cinematográfica, enxergou duas antinomias que orientam seu trabalho de análise e que são esclarecedoras para o entendimento da maneira como se desenvolvem certos procedimentos da estética de Peter Greenaway, que carregam em seu início certos traços do modernismo tardio. Segundo o autor, a primeira antinomia estaria centrada na *inovação*; trata-se de uma postura em que o

> (...) artista modernista busca nos grandes trabalhos da tradição estruturas irredutíveis que podem suportar novos trabalhos. Essa atividade criativa em um meio artístico, consequentemente, tende a elevar, prolongar e discernir o que é mais durável historicamente num determinado campo de realização. Ao mesmo tempo, o artista modernista defende uma posição na história e reivindica por liberdade criativa realizando trabalhos que agressivamente asseveram sua autonomia.[16]

Isso leva o artista a se fixar, frequentemente, em determinados esquemas de *isolamento, negação, amplificação* e *paródia*, e

---

15 Sitney, P. A. *Modernist montage*. Nova York/Oxford: Columbia University Press, 1990, p. 1-2.

16 *Idem*, p. 2.

uma vez que "um elemento estilístico, genérico ou sintático foi isolado, ele se torna a matriz para a geração de novos trabalhos". Como veremos ao longo do trabalho, é comum a Greenaway a regressão a expressões artísticas do passado, o que inclui um mergulho às formas de representação locais, seguida de um trabalho de reelaboração que dão uma nova roupagem às referências, principalmente pictóricas, enviesadas pelo tom paródico.

A antinomia da *visão* constitui o segundo aspecto que norteia seu trabalho. Escrito anos após sua obra célebre *Visionary Film – the American Avant-Garde*, de 1974, em que delineou os aspectos conceituais e históricos da vanguarda cinematográfica americana dos anos 1950 e 1960, ele verifica um acentuado apreço à *visão* por parte dos modernistas, sendo um lugar privilegiado de percepção e de revelação, tanto para a literatura como para o cinema, mas ao mesmo tempo esse interesse acentuado dos artistas com o visível lida com o culto à "opacidade e questiona a primazia do mundo visível". Nessa segunda antinomia, Sitney ainda observa que diante da busca pela autonomia da criação que assume a inauguração pelo mito da primeira visão, estabelece-se, inversamente, o reconhecimento de "(a) inelutáveis traços do processo pictórico na linguagem e (b) da tendência a responder com a dupla articulação verbal e visual à pura abstração da imagem". E assim conclui que uma "dimensão fascinante do modernismo é sua aparente necessidade de manter produzindo alegorias dessas antinomias fundamentais".[17]

---

17   *Idem*, p. 2.

O autor multiplicado 61

As antinomias que Sitney desenvolve auxiliam–nos a buscar nas obras modernas, nos universos particulares do cinema e da literatura, os campos de tensão apontados. As questões que os filmes da primeira fase de Peter Greenaway lançam em relação à inovação e à visão se articulam de um modo interessante. Assim como os artistas estudados pelo autor, Greenaway busca referenciais do passado. Isso se dá, nessa primeira fase, pelo vínculo com os tradicionais gêneros da natureza morta e paisagem da pintura. Mesmo com o propósito de criar imagens que reverberam as questões estéticas de seu tempo, em que convergem influências contemporâneas, como a Arte Pop britânica e a *Land Art*,[18] há a explicitação do diálogo com a tradição da história da arte inglesa, o que destitui a necessidade de forte radicalização na composição das imagens, haja vista certo esmaecimento da necessidade de ruptura que ensejou a vanguarda do começo do século. Em relação à visão, os filmes divergem das obras que marcaram a vanguarda americana, onde a experiência do primeiro olhar tinha uma força de revelação. Prevalece nos filmes a necessidade da construção do material visível, daí a influência marcante do cineasta Hollis Frampton,[19] que inspirou Greenaway

18   Na análise dos filmes, no final deste capítulo, explicitarei os principais componentes desse movimento e sua influência direta nos filmes de Greenaway.

19   Hollis Frampton era norte–americano e um dos grandes realizadores da vanguarda de vertente estrutural. Assim como Michael Snow e George Landow, também norte–americanos, utilizava sistemas, números e linguagem. Seu filme *Zorns Lemma* (1970) – o título provém da matemática e refere–se a um "axioma de desordem" – é baseado no número 24, relacionando o tempo de projeção do fotograma com letras do alfabeto

a articular palavra e imagem de forma que a conjunção de ambos criasse um jogo estrutural conflitivo; e o que irá diferenciar sua obra é a permanência da narrativa, o que parecia ser uma postura a ser evitada nos filmes de vanguarda da mesma época.

Voltemos a Rees. Ele realiza um importante mapeamento do cinema de vanguarda no século XX, centrando-se nos contextos europeu e norte-americano. Ao estudar filmes, diretores e movimentos vinculados à vanguarda, ele se interessou por obras que circulam à margem da indústria e que tem o mesmo status da pintura, da escultura, da literatura, enfim, de formas canônicas de representação artística às quais o cinema industrial geralmente não é vinculado.

Mais preocupado em problematizar o cinema de vanguarda/experimental que encerrá-lo numa definição, Rees pontua os aspectos centrais e as questões direta e indiretamente envolvidas no assunto, compondo simultaneamente uma apresentação do fenômeno e sua teorização. Assim, a existência da ideia de cinema de vanguarda abrange cineastas inovadores à margem do cinema comercial, público restrito para os filmes, reação contrária às formas estabelecidas de composição artística, busca por modos particulares de visão (a querela entre o cinema intelectual de Eisenstein e o cine-olho de Vertov),

---

romano (sem o "w" e o "y"). Trata-se de uma estranha conjunção de fragmentos narrativos extraídos de uma gramática americana que ensinava o alfabeto relacionando letras e passagens da Bíblia, imagens serializadas, estáticas e em movimento e repetições. Esse filme influenciou de forma marcante o cinema de Greenaway, principalmente no seu período experimental, com repercussões nos longas-metragens, inclusive em *A última tempestade*.

O autor multiplicado 63

cinema de resistência política envolvendo minorias segregadas, orçamentos reduzidos, e obras de caráter individual, filmes vinculados com gêneros tradicionais da pintura como a paisagem, a natureza-morta e o autorretrato, inclusão no debate entre modernismo e pós-modernismo, influência na produção comercial, ênfase no visual sobre o verbal, a ideia do choque e da provocação.[20]

O fato de Greenaway ter começado a fazer filmes em Londres, na década de 1960, acentua as características experimentais do material da primeira fase, pois o ambiente em que circulava foi palco de importantes realizações nos âmbitos mencionados, em que se destacaram, principalmente, artistas como Malcolm Le Grice e Peter Gidal,[21] responsáveis diretamente pela formação local de uma cooperativa de cineastas independentes (London Filmmakers Co-operative – LFMC), tendência que já tinha começado em Nova York e se espalharia posteriormente para outros lugares da Europa.

> O filme estrutural propunha que a formatação dos materiais fílmicos – luz, tempo e revelação – poderia criar uma nova forma de prazer estético, livre de simbologia ou narrativa. Tipicamente, havia uma combinação mútua de controle (por exemplo, posicionamento da câmera, número de fotogramas, exposição, repetição) com acaso (eventos imprevisíveis

---

20 REES, A. L. *Op. cit.*, p. 1–4.
21 GIDAL, P. (org.). *Structural film antology.* Londres: BFI, 1976; GIDAL, P. *Materialist film.* Londres: Routledge, 1989; LE GRICE, M. *Abstract film and beyond.* Londres: Studio Vista, 1977.

que podem ocorrer durante a filmagem). Sitney[22] especificou quatro características do filme estrutural: câmera fixa, flicagem, looping e refilmagem de filmes projetados. Poucos filmes estruturais reuniam todas essas características e alguns deles (por exemplo, La Région centrale, de Michael Snow) não possuía nenhuma. A questão central do conceito era distinguir um direcionamento específico de um amplo campo formal do cinema [compressão do vínculo com o conteúdo, uma forma projetada para explorar as faces do material.[23]

Le Grice e Gidal foram os líderes do movimento estruturalista/materialista britânico, interessados na articulação conjunta entre teoria e prática, desenvolvida em artigos e manifestos fortemente impulsionados pela visão estruturalista, conjugada a uma atitude política de inspiração marxista. Os filmes do grupo compunham-se de imagens que beiravam a abstração, preocupavam-se em explorar o material ou o dispositivo do cinema (o fotograma, a *zoom*, o som, o foco etc.), parodiar gêneros e quadros canônicos da história da arte.

Ao contrário de muitos artistas que começaram na mesma época e tiveram a carreira impulsionada pela experiência em determinados grupos de vanguarda, tendo a cooperativa como órgão de produção, distribuição e exibição, Greenaway, desde o início, seguiu seu próprio caminho, mantendo-se atento aos acontecimentos na cena artística e, ao mesmo tempo, lançando as bases para seu trabalho posterior que, desde

---

22 P. A. Sitney foi o resposável pelo termo "filme estrutural".

23 REES, A. L. *Op. cit.*, p. 74.

então, possui um apelo visual intenso e não abre mão das possibilidades oferecidas pela ficção narrativa.

Precisamente, começou a fazer filmes aos vinte e quatro anos, em 1966, realizando os curtas *Train* e *Tree*, filmes que não são exibidos publicamente por exigência do próprio artista, porém seus trechos podem ser vistos em *The Falls* (1980). Compõem-se de imagens captadas em 8 mm onde o diretor já prenuncia a exploração da paisagem como tema recorrente e investimentos centrados na composição estrutural da imagem, prezando, sobretudo, pela a repetição de elementos mínimos nos temas tratados.

Enfim, trata-se de uma obra que sempre buscou se expandir em vários meios, percorrendo possibilidades de realização com a palavra, com os sons e com as imagens em suas interconexões. A rede intertextual construída se dá de forma rizomática, pois se verifica, continuamente, além do intertexto que recupera extratos de um referencial artístico e cultural demarcardo, o prolongamento de um trabalho em outro, numa rede criativa e infinita: a utilização de seus quadros em filmes, a recorrência aos personagens Tulse Luper, Van Hoyten e Cissie Colpits, o reaproveitamento de material de filmagem. Esses aspectos apontam para a existência de um depurado olhar semiótico do próprio artista, que se apropria do fenomenológico, de representações da cultura e da recriação de seus trabalhos para plasmá-los em unidades significantes, em dispositivos de naturezas distintas.

Antes das facilidades de distribuição provocadas pela internet, os curtas e médias-metragens, em sua maioria, foram exibidos, primeiramente, em duas grandes retrospectivas, em

São Paulo e no Rio de Janeiro, em 1998. *Intervals* (1969), *H is for house* (1973), *Windows* (1975), *Water Wrackets* (1975), *Dear Phone* (1977), *A walk through H* (1978), *Vertical Features Remake* (1978) e *The Falls* compõem o legado dos primeiros filmes que analiso.[24] Todos foram executados com baixíssimo orçamento e, seguindo a tradição da vanguarda, circularam de forma marginal; posteriormente, passaram a ser exibidos em lugares oficiais como museus e nos circuitos das grandes exposições e retrospectivas sob a tutela de Greenaway, e hoje estão acessíveis em DVD.

Intervals foi o primeiro filme de Greenaway a ganhar distribuição e é feito de uma perspectiva estrutural, paralelo aos filmes de Malcom Le Grice, Peter Gidal e Hollis Frampton, com suas repetições de sequências, variações no ritmo da montagem e uma trilha sonora que contrasta dramaticamente com a imagem.

A câmera fixa capta imagens de fachadas, paredes, publicidade, uma barbearia e um açougue, com as imagens em preto e branco, e não retratam os cartões postais de Veneza. O plano sonoro é composto de ruídos e uma voz que balbucia o alfabeto. Trata-se de um dos trabalhos mais abstratos de Greenaway, na medida em que abre mão da narrativa ficcional e se vale basicamente do trabalho de repetição, diferentes pontos de vista da imagem, movimentos no interior do plano e da relação arbitrária entre palavra e imagem.

H is for house mantém o tom fragmentário na sequência das imagens. São planos estáticos da paisagem rural inglesa

---

24 Outros filmes do mesmo período são *Revolution* (1967), *5 Postcards from capital cities* (1967), *Erosion* (1971), *Water* (1975) e *Goole by numbers* (1976).

em que a câmera capta imagens de uma casa de campo, em Wardour, na orla de Wiltshire-Dorset, a mesma locaçãode *Windows*. Greenaway, sua primeira mulher e sua primeira filha, Hanna, foram passar um final de semana no lugar, e o fato de a criança estar começando a falar motivou-o a realizar o filme associando o aprendizado das primeiras palavras, dentre outras relações, com os elementos visuais que o lugar oferecia.

Três vozes *over* se mesclam da seguinte forma: Colin Cantlie, narrador que aparecerá em outros filmes, conta a trajetória de um ornitólogo que se retira para o campo, Peter Greenaway e Hanna pronunciam nomes relacionados com as letras do alfabeto. Simultâneas às expressões verbais, as imagens registradas pela câmera mostram ações cotidianas como uma mulher e uma criança (esposa e filha de Greenaway) tomando café da manhã, o passeio de um gato sobre a mesa, cenas da paisagem, árvores, frutas, o descanso, a leitura, objetos etc.

O filme, em sua estrutura fragmentada e híbrida, lança mão de duas construções narrativas, uma caracterizada pela sucessão temporal de relações entre letras e nomes e outra assumindo estrutura mais convencional, contando o processo de isolamento do ornitólogo. Ambas confluem para o mesmo espaço, a casa de campo, e na sucessão de planos estáticos das figuras acima mencionadas o filme dialoga com a pintura de paisagem, com o gênero natureza morta e aponta também para o diálogo com o filme-diário, pela reconstituição de passagens de uma experiência vivida pelo próprio artista.

Windows foi concebido como exercício narrativo a partir de fatos reais lidos em notas de jornal sobre mortes trágicas, por defenestração, de prisioneiros políticos da África do Sul. O filme se compõe de planos estáticos de janelas da mesma casa de *H is for house* e uma voz *over* (o próprio Peter Greenaway) relata os acontecimentos trágicos sobre as mortes de 37 pessoas que saltaram, foram empurradas ou acidentalmente caíram de janelas e morreram. Na trilha sonora é apresentada a composição "The hen", de Rameu, executada em cravo. Mesmo de forma sintética, Greenaway preocupa-se em criar estratégias discursivas artificiais para o relato do acontecimento e, então, utiliza números e sistemas de classificação para que o discursivo se imponha ao narrativo.

Os personagens são divididos em crianças, adolescentes e adultos (sete crianças com menos de 11 anos, 11 adolescentes com menos de 18 anos, 18 adultos com menos de 71 anos e um homem com mais ou menos 103 anos). Do local de onde pularam não há totalização precisa, sendo que cinco crianças, quatro adolescentes e três adultos caíram das janelas dos quartos. As causas das mortes são as mais variadas: das sete crianças, seis caíram por acidente e um por infanticídio; dos 11 adolescentes, três cometeram suicídio, dois foram acidentes, dois estavam bêbados, um foi empurrado, um estava insano, um pulou por aposta e outro experimentava um paraquedas; dos 19 adultos, dois pularam deliberadamente, quatro foram empurrados, cinco sofreram acidentes, um estava sob efeito de alucinógeno e achava que podia voar. Sobre suas profissões, no conjunto dos adolescentes, dois eram bancários, dois desempregados, um casado, um limpador de janela e cinco estudantes de aeronáutica; já entre os adultos, um era comissário de bordo, 2 políticos, 1 ornitólogo, 1 vigia e 1 costureira.

O autor multiplicado 69

Quanto ao tempo dos acontecimentos tem-se: 19 mortes no verão, antes do meio-dia, oito em tardes de verão e três durante o inverno. O ornitólogo, o paraquedista e o sujeito sob efeito de drogas morreram em noites de primavera e "em abril de 1973, a costureira e o estudante de aeronáutica que tocava cravo pularam de uma janela desta casa em um pé de ameixa". Os esquemas classificatórios adotados permitem detectar personagens, tempo, espaço, ação – elementos sem os quais não se constrói uma narrativa, no entanto a maneira como se apresentam dissolvem qualquer possibilidade de estabelecer o sentido de forma convencional e se revelam como artifício que perturba pelo excesso de organizações numéricas.

Do ponto de vista plástico, os planos estáticos privilegiam contrastes entre luz e sombra, realçam o tratamento da cor, elaboram-se como quadros vivos filiando-se novamente ao gênero natureza morta, consagram a beleza da paisagem inglesa e da arquitetura do século XIX, enfim, como afirma Greenaway:

> Eu elaborei isso [sobre os fatos reais] numa ficção, tentando encontrar todas as possíveis razões porque alguém poderia cair de uma janela, e a comprimi em três minutos e meio e localizei esses fatos horrorosos contra uma paisagem idílica para criar ironia e paradoxo. Eu acho que o filme sintetiza tudo que eu tenho feito desde então: ele é sobre estatística, é bastante eclético, tem um uso lírico da paisagem, é sobre morte – quatro características que tem permanecido comigo desde então.[25]

25 REDDISH, L., (org.). *The early films of Peter Greenaway*. London: BFI, 1992, p. 5.

Water Wracktes é uma narrativa condensada sobre as mortes de um hipotético clã medieval, sendo todos os homicídios relacionados diretamente com a água. Greenaway ficou fascinado com a leitura de *O senhor dos anéis*, de J. R. R. Tolkien, e resolveu criar um filme em que imagens da água em seus mais distintos movimentos e configurações na natureza pudessem servir de substância expressiva para uma narrativa imaginária e ocorrida numa espécie de tempo mítico. Os planos estáticos exploram a luminosidade das paisagens aquáticas e no nível sonoro a voz *over* relata os acontecimentos, intermediada pela música minimalista de Brian Eno.

Embora a beleza da composição dos planos, o ritmo contínuo oferecido pela montagem e a escolha da música instrumental favoreçam a criação de uma atmosfera idílica, o filme não amalgama os planos verbais e visuais, resultando em dois universos paralelos que fogem das realizações mais ousadas do diretor, que consegue unir verbal e visual de forma conflitiva e criativa.

Dear Phone foi elaborado como trabalho de conclusão de curso de bacharelado em Theory Film, no British Film Institute. Rodado em câmera fixa, o filme se estrutura da seguinte forma: 1) são mostradas cabines de telefones com realce para a locação, a luminosidade, o posicionamento da câmera, a relação das cabines com o entorno; 2) as sequências das cabines são intercaladas com mensagens escritas que contam pequenas narrativas, todas reproduzidas no plano sonoro e que se relacionam diretamente com o uso de telefones; 3) o plano sonoro também é composto de sons ligados diretamente ao uso do telefone como sinal de chamada, sinal de ocupado, voz de telefonista, linha cruzada, além de voz *over*. Novamente se estabelece referência entre as imagens e a pintura de paisagens e como se percebe, trata-se de um motivo recorrente em seu primeiro momento. Neste sentido, o uso da tradição se articula duplamente: pelo apego ao gênero paisagem, que se estabeleceu de forma vigorosa na história da arte inglesa, e pelas imagens de cabines de telefone, cartão-postal das cidades britânicas, sendo seu uso a evidência de apego aos signos da cultura local.

As 14 narrativas apresentam episódios em que personagens masculinos se envolvem de maneira profunda com telefones. Cada relato apresenta determinado personagem, cujas inicias são as letras H e C (Hiro Candici, Hirous Canditi, Harry Contintino, Harrin Constanti, Hiro Contenti, Harold Constance, Hirohito Condotieri, Hirt Constantino, Henry Clement, Harry Contence, Harry Contento, Howard Contentin, Henry Constantin, H. C.) e são casados com Zelda. O último personagem recebe apenas as inicias e estabelece um elo de ligação com os demais, funciona como arquétipo, como construção textual que agrega a fixação por telefones e também como elemento que justifica as mensagens escritas.

Temáticas como a comunicação, acidentes cotidianos, mentira, troca de favores, exploração do trabalho, agressão, escatologia, masturbação, falsificação, obsessões, golpes, guerra dos sexos, fixação pelo mar, neuroses, morte, entretenimento, o ato de escrever cartas etc. aparecem nos microrrelatos. Como em *Windows*, Greenaway faz um exercício narrativo tomando aspectos particulares e expandindo-os em seus limites.

Intervals e *Dear Phone* assemelham-se aos outros filmes pelo desenvolvimento da repetição formal da escolha do tema visual, em que as imagens vão se distinguir pelas variações na angulação, na luminosidade, no distanciamento e na aproximação do tema tratado. Esse movimento progride à medida que avança a narração em *over*, sendo que o primeiro filme incorpora uma estrutura mais fragmentada na apresentação do conteúdo verbal e o segundo reúne microrrelatos próximos à estrutura lacônica de um conto literário. Os dois filmes recorrem à paisagem urbana, traço que os distingue dos demais filmes do período, centrados na captura de imagens do campo. Esse último traço assinala um aspecto de diferenciação da poética experimental de Greenaway, como registrou Amy Lawrence:[26]

> Comparado às obsessões urbanas de outros cineastas ingleses (desde Grierson nos anos 30, passando pelo realismo "Kitschen sink" dos anos 60, até Stephen Frears, Mike Leigh e Alan Clark nos anos 80), os filmes de Peter Greenaway nascem da paisagem rural britânica, um cenário inseparável da história, da política, da cultura, da identidade e da arte britânicos. Ao evocar o trabalho de artistas da paisagem, os curtas-metragens acenam para idílicas e nostálgicas imagens britânicas dentro de uma engenhosa exposição da tentativa do homem de "ler", interpretar e organizar a natureza com uma série de cercas, mapas e narrativas impostas à terra.

---

26 LAWRENCE, A. *The films of Peter Greenaway*. Londres: Cambridge University Press, 1997, p. 6.

Seguindo esse raciocínio, *Water Wrackets, H is for house* e *Windows* assinalam de forma contundente o movimento do olhar para um passado mítico encarnado na adoração da representação da vida bucólica e na rejeição da criação vanguadista, radicalizada pela conturbada vida urbana em seus signos *junkies*, nas guerrilhas políticas, nos filmes feministas, na cena punk, nas abstrações mito–poéticas, enfim, há uma negação tanto da estética *underground* inaugurada por Andy Warhol na década anterior, que repercutiu na vanguarda britânica, como dos longas radicais de Jean–Luc Godard que colocavam em circulação, no amplo horizonte do cinema, as vozes dissidentes de minorias num cenário de mudanças. A herança desses gestos radicais reside na criação a partir da vibração da plástica do cinema conjugada à palavra, que deixa de ser ponto de partida para a narrativa ilusionista, sendo organizada como elemento de sentido em jogos estruturais, conforme a descrição dos filmes.

Ao colocar no centro da imagem referenciais do passado, como a bela casa Vitoriana em *H is for house* ou as imagens "cartão postal" das cabines telefônicas, ou mesmo a referência à Idade Média em *Water Wrackets*, Greenaway não estaria atendendo a um programa conservador de reafirmação dos símbolos nacionais, tal como acontecia nos órgãos oficiais de fomento à cultura em face a um clima instável diante dos índices de inconformismo e de sede de ruptura? Difícil responder, embora a permanência do tom irônico e a continuidade da paródia que marca a diferença sejam sérios elementos a serem levadas em consideração, evidentemente ressaltados por um olhar que preza o artifício, as relações intertextuais.

Penso, sobretudo, que o diretor seguiu outros caminhos, realizou outras mediações, no entanto, sem a radicalidade do tom político que invadia a cena artística.

Esses filmes são importantes laboratórios para seu exercício criativo, como ele próprio disse: "antes de tudo, aqueles filmes foram criados pela câmera. Eu saía e encontrava os planos de acordo com a composição que me surpreendia, me excitava ou me deleitava; depois, voltava com todo aquele material amorfo e estruturava-o na sala de montagem".[27] A partir de *A Walk Through H* os filmes deixaram de ser montados, filmados e produzidos unicamente por Greenaway e, ao serem elaborados com orçamentos externos, valeram-se de colaboradores e profissionais que deram outra roupagem às obras. Importante ressaltar que se realiza um deslocamento na concepção da imagem, que passa a ser constituída pelo processamento de fontes visuais que vão além do registro de fragmentos da realidade, notadamente temas pastoris, e incluem desenhos e quadros do diretor, além da apropriação de imagens de terceiros encontradas em jornais, feiras, material de arquivo etc. Isso enseja um questionamento no estatuto das imagens elaboradas, haja vista a hipertrofia da informação a que somos acometidos. Algumas crenças do artista já haviam, de certa forma, sido estabelecidas no território da imagem em movimento, passíveis de serem tratadas como marcas de sua assinatura em seu vínculo com a noção de cinema experimental. Vale dizer, portanto, que temos a partir de então o surgimento de uma nova potência firmada pela

---

27 *Idem*, p. 10.

O autor multiplicado

combinação de três aspectos que irão se desdobrar nos filmes posteriores: o artifício, a autoria e o excesso.

Afinal, quem é Tulse Luper?

Os filmes *A Walk Through H, Vertical Features Remake* e *The Falls*[28] não foram realizados intencionalmente como uma trilogia, embora o inter-relacionamento pelas associações formais intensifiquem o diálogo de um filme com outro. Dessa maneira, desenvolvo uma análise centrada nos procedimentos de tradução intersemiótica, buscando especificar o que os dois primeiros filmes realizam nesse âmbito e suas projeções no longa-metragem *The Falls*, tendo como fio condutor a presença debutante de Tulse Luper no cinema de Greenaway, funcionando como um condutor interno das narrativas e que metaforiza a imagem do autor.

Centrada nas relações entre pintura e cinema em Peter Greenaway, Magali Arriola propõe uma atenta observação do ordenamento plástico da imagem, para em seguida adentrar na desarticulação de seu vocabulário cinematográfico. Desta maneira, seguindo o direcionamento do próprio Greenaway, ela seciona a obra em quatro categorias: "as obras que somente remetem a elas mesmas; aquelas que revelam as etapas que levarão a um filme; os quadros que estruturam alguma obra fílmica e, por último, os que prolongam a reflexão levada a termo em algum de seus filmes". Nessa terceira categoria,

---

28 Trata-se de um filme de três horas de ampla complexidade e sua última realização no horizonte experimental do cinema. Por opção de recorte metodológico, o filme não será analisado em sua totalidade, cabendo-me apenas o ofício de apontar algumas intersecções com os filmes citados.

os filmes são marcados pelas fortes associações entre texto e imagem, com tom predominantemente reflexivo, e nela incluem-se os filmes que selecionei.[29]

Na primeira categoria, aparecem as obras *Tides-Illustrated Water Papers Prologue* (homenagem às bibliotecas inundadas de Florença por meio de um jogo de transparência e imersão), *Head Text Series* (combinação de histórias a partir da ordenação das 26 letras do alfabeto, confrontando o registro visual e linguístico), *In The Dark* (colagens entre texto e imagem em que toma os componentes básicos da linguagem cinematográfica: texto, ilusão, atores e audiência) e *Child Actors* (trabalho sobre arquétipos utilizando a fotografia de dois de seus personagens, Kracklite e Nagiko, confrontados com o retrato da Infanta Margarita e de um dos cavalheiros do quadro *El Banquete de los Oficiales de la Guardia Civil de Saint George).*

Na segunda categoria, o filme possui uma estrutura embrionária, são representações visuais planares que se servem de linguagem do cinema, funcionando como um filme virtual ou como esboços para a estrutura de algum filme. Fazem parte dessa categoria *The Tulse Luper Suitcase* (o personagem Tulse Luper é fictício e funciona também como alter-ego de Greenaway; nesta série intenciona-se rastrear o personagem desconstruindo elementos da narrativa cinematográfica), *55 Men on Horseback* ("os altos e baixos da corte amorosa... entre um hedonista alcoólatra e uma infeliz amazona"), *A Framed Life* (explorações cromáticas utilizando a moldura da tela).

---

29 In: ARRIOLA, M. *Peter Greenaway: cinema e pintura, ubiqüidades e artifícios.* São Paulo, Catálogo do Evento 100 Objetos – Filmes, exposição, ópera e palestra de Peter Greenaway, p. 16-29.

Essa segunda categoria tem importância nos desdobramentos da estética de Greenaway justamente por ele encontrar na pintura a forma de representação para o exercício livre da criação plástica, já que o cinema ainda obriga a execução dentro de padrões rígidos de enquadramento:

> (...) as limitações que a moldura da tela impõe despertaram nele uma preocupação com a dramatização de seus enquadramentos, pois, enquanto o pintor pode adequar o formato das suas telas ao conteúdo da imagem e inclusive romper com as condicionantes bidimensionais e retangulares do quadro, as artes visuais e cênicas, na sua maioria, continuam dependendo dos seus limites e proporções.

Esse questionamento sobre os limites do quadro associam--se à negação da representação realista, um dos componentes que enfeixam a terceira categoria, caracterizada pela presença de quadros do diretor no interior de alguns filmes. Por último, tem-se a quarta categoria, em que o diretor realiza exposições e concebe livros a partir dos filmes prontos. Incluem-se um catálogo para *A última tempestade* e o livro *Prospero's Allegories,* escrito após o filme, *Post* e *Post and Chairs* são reflexões que se estendem para além de *Afogando em números, Audience of Mâcon* é uma exposição sobre os personagens criados para o filme *O Bebê Santo de Mâcon.* Enfim, Greenaway transita na contemporaneidade com certo ímpeto, não se fixando em divisas como bem apresenta essa classificação. Ainda sobre a estética do artista britânico, conclui Arriola:

Após a gradual desaparição das fronteiras entre as artes, os filmes de Greenaway se tornam pictóricos e teatrais ou se transformam em alguma instalação; resgatam o conceito de obra de arte total ao mesmo tempo em que levantam questões quanto à natureza da imagem. Greenaway retoma o ideal artístico das vanguardas do ponto de vista de uma perspectiva pós-moderna ou, ao seu ver, maneirista, pois, para ele, o conceito de arte moderna não parece ter esgotado suas possibilidades de experimentação.

A organização espaço-temporal nessas obras coloca em evidência o crédito conferido ao cinema como meio apropriado para que as dimensões verbais e visuais da narrativa possam ser construídas artificialmente, sem qualquer vínculo com a estética realista. A conjunção entre a ideia de artifício e de cinema rompe radicalmente com a proposta baziniana da vocação realista do cinema e os preceitos da fenomenologia. Valho-me das definições de artifício expostas no livro *A anti- -natureza*, de Clement Rosset,[30] que apontam para uma crítica da ideia de natureza e aplicação da ideia de acaso:

Ao reino do acaso – onde nada é necessário e onde tudo é, em certo sentido, possível – pertencem tanto as eventualidades do querer humano como as espontaneidades da matéria. Artifício designa toda produção cuja realização transcende (e transgride) os efeitos de uma natureza; se concordarmos com a hipótese de que apenas o homem (e seu homólogo Deus) dispõe de tal poder, somente neste caso,

---

30 ROSSET, C. *A anti-natureza*. Rio de Janeiro: Espaço e Tempo, 1973, p. 53.

artifício designará as produções humanas. Uma vez abolida a representação de uma natureza e concebida a capacidade do acaso em constituir todas as coisas existentes, o que era considerado como natureza ver-se-á investido de um mesmo poder de artifício que o homem: artifício não designa uma capacidade propriamente humana de designar objetivos e realizá-los, mas simplesmente a capacidade de realizar produções sem a ajuda de uma natureza. Assim concebido, o artifício controla todos os domínios da existência; e toda produção pode ser considerada como igualmente artificial no âmago de um mundo que não oferece à consciência nenhuma representação de natureza. Deste modo, a emoção poética diante das coisas aparece como êxtase diante do artifício: o mundo poético é essencialmente um mundo desnaturalizado – desnaturalizado, não no sentido de que, com o desaparecimento da idéia de natureza, foi apartado de um determinado número de características que nunca tinham sido suas.

Rosset defende a ideia de um pensamento artificialista que prevê uma experiência da desaprendizagem, uma guinada a partir do esquecimento das "redes de significação tramadas pelo costume e hábito". Maria Ester Maciel relaciona as ideias do pensador aos territórios da literatura e do cinema, tomando como ponto de partida as projeções da obra de Borges no cinema de Greenaway; sobre esse último, declara: "ele não toma o artifício como adereço, invólucro, efeito de superfície – tal como aparece hoje no chamado cinema de entretenimento hollywoodiano ou nos pastiches literários do 'pós-modernismo' – mas como uma concepção estética, uma linguagem".[31] Seguindo os passos de Rosset e sua ideia de *estética do artifício*[32] e tentando delinear quais componentes de linguagem são potencializados pelos filmes, conforme sugestão de Maciel, passo a comentá-los.

A Walk Through H começa com um *travelling* frontal em que a câmera avança pelos corredores de uma galeria de arte e expõe a jornada imagética e imaginária de um personagem-narrador através de 92 mapas que começa e termina "Terça-feira de manhã, mais ou menos quinze para as duas da madrugada". Ao apresentar os mapas a partir dos quais irá seguir viagem, conta que os mesmos foram dados a ele por Tulse Luper, numa segunda-feira, assim que soube que o narrador que estava doente.

Da narração temos vagas informações sobre a figura do personagem-narrador, sabe-se que ele passou muito tempo de sua vida no cômodo da frente da casa do avô, seu nascimento foi "bem" antes de 1953, ele tem "pelo menos" dois irmãos, dois deles tem "pelo menos" duas filhas e possivelmente um ou mais filhos. Ele tem "pelo menos" um tio que

---

31 MACIEL, M. E. "Irrealidades virtuais: Peter Greenaway à luz de J. L. Borges". In: VASCONCELOS, M.; COELHO, H. R. (orgs.). *1000 rastros rápidos: cultura e milênio*. Belo Horizonte: Fale, 1999, p. 67.

32 "Por definição, todo empreendimento artístico separa-se da natureza e remete-se ao artifício para criar, isto é, para acrescentar um novo objeto à soma das existências presentes: a produção desse novo objeto, durante um outro concurso de circunstâncias físicas ou artísticas, aparece como infinitamente improvável. Nesse sentido, não há senão a estética do artifício e, como Ravel, todos os artistas poderão dizer-se 'artificiais por natureza' (ROSSET, C. *Op. cit.*, p. 87).

sobreviveu com a ajuda de sua esposa. Ele vive em uma casa que possui um porão e um sótão, o que sugere que seja grande e antiga. Ele é ao mesmo tempo casado, divorciado e viúvo e tem uma filha que é ao mesmo tempo uma adolescente e uma adulta, e um filho, provavelmente um adulto. É sabido que o narrador é homem e, como já dissemos, está doente.

Trata-se de uma saga quixotesca, guiada por mapas que chegam, desaparecem e retornam, encontros e desencontros, caminhos obscuros e labirínticos. A viagem imaginária através dos mapas pintados por Greenaway contempla as superfícies em suas cores e formas abstratas e é intermediada por imagens de registro de pássaros. Uma atmosfera de mistério é criada nessa indecifrável jornada onde as figuras de pássaros reiteram o deslocamento contínuo e infinito. *H* é, ao mesmo tempo, o ponto de partida e de chegada e poderia ser a cidade de Hestergard, Van Hoyten ou o Hemisfério Norte, dadas as associações com a letra H.

Ao final de um passeio que percorreu 1.418 milhas, a câmera retorna para a galeria de arte onde tudo começou e interrompe o movimento fechando o plano na capa de um livro denominado *Some migratory birds of the Northern Hemisphere* (Algumas aves migratórias do Hemisfério Norte). Há ainda um subtítulo "It contains 92 maps e 1.418 birds em colour", de autoria de Tulse Luper: realizou-se, assim, uma peregrinação pela metáfora da criação em imagens em movimento.

A meu ver, o momento especial da viagem acontece no *Mapa de Amsterdã,* onde o narrador–personagem encontra Van Hoyten, um observador de pássaros como Tulse Luper. Trata-se de um encontro não apenas com essa figura que veremos em outros filmes, mas também da convergência da narrativa com uma Holanda cara ao universo imaginário de Peter Greenaway. Algo como uma fascinação que se prolonga na criação de Van Hoyten, presente em mais de um filme e na recorrência a certos pintores e estilos. Nesse sentido, Vermeer assume destacada importância, chegando, inclusive a influenciar o modo de composição visual em *Zoo – Um Z e dois Zeros*, recuperando-se a beleza e a precisão como o pintor trabalha com tons e cores e também a exatidão temporal na criação de instantâneos pré-fotográficos. A pintura holandesa, no gênero natureza morta dos século XVII e XVIII se incorporou nos cenários de *O contrato do desenhista*, *Afogando em números*, *O cozinheiro, o ladrão, sua mulher e o amante*, além da recorrência aos pintores barrocos como Rubens, Frans Halls e Rembrandt. A forte relação com o país se materializou na mudança de Greenaway de Londres para Amsterdã, lugar em que vive atualmente.

O mapa de Amsterdã foi pintado em 1978, compõe uma sequência importante em *A Walk Through H* e incorporou-se ao livro-catálogo *Papers*, publicado na França. Olhar esse quadro é ao mesmo tempo voltar-se para Greenaway pintor e trair o filme, já que ele, originalmente, compõe as imagens em movimento de *A Walk Through H*.

Trata-se de uma leitura pessoal de um mapa. Arte e ciência milenar, a cartografia codifica espaços terrestres nos limites planares de um mapa. Pontos, linhas, cores, formas abstratas (outrora figuras mitológicas), inscrições verbais, escalas, traçados horizontais e verticais são componentes desse sistema semiótico. Greenaway, neste quadro, olhou preliminarmente o mapa de Amsterdã que, além dos componentes essenciais, contém as indicações dos canais que caracterizam a cidade. O resultado é uma tradução entre sistemas visuais em que se preserva a arbitrariedade que caracteriza o traçado cartográfico e o pictórico.

Nesse sentido, o quadro explora principalmente a superfície da tela. Sobre um fundo preto manchado emergem formas quadriculadas justapostas umas às outras, contornadas pelo branco, vermelho e pelos tons de azul, que sinalizam os possíveis percursos por ruas e canais. Nos interiores das pequenas grades e sobrepondo-se a elas confluem figuras em X sustentadas por "hastes"; elas estão dispersas no quadro e se concentram sobremaneira na parte esquerda da pintura. São alusões a moinhos de vento (essa informação é dada no filme) pintados em tons de amarelo, branco e azul. Além delas, aparecem indistinguíveis formas com combinações circulares e quadriculadas que sugerem edifícios, traços aleatórios e pigmentos.

Remontando aos quadrados de Modrian e distinguindo-se pela forte sugestão do movimento devido às pinceladas inacabadas, o mapa de Greenaway sugere infinitas direções. Em sua totalidade, ele é composto por superposição de enquadramentos encerrados numa moldura maior, aquela que vemos quando o percorremos a partir de suas bordas. Prevalece o escuro sobre o claro, as poucas zonas de luminosidade são sugestivas para as idas e vindas exploradas na narração do filme. Sugere, ainda, uma representação da noite, com seus focos isolados de luz. Tal como os mapas, ele provoca a nossa imaginação, sendo, essencialmente, um palimpsesto.

Os 92 mapas foram todos elaborados por Greenaway e aludem ao seu olhar fixado em sistemas arbitrários de representação. O número 92 assume a partir de então grande importância pela maneira como suas narrativas serão organizadas; na verdade, o número surgiu da contagem equivocada de uma obra de John Cage, em que o músico se propunha a desenvolver narrativas condensadas que durassem 60 segundos. Ao total eram 90 narrativas, mas o equívoco permaneceu e se impôs como uma estrutura rígida em que várias possibilidades narrativas puderam se desenvolver, como podemos atestar no filme *The Falls*, no livro *Gold* e no projeto, intitulado *Tulse Luper Suitcases*.

A Walk Through H foi lançado em 1978, ano da morte do pai do diretor. Greenaway descreve-o como um "business man obsessed with birds", um ornitólogo amador que sonhava em morar no campo para praticar exaustivamente seu hobby. Se o filme é fortemente marcado pelo tom poético que enfatiza o significante, mostrando uma jornada que metaforiza o ato da criação, ele também aponta para um testemunho pessoal do diretor ao expor sua admiração pelo seu pai: um filme de memória traduzido por mapas – "A reencarnação de um ornitólogo".

Tulse Luper parece ser a obsessão mais forte de Peter Greenaway. No projeto transmídia *Tulse Luper Suitcases*, a personagem é, ao mesmo tempo, um escritor e projetista. *Tulse Luper Suitcase: the Moab history* (2003) é o primeiro segmento de um filme que totaliza 6 horas e foi dividido em outras duas partes – *Vaux to the Sea* e *From Sark to Finish*.

Um dos primeiros registros da aparição de Tulse Luper se deu no começo da década de 1970, em uma série de colagens intitulada *Vertical Features Remake – The Research* (1984). O material integrava um projeto para um filme chamado *For a new physical world*, e a ideia era elaborar uma narrativa baseada na descoberta do material de arquivo pertencente ao cientista fictício Markus Pike, donde concluímos residir o arquefilme homônimo *Vertical Features Remake*. No filme, Tulse Luper é representado fotograficamente com uma imagem encontrada numa feira de antiguidade e seus traços remontam ao dramaturgo Samuel Becket.

A narrativa dialoga com *A Walk Through H* pela retomada de Tulse Luper e busca reconstituir dados biográficos do personagem. O estreito vínculo que mantém com o filme que o antecede se dá também pela elaboração de um universo visual cuja matriz arbitrária alia-se à defesa da artificialidade narrativa por meio de sistemas de classificação que encaixam infinitamente o conteúdo, compondo colagens em movimento.

A narrativa gira em torno da descoberta, do exame, da organização e da refilmagem de um material incompleto e que indica ser um filme de Tulse Luper denominado *Vertical Lists* ou *Vertical Features*, em que se mostram objetos verticais tais como postes, traves, árvores, cercas etc. em paisagens modificadas pela ação humana. As pesquisas conduzidas pelo Instituto de Recuperação e Restauração (IRR) resultam em três filmes, cada qual com uma realização diferenciada, tomando como ponto de partida as possibilidades combinatórias da sequência numérica 121 e trazidos para o corpo do filme na seguinte ordem: *Vertical Features Remake* 1, 2 e 3.

A partir da exibição dos três filmes, temos um esquema de filme dentro do filme que atende a quesitos de reflexividade amplamente desenvolvidos na história do cinema. No filme, essas passagens de imagens falsamente reconstituídas alimentam um gesto que parodia os filmes do movimento estrutural anteriores à sua execução – com ênfase nas obras minimalistas centradas na repetição, nas mínimas variações visuais a partir da escolha de um determinado tema visual (o serialismo), na recusa do uso da palavra e da ficção narrativa.

O material visual mescla imagens hipotéticas de Tulse Luper, de sua casa, de seus amigos (Cissie Colpitts), textos escritos, combinações matemáticas, os três diferentes filmes. Michael Nyman assina a trilha sonora, como já havia feito em *A Walk Through H* e, novamente, utiliza-se uma voz *over*, a de Colin Cantlie, para narrar os acontecimentos. O filme incorpora, ainda, elementos recorrentes que recebem tratamento diferenciado, como acontece em outros filmes, pelo uso de sistemas de classificação, pelo processo de colagem para a configuração visual, pelo uso das próprias pinturas e desenhos, pela referência à paisagem inglesa, pela recuperação do formato documentário que aponta para outro gesto paródico, provocando embate, ampliando a tensão entre as instâncias da ficção e da não ficção em suas fronteiras.

No filme anterior, Tulse Luper era um navegador que oferecia direções à peregrinação do narrador; aqui ele é apenas uma imagem fotográfica e sua obra foi revitalizada pelo trabalho de pesquisadores. Em seguida, em *The Falls*, Luper aparecerá em alguns episódios como um contador de histórias.

The Falls é um filme ambicioso, desafia o espectador a seguir três horas de excessiva formalização visual e verbal para narrar 92 biografias apócrifas de pessoas cujos nomes iniciam-se com as letras "Fall" vítimas de um evento enigmático tratado como VUE (Violent Unknown Event). Os microrrelatos, informados pelo narrador na abertura do filme, foram selecionados da última edição de um inventário divulgado a cada década pelo Comitê Investigador. Distinguindo-se dos complexos jogos matemáticos de *Vertical Features Remake*, há uma estrutura de decodificação simples, fortemente vinculada ao documentário tradicional, tratando-se de um filme que deixa evidente a passagem do diretor pelo gênero, com suas classificações, estatísticas e explicações e que passa a ser desconstruído, parodiado e ironizado até o limite.

Greenaway parece ter percorrido toda a Grã-Bretanha para realizar o filme, mostrando cenas no campo, em pequenas cidades e, principalmente, em Londres (aeroporto de Heathrow, Museu de História Natural, Pubs, o Big Ben, bairros periféricos e várias ruas). A obra ainda inclui farto material de arquivo disperso em fotografias e filmes antigos. Ainda no campo visual, vemos fichas catalográficas, cenas gravadas em lugares fechados que lembram repartições públicas, casas e bares. Mas até aqui tudo parece assentar-se nos esquemas recorrentes de elaboração da imagem. O que chama a atenção são as incorporações de desenhos e de colagens de Greenaway, a inserção de seus primeiros filmes e a multiprojeção de imagens estáticas e em movimento numa ação aproximada aos efeitos de flicagem e de "filme dentro do filme" já desenvolvidas numa certa vanguarda e pelo cinema comercial.

O forte apelo à dimensão cerebral, anti-ilusionista e reflexiva deste filme e dos anteriores consolida um diálogo com as produções denominadas pela etiqueta *arte conceitual*, herdeira das liberdades formais da Arte Pop, mas centrada na concepção do objeto artístico, notadamente as artes plásticas, como ideia. Na Grã-Bretanha, destaca-se o trabalho de Richard Long, um dos pioneiros da *Land Art*, a versão local da arte conceitual cujo foco central, seguindo a tradição da pintura britânica, era a paisagem, em que aflorava "os prazeres cerebrais dos mapas",[33] um desejo incontido de mapear as coisas do mundo e, tal como Kitaj, a apropriação de mapas também incorporava mensagens verbais nas telas. Esses procedimentos são visualizados nos filmes de formação amalgamando, portanto, a linguagem tradicional do documentário, extratos do cinema experimental estrutural, a *Land art* e a literatura de Throrton Wilder e de Jorge Luis Borges em seus jogos narrativos a partir de sistemas de classificação.

O filme desenvolve-se pela apresentação sucessiva das 92 histórias que, numa projeção doméstica, podem ser interrompidas e retomadas sem alteração do sentido. Como nos filmes anteriores, preserva-se a narração em *over*, desta vez com a multiplicação de vozes que somam a do reiterado Colie Cantlie. As consequências do "Violent Unknown Event" geram deformações físicas, estranhas aptidões, geralmente relacionadas às habilidades dos pássaros, e um traço é recorrente na maioria das pessoas: elas são falantes de esquisitas línguas criadas pelo diretor, o que potencializa o clima de estranhamento do filme.

A obra se sustenta como uma ficção absurda elaborada a partir desse tecido múltiplo, compondo um amplo espectro de artifícios sobre artifícios, numa rapidez inusitada que desafia nossa intelecção. Organizado por um espírito devorador,

---

33 HUMPHREYS, R. *Tate Britain companion to British art*. Londres: Tate Publishing, 2001, p. 234.

vemos, no esteio das vanguardas, a antecipação de processos de permeabilização entre códigos distintos banalizados pela televisão, sobretudo na década de 1980, com a velocidade instantânea da programação *a la* MTV, rapidamente incorporada no cinema. Do ponto de vista do desenvolvimento interno da estética de Greenaway, o filme, ao mesmo tempo, potencializa traços já dados a conhecer em *Windows* e, juntamente com *Vertical Features Remake*, antecipa os processos transversais de contágio entre os códigos que parece não ver limite no diálogo com as mais variadas fontes. Ainda nessa marcha transversal, posteriormente, o diretor lançou uma versão escrita do filme, podendo ser lido como obra literária.

No que diz respeito às projeções autorais, pode-se dizer que o filme representa um corpus abundante para essa investigação, da qual eu retenho apenas as passagens de Tulse Luper que, novamente como um guia interno, aponta para o autocentramento da obra em sua dimensão reflexiva. Nas biografias de Constance Ortuist Fallabur (nº 2), Mashanter Fallack (nº 8), Lacer Fallacet (nº 7), Ipson and Pulat Fallari (nº 16) e Canopy Fallbenning (nº 34), ele é um contador de histórias cujos contos são relacionados a metamorfoses de homens em pássaros. Nesse procedimento, vemos a relação entre literatura e cinema deslocar-se radicalmente dos processos de ilustração visual do conteúdo verbal que comumente aparecem no horizonte do cinema, para que o diretor possa inserir suas próprias histórias, reverberando seu talento de escritor, dentro da narrativa que constrói. Inscrevendo seus desenhos e pinturas e seus escritos literários, Greenaway realiza um mergulho profundo em si mesmo: o autor torna-se Narciso.

Os artifícios que edificam narrativas por estranhas associações são parte de um movimento interno da poética desse diretor que irão se manifestar por outras vias, conforme veremos nos outros capítulos. A defesa da estética reflexiva, das obras que se voltam para si mesmas, contemplam também – conforme realçamos as projeções do autor, que nos conduz para seu próprio universo compondo um mergulho narcísico nesse fazer –, uma autoexibição em excesso calcada na memória de experiências pessoais (os pássaros e seu pai, a atividade como documentarista de um órgão oficial), a reverberação das influências (Jorge Luis Borges, Thorton Wilder, Constable, Turner, John Cage, Frampton etc) evocadas em intertextos frutos de mediações infinitas.

Enfim, em seu conjunto e por meio da observação particular de cada filme, a importância dessas obras para o primeiro momento de criação se dá principalmente pelo estabelecimento de procedimentos de construção narrativa, discursiva e plástica que se firmaram decisivamente a partir de *Windows* e foram explorados de formas distintas nos outros filmes, bem como continuam a operar em sua carreira. Essa disposição continuada em utilizar diferentes substâncias de expressão visual e verbal, fundido-as nos corpos dos filmes, bem como os sons de ruídos e das composições minimalistas de Brian Eno e de Michael Nyman são frutos de seu olhar de artista plástico e cineasta, de romancista e ex-funcionário de um órgão conservador de elaboração de documentários, conforme podemos verificar em cada caso particular.

Capítulo 2
Os longas-metragens de ficção dos anos 1980/1990

Peter Greenaway tornou-se internacionalmente conhecido nos anos 1980. Os filmes em longa-metragem realizados depois de *The Falls* tiveram distribuição internacional, contaram com capital externo viabilizado pelas coproduções estrangeiras e tiveram a participação continuada de Kess Kasander[1] como produtor. Ao adotar um novo formato cinematográfico em seu vocabulário pessoal, ou seja, o filme de ficção, os filmes passaram a ser realizados incorporando, aparentemente, certos procedimentos narrativos convencionais, como a construção da encenação a partir da dramatização da história em relato, também entendida como a criação diegética de um universo habitável e verossímil, e a formatação da duração do filme em torno de duas horas, o que permitiu a projeção nas salas comerciais.

Essa estandardização, imposta por ditames da produção e pelo desejo do diretor em alcançar um público maior,[2] não obliterou a total ruptura com os procedimentos de construção textual que caracterizavam os filmes do diretor. O que

---

1   Kees Kasander é produtor de cinema e pertencia à produtora Allarts Production, da Holanda, responsável pela produção e distribuição dos filmes a partir de *Zoo – Um Z e dois Zeros*. Atualmente é dono da produtora Kasander Film Production.

2   Peter Sainsbury era o diretor do BFI Production Board durante a produção de *O contrato do desenhista* e numa entrevista conta que impôs a Peter Greenaway a criação de diálogos para o filme, bem como o corte drástico das duas horas a mais inicialmente previstas para o projeto, o que inviabilizariam a projeção nas salas de cinema (BROWN, R. "The Draughtsman's contract". *Monthly Film Bulletin*, nov. 1982, nº 586, p. 256).

temos a partir de *O contrato do desenhista* é a apropriação perversa de certas convenções narrativas que são encenadas para o desfile de obsessões contínuas, entendidas aqui como a edificação de um cinema assentado numa estética da artificialidade, nas relações com outros sistemas de representação e em narrativas que, organizadas por contratos, jogos e vinganças, em alguns momentos com expedientes do groteco, tematizam valores sociais elitistas.

Os anos 1980 representam outra fase de realização no cinema ficcional de Greenaway;[3] trata-se de um segundo momento, caracterizado, principalmente, pela formatação diferenciada das narrativas outrora organizadas a partir da hipertrofia do campo visual em que abundavam seus desenhos, colagens, pinturas e outras referências visuais, associadas à constante *voz over* que parodiava o cinema documentário. Os filmes *O contrato do desenhista* (*The draughtsman's contract,* 1982), *Zoo – um z e dois zeros* (*ZOO – A zed and two noughts,* 1985), *A barriga do arquiteto* (*The Belly of an architect,* 1987), *Afogando em números* (*Drowning by numbers,* 1988) e *O cozinheiro, o ladrão, sua mulher e o amante* (*The cook, the thief, his wife and her lover,* 1989) são as obras cinematográficas desse segundo momento, nos anos 1980. Agregam-se aos filmes as relações intersemióticas tão caras ao desenvolvimento

---

3   Correlato ao desenvolvimento gradual de sua carreira no *mainstream* do cinema de arte europeu, ele também fez filmes para televisão, momento em que podemos verificar a continuidade de certos procedimentos formais similares aos já desenvolvidos nos filmes anteriores. Sua incursão pelo universo televisivo foi favorecida pelo surgimento do *Channel 4*, uma emissora que loca horários na programação para produtores independentes e também vende espaços para anúncios publicitários. No próximo capítulo tratarei das características dessa produção televisiva.

de seu estilo e a maneira como elementos da conjuntura histórica se estendem nas ficções. Nos anos 1990, os longas-metragens *O Bebê Santo de Mâcon* (*The Baby of Mâcon*, 1993) e *8 ½ mulheres* (*8 ½ women*, 1999) assumem características semelhantes aos filmes citados anteriormente, são narrativas de transição no conjunto dos filmes de Greenaway, e podem ser incluídos nesse conjunto denominado filmes de arte dos anos 1980/1990.

O destaque é a análise do filme *Afogando em números*, sendo uma obra, ao meu ver, emblemática desse período de realização, na medida em que apresenta no plano textual continuidades e descontinuidades que se integram ao processo de criação artística, visto como o encadeamento de certas figuras como parte de um movimento interior de uma obra em constante processamento. Isso conforma uma aproximação cotextual do trabalho de Greenaway, e é parte integrante do delineamento das variações da assinatura do autor. Ainda em relação ao tratamento dos constituintes cinematográficos, o filme descortina uma série de procedimentos inerentes ao devir do cinema moderno, seguindo determinadas tendências da chamada *narração do cinema de arte*, na concepção de David Bordwell.

O conceito de narração do cinema de arte (art-cinema narration) toma como parâmetro para exposição dessa vertente os seguintes elementos: 1) a narração autoconsciente; 2) os desvios elaborados em relação ao modo canônico da narrativa clássica, sendo que o rompimento com a transparência dos eventos chama a atenção para a mediação existente nos processos de escolha dos elementos narrativos e estilísticos e estabelecem a ligação entre o espectador do filme e seu autor;

3) o conceito de escritura que enfatiza a intervenção direta do criador e ao se verificar a repetição de determinados processos da narração tem-se delineado a figura do autor; 4) a reflexividade, que une diretamente o filme ao cineasta; 5) ainda sobre a autoria, que aponta para sua exploração em termos econômicos e institucionais e que podem determinar, de certa forma, o uso recorrente de elementos de um filme para outro; 6) a narração no cinema de arte pode se desenvolver pelo apego do realizador com determinadas qualidades estilísticas no diálogo com a história da arte, investe na encenação e utiliza elementos da retórica; 7) destaca um aspecto fundamental nesse processo que é a presença da ambiguidade como provocação em relação à organização da narrativa clássica. Ainda acrescenta:

> O filme de arte é anti-clássico ao criar permanentes lacunas na narração e chamar atenção para o processo de construção da fábula. Mas muitos desses desvios são localizados dentro de normas novas e extrínsecas, reorganizadas como realismo[4] ou comentário autoral. Finalmente, a narração no filme de arte solicita não apenas a compreensão denotativa, mas uma leitura conotativa, um alto nível de interpretação.[5]

---

4   Bordwell chama a atenção para o realismo de Rosselini e de De Sica em suas soluções estilísticas, guiando-se por Bazin, que já refletira a respeito dos dois cineastas italianos.

5   BORDWELL, D. *Op. cit.*, p. 212.

Ao ceder a determinados protocolos da produção, o que se vê não é o abandono de um projeto artístico e a adesão aos imperativos da indústria cinematográfica que, na maioria dos contextos, tomam Hollywood como modelo –, aliás, Greenaway expõe declaradamente sua rejeição em relação ao cinema ilusionista, há uma recusa em criar filmes transparentes, assentados no modelo clássico da narrativa inspirado nos romances realistas do século XIX, que privilegiam os aspectos psicológicos e seus desdobramentos em torno da identificação. Não que seus filmes abandonem a estrutura clássica firmada no prólogo, três atos e um epílogo, mas há um investimento maior na maneira como os acontecimentos são apresentados, o que é diferente de se privilegiar o que está sendo contado somente no nível da fábula.

Interessado somente em obras cinematográficas que ensejam a artificialidade no próprio discurso, Greenaway assume uma estética reflexiva trabalhada em signos que explicitam a construção da ação em sua enunciação. Fomenta-se um cinema centrado na artificialidade, na medida em que *como* os acontecimentos transcorrem sobrepõe-se ao *que* é narrado.[6] Dessa forma, vários mecanismos arbitrários de organização são utilizados para que a narrativa transcorra e seja desvelada em sua elaboração, como o uso de letras do alfabeto, palavras, desenhos, cores, espaços arquitetônicos, livros e números.

---

6   KILB, A. "I am the cook: a conversation with Peter Greenaway". In: GRAS, V.; GRAS, M. (org.)., p. 61. *Peter Greenaway: interviews. Jackson: University of Mississippi Press,* 2000.

> Estou convencido de que contar histórias cabe aos escritores e não aos cineastas que têm outras coisas mais interessantes para fazer. Se, como sugeriu André Bazin, o cinema nasceu de uma combinação de teatro, literatura e pintura, esta última foi sempre esquecida. Pouquíssimos cineastas estão interessados em compor imagens. Mesmo os grandes como Bergman e Scorsese estão comprometidos com a ilustração de textos e a mimese teatral ou ainda com a proposta de Pirandello de retratar idéias por meio de personagens. O cinema tem de ser mais autônomo do que isso. Por favor, vamos ter um cinema--cinema que tenha a ver com a criação de imagens.[7]

A recusa pela transparência dá vazão à busca por soluções plásticas no campo visual, momento em que se reitera sua paixão pela pintura e a necessidade de conjugar o repertório de referências da pintura europeia e norte-americana ao tecido das imagens. Esse procedimento se dá pela citação de quadros nos interiores de algumas cenas, pela recriação de quadros compondo quadros vivos e, principalmente, pelo arranjo dos componentes visuais em que se estabelecem organizações cromáticas, soluções perspectivas, composição do figurino, trabalho com texturas e efeitos visuais com a utilização de dispositivos ópticos como espelhos e câmeras. O tipo de representação que encontramos em Greenaway corresponde,

---

7   MATTOS, C. A. "Greenaway homenageia seus heróis cinematográficos". *O Estado de S. Paulo*, 16 fev. 1998, p. 4.

desta forma, aos conceitos de reflexividade apresentados por Jacques Aumont e Michel Marie:[8]

> Reflexividade: 1. Termo de origem matemática, que designa a propriedade de uma relação reflexiva. Ele foi retomado pela teoria do cinema para designar "o efeito espelho" provocado pelo olhar do ator (e/ ou da personagem) para a câmera. O "olhar para a câmera" pode ser interpretado como uma espécie de mensagem direta da personagem ao espectador, já que um olha o outro "nos olhos". Entretanto, diferentemente das mensagens de linguagem, faladas ou escritas, este é reflexivo: ele provoca um efeito espelho de um gênero particular que pode ser interpretado como o equivalente de um marca enunciativa. 2. O termo é igualmente utilizado em um sentido mais amplo, quando o filme mostra o dispositivo (reflexividade cinematográfica) ou produz efeitos de espelho (reflexividade fílmica). Esta pode, por sua vez, remeter a outros filmes ou se auto-refletir. A reflexividade é, portanto, o aspecto mais especificamente visual de questões mais gerais como "o filme no filme", "o cinema no cinema" e o procedimento da construção em abismo.

Essa primeira acepção da questão da reflexividade pode ser amplamente vista no longa experimental *The Falls*, em que as personagens conversam o tempo todo com a câmera, falseando os depoimentos de filmes documentários. Já os filmes

---

8   AUMONT, J.; MARIE, M. *Dicionário teórico e crítico de cinema*. Campinas: Papirus, 2003, p. 254.

posteriores estão mais ancorados nessa segunda definição em que o desvelamento do dispositivo cinematográfico se cumpre por uma sofisticada inclusão de outros dispositivos de mensagens visuais intrinsecamente conectados com a diegese.

Em sua visão atenta para o dispositivo cinematográfico, Greenaway, como vimos, questiona o vínculo entre o cinema e a literatura ou o teatro, almejando, por via da realização, alinhá-lo aos seus antecessores, às artes visuais. Assim, a pintura europeia ao longo de dois mil anos torna-se a referência básica para que ele possa compor visualmente: "Eu ainda sou, primeiramente, um pintor que está trabalhando no cinema. Eu acho que meu cinema é mais bem compreendido quando relacionado, em termos críticos, às tradições da pintura e da história da arte".[9]

Como já dissemos, poucos movimentos de câmera, organização meticulosa do espaço da encenação e rígida organização do quadro são procedimentos comuns ao verificarmos as continuidades operadas no campo da imagem. Essas decisões são formas de deslocar o espectador do jogo de identificação e fazê-lo apreciar a imagem em sua elaboração. Essa centralidade no campo visual revela a atenção que é dada, sobretudo ao enquadramento, à feitura da imagem, à encenação que faz com que os corpos, os objetos, os interiores e a paisagem sejam minuciosamente codificados. Para esse trabalho, as fontes visuais são referências da história da arte europeia e dos dispositivos mecânicos e eletrônicos de fabricação da imagem.

---

9 SMITH, G. "Food for thought: an interview with Peter Greenaway". In: GRAS, V; GRAS, M. (orgs.). *Peter Greenaway: interviews*. Jackson: University of Mississippi Press, 2000, p. 100.

Se nos filmes experimentais a fase da montagem era decisiva para a elaboração de imagens construídas a partir da fusão de planos que oscilavam entre os registros de acontecimentos, de pessoas e de paisagens com gravações de superfícies planares de naturezas diversas, nesse momento o enquadramento passa a dividir a mesma importância da montagem. O enquadramento realiza-se durante o momento de realização das cenas e sequências dos filmes. É o momento do recorte retangular e seletivo, da decisão sobre a distância dos objetos filmados em relação à câmera, da incidência da luz, da gravação da fala dos personagens (no caso do som sincronizado), das escolhas dos ângulos, da maneira como o diretor vê as coisas e quer que as vejamos, ou seja, o enquadramento define, em última instância, o ponto de vista, tanto interno, no que se refere aos olhares dos personagens, quanto externo, ao direcionar o olhar do espectador para o que está enunciado, tornando-o cúmplice da enunciação fílmica.

Para Dominique Villain,[10]

> (...) os elementos que o enquadramento cinematográfico compõe, decompõe e recompõe são iguais aos da pintura, por exemplo: os distintos lugares das distintas figuras (no campo), sua proximidade, presença, nitidez ou seu afastamento, seu *flou*, o jogo dos primeiros planos e dos segundos planos (no plano), dos fundos (o cenário) e da superfície (a tela), dos pontos de fuga e dos pontos de vista, das direções de olhares, da relação com o espectador.

---

10   VILLAIN, D. *El enquadre cinematográfico*. Barcelona: Paidós, 1997, p. 115-116.

Diferentemente da pintura, a fabricação da imagem no cinema é um trabalho coletivo, daí a importância de Sacha Vierny como diretor de fotografia em todos os filmes de Greenaway desse período e que serve de indicativo para a distinção de traços recorrentes em obras que transitam por universos tão variados. Assim, um sobrevoo nos longas-metragens desse período permitem-nos apreender, de forma geral, os aspectos visuais (de composição, decomposição e recomposição) que distinguem a obra de Greenaway.

Do ponto de vista formal e histórico, são filmes que herdam e tensionam traços narrativos e estilísticos do cinema moderno, surgido na Europa após a Segunda Guerra Mundial, cujo marco foi o Neorrealismo italiano e sua abertura de fronteiras para a representação distante dos cânones do cinema clássico hollywoodiano.

Seguindo o preceito de André Bazin, que apontava a necessidade de tratamento do neorrealismo a partir de critérios formais e estéticos e não apenas sociais, Deleuze define o neorrealismo como o momento que se alcança, no cinema, a

> (...) ascensão de situações puramente óticas (e sonoras, embora não houvesse som sincronizado no começo do neo-realismo), que se distinguem essencialmente das situações sensório-motoras da imagem-ação no antigo realismo. Talvez isso seja tão importante quanto a conquista de um espaço puramente ótico na pintura, ocorrida com o impressionismo".[11]

---

11 DELEUZE, G. *A imagem-tempo*. São Paulo: Brasiliense, 1990, p. 11.

Trata-se de uma análise do cinema que enfatiza a crise da *imagem-ação*, desenvolvida, sobretudo, pelo modo de representação dos grandes estúdios (ou o cinema clássico americano), e analisa a passagem dessa forma para o advento do cinema moderno, cuja feição prima pela liberdade da expressão e do conteúdo em contraposição aos esquemas rígidos da decupagem clássica. Ainda no contexto europeu, após a Segunda Guerra, a *Nouvelle Vague*, na França, representaria outro desdobramento das rupturas que redefiniriam o cinema, que Deleuze chama de *imagem-tempo*. Jean–Luc Godard e Alain Resnais seriam, nesse sentido, deflagradores de uma nova ordem da qual o cinema de Peter Greenaway, a partir dos anos 1980, é tributário.

Embora Greenaway refira-se continuamente à influência que Alain Resnais exerceu sobre suas opções cinematográficas, pode-se medir igualmente a importância e os ecos de Godard em seus filmes. Podemos aproximar os dois cineastas, por exemplo, ao nível das relações intersemióticas. Assim Godard trouxe para o cinema a dança (*Uma mulher é uma mulher*), a história em quadrinhos (*Made in U.S.A.*), a literatura e a pintura (*Pierrot le fou*), a fotografia (*Salve-se quem puder a vida*) e também o vídeo (*Numéro Deux*). Godard radicaliza o diálogo com os sistemas de representação tornando o campo visual algo enigmático pelas inusitadas relações que estabelece, acresçam-se os desvios oferecidos pelas falas e pela música, tudo parece pertencer a um constante movimento de construção, desconstrução e reconstrução, em que a aparente referencialidade ou reconhecimento do material exposto se perde rapidamente para dar lugar a formações visuais e sonoras enigmáticas.

Godard potencializa a organização sonora e visual por um intenso trabalho de desarticulação da linguagem. Nesse sentido, seguindo o pensamento de Gilles Deleuze, o que ocorre é um intenso processo de descentramento e abertura do encadeamento da ação narrativa, resultando num cinema reflexivo e intelectualizado, nos moldes do distanciamento brechtiano. No nível da organização dos constituintes da narrativa e do discurso, Godard traz ao cinema o que Deleuze define como a instauração do discurso indireto livre:

> De tal modo que as personagens, as classes, os gêneros formam o discurso indireto livre do autor, tanto quanto o autor forma a visão indireta livre deles (o que vêem, o que sabem ou não). Ou melhor, as personagens se expressam livremente no discurso–visão do autor, e o autor, indiretamente, no das personagens. Em suma, é a reflexão nos gêneros, anônimos ou personificados, que constitui o romance, seu "plurilinguismo", seu discurso e visão. Godard dá ao cinema as potências próprias do romance. Ele se dá tipos reflexivos como se fosse, estes, intercessores através dos quais Eu é sempre outro. É uma linha quebrada, uma linha em ziguezague, que reúne o autor, suas personagens e o mundo, e passa entre eles. O cinema moderno desenvolve, assim, de três pontos de vista, novas relações com o pensamento: a supressão de um todo ou de uma totalização das imagens, em favor de um fora que se insere entre elas; a supressão do monólogo interior como todo do filme, em favor de um discurso e de uma visão indiretos livres; a

O autor multiplicado   103

supressão da unidade do homem e do mundo, em favor de uma ruptura que nada mais nos deixa que uma crença neste mundo.[12]

Nos filmes de Greenaway, a desarticulação do código cinematográfico se dá também pela constante problematização da autoria, pela inscrição da reflexão da narrativa negada como ilusão pelas falsas pistas, falação dos personagens e as constantes recorrências a fontes que se desdobram no tempo e colaboram na construção de um cinema altamente intelectual, sendo essencialmente um transporte das premissas da arte conceitual para o cinema de arte comercial. Existe uma intencionalidade em construir metáforas visuais que se tornam mais emblemáticas quando seus personagens transmitem ideias elaboradas, o que constitui, ao mesmo tempo, um perigo, já que nunca se sabe o nível de compreensão do público diante do manejo de extratos refinados da cultura europeia e um profundo elitismo pela mediação outorgada pela tradição artística eurocêntrica. Quanto a essa questão, Greenaway disse:

> Meus filmes são baseados numa área onde muitas pessoas se sentem inferiorizadas socialmente e intelectualmente, mas eu quero usar este material, isso enriquece o meio. Este conhecimento existe para ser compartilhado e é por isso que meus filmes são intensamente baseados em 2000 anos de

---

12   *Idem*, p. 225–226.

cultura européia. Principalmente a cultura pictórica, mas também, o teatro jacobita e a cultura literária.[13]

Afirmou isso se referindo ao filme *O cozinheiro, o ladrão, sua mulher e o amante*, mas pode ser estendido para outros filmes.

Ao recuperar suas ideias, acercamo-nos de seu processo de criação, em que se nota um forte embasamento teórico que se desdobra em alguns filmes, mas vale dizer que não se trata da apreensão de determinados fenômenos sob o ponto de vista acadêmico e científico. Essa experiência intelectual não é levada às últimas consequências, já que o artista não realiza digressões teóricas –, assim, as teorias ou os pronunciamentos expostos nos filmes apontam para uma modalidade de ensaio que se manifesta no seio da ficção, como é o caso das relações entre acaso e o evolucionismo darwiniano (entre outras) em *Zoo* ou a questões éticas entre os artistas e seus produtores, como em *O contrato do desenhista*. Esses e outros temas sucumbem aos jogos da ficção, já que se tratam de filmes que visam, em primeira instância, o entretenimento do espectador.[14]

Questões relativas à história e à política não passam despercebidas pelo realizador. Quanto ao aspecto histórico, interessa-se "em descobrir como nos aproximamos da história, como nós pensamos que as pessoas viveram em um momento particular no tempo e quais foram os imperativos culturais e estéticos nas texturas da sociedade. E também, mais

---

13 SIEGEL, J. "Greenaway by the numbers". In: GRAS, V.; GRAS, M. (orgs.). *Op. cit.*, p. 78.

14 BUCHHOLZ, H.; KUENZEL, U. "Two things that count: sex and death". GRAS, V.; GRAS, M. (orgs.). *Op. cit.*, p. 52-53.

O autor multiplicado 105

simplesmente, o que é e o que não é verdade".[15] Nesse âmbito, o século XVII tem um papel relevante, pois desse período extrai marcos estéticos da pintura, do teatro e da literatura, e não deixa de examinar o contexto em que brotaram obras de caráter emblemático.

O Teatro Jacobita (Jacobean Revenge Tragedy) ocupa posição privilegiada nas realizações desse período. Greenaway destaca na produção de John Ford, Ben Jonson, John Webster e Cyril Tourneur aspectos como melancolia, violência e vingança levados ao proscênio num período de transição política marcada pelos últimos anos do reinado de Elizabeth I e a abdicação de Jaime II em 1688. Seu longa *O cozinheiro, o ladrão, sua mulher e o amante* herdou da peça *Tis pity she's a whore* de John Ford o tom sarcástico e agressivo para tratar de maneira alegórica os tempos de Margareth Thatcher e os valores de sua política. Neste exemplo, observamos a retomada da história não como recriação, mas como o passado pode iluminar relações do presente, sendo que Greenaway associa os acontecimentos daquele período com a contemporaneidade, estabelecendo analogia com o fim da segunda era de Elizabeth I e todo o clima de instabilidade que se seguiu com o breve reinado católico de James I, seguido da volta ao protestantismo no período conhecido como Restauração.

Em linhas gerais, Margareth Thatcher inaugurou um governo conservador que durou de maio de 1979 a novembro de 1990. O "thatcherismo" – assim era denominado o caldo ideológico da primeira ministra – primava pelo controle

---

15 RANVAUD, D. *Op. cit.*, p. 44.

rígido da inflação, redução dos gastos públicos, abandono do compromisso do emprego integral, reforma da união visando o enfraquecimento do poder dos estados, desregulamentação do mercado de trabalho e indústria mais competitiva, aumento da desregulamentação do setor privado (principalmente bancos e mercado de ações), privatização de estatais.[16] Dentre as consequências da política macroeconômica de Thatcher citemos a contenção da inflação e da produtividade econômica, aumento do desemprego, o declínio da produção industrial, aumento das pessoas sem moradia e da pobreza e enriquecimento da elite.

Do ponto de vista da cultura, o governo de Thatcher propunha uma renovação do espírito solidário da nação, o que implicava na adoção de medidas rígidas de controles sociais voltados para o interesse da tradição, da família e da pátria. Havia, sobretudo, um declarado apego ao patriarcalismo e à ordem.[17] No esteio desse sentimento pelo nacional, surgiu um conjunto de filmes tarjados, posteriormente, como *heritage film*, ou seja, filmes que desenvolviam narrativas fortemente vinculadas ao patrimônio histórico da cultura britânica.

Para Hill, a escalada de uma cultura centrada no patrimônio é sintomática do período em que Margareth Thatcher governou a Grã-Bretanha pelo aumento significativo do número de museus, em que o passado passou a ter significativo valor de troca e apareceu como empresa cultural, sendo, portanto, uma estratégia de desenvolvimento econômico ligada aos

16 HILL, J. *British cinema in the 1980s: issues and themes*. Oxford: Clarendon Press, 1999, p. 5.

17 *Idem*, p. 8–9.

O autor multiplicado

investimentos de turismo, tornando-se produto de consumo. Exemplos de filmes enquadrados na estética do *heritage film* são: *Carruagens de fogo* (1981), *Verão Vermelho* (1982), *Passagem para Índia* (1984), *Memórias de um espião* (1984), *Uma janela para o amor* (1985), *Um punhado de pó* (1987), *Maurice* (1987), *O despertar de uma realidade* (1988) e *Retorno a Howards End* (1991). Em linhas gerais, os filmes se valem da narrativa clássica, expõem no conteúdo, de forma positiva, o modo de vida aristocrático rural e industrial, mostrando os estilos de vida das classes altas, valorização da cultura *Oxbridge* (as instituições tradicionais de Oxford e Cambridge), as propriedades rurais e uma atitude colonialista num período em que o chamado pensamento pós-colonial já completava uma agenda de denúncias e questionamentos.

Em contrapartida, o começo dos anos 1980 também testemunhou um notável aparecimento de filmes que buscavam formas mais próximas ao cinema de arte em seus investimentos autorais. Dos diretores dessa vertente, Peter Greenaway, conforme já dissemos, aparece ao lado de Derek Jarman com os filmes mais transgressores – herança direta do envolvimento de ambos com o espírito de vanguarda. Além de Stephen Frears, Isaac Julien, Ridley Scott, Alan Parker, Mike Leigh e o grupo Monty Python.

Os longas-metragens de ficção

O contrato do desenhista: regras, corpo e escatologia

O contrato do desenhista passa-se no ano de 1694, um momento crucial para a história inglesa, marcada pelo deslocamento da dinastia católica dos Stuart para o protestantismo – a

Restauração, momento em que William de Orange assegurou a unidade nacional, estabelecendo no poder uma aristocracia rural composta de mercadores novos ricos, muitos deles vindos do norte da Europa, principalmente da Holanda e da Alemanha. O cenário do filme é o ostensivo Groombridge Place, uma elegante casa de campo.

A trama gira em torno de Neville (Anthony Higgins), um desenhista que é contratado por Ms. Herbert (Janet Suzman) para realizar doze desenhos da propriedade de seu marido, Mr. Herbert (David Hill), enquanto este viaja, supostamente, para Southampton. O contrato firmado estabelece, além da execução de doze desenhos da propriedade pelo preço de oito libras cada, que Ms. Herbert se disponha aos prazeres sexuais com o artista. A tarefa de desenhar recupera uma situação comum do século XVII em que pintores, desenhistas e arquitetos percorriam o campo para desenharem as casas de homens ricos como forma de incrementar o prestígio social dessa casta.[18] Neville executa obstinadamente os desenhos sem se dar conta de que está no centro de um jogo de poder que envolve um duplo assassinato, o de Mr. Herbert e, no final, o seu.

Desde a apresentação dos créditos, com a câmera fixa, os rostos em pose de "retrato" e conjuntos de pessoas dispostos rigidamente no campo dispõem-se a contar anedotas que ligam o corpo humano aos líquidos. São imagens que apresentam sujeitos em caracterização imponente. No entanto, o conteúdo de suas manifestações expõe essas associações entre corpos, fluidos corporais e líquidos, o que já antecipa

---

18 JAEHNE, K. "The Draughtsman´s contract: an interview". *Cineaste*, vol. 13, nº 2, 1984, p. 42.

certa dimensão grotesca presente no filme. Esse dado inicial, mulheres e homens, uma encenação luxuosa e anedotas escatológicas transmitem uma tensão entre aparência e essência, imanentes à progressão narrativa.

Neville estabelece para si regras rígidas de composição visual para executar os desenhos e esse processo normatizador é informado por uma voz *over* (a mesma de Neville). À medida que sua tarefa vai progredindo, observamos no pintor a crença num determinado tipo de realismo, digamos, "ingênuo", pois seus desenhos resultam de uma observação pura, seu gesto consiste na restituição para o papel da paisagem que vê, mediante o uso de dispositivo óptico. No entanto, essa mesma paisagem está fortemente contaminada de informações (roupas, objetos e animais) e de significações que poderiam, ao menos, serem questionadas ou mesmo abolidas do resultado final.

Ms. Talmann (Anne-Louise Lambert) observa com atenção os procedimentos do artista e vê na acolhida desse olhar a possibilidade de também jogar com o pintor. Consciente do comprometimento dos desenhos, ela convence o pintor a assumir um novo contrato, a partir da execução dos próximos desenhos, novamente sob a pena do tabelião, Mr. Thomas Noyes (Neil Cunningham), em que Neville deverá satisfazê-la sexualmente. Se os desenhos anteriores traziam índices "obscuros" relacionados a Mr. Herbert, que aparece morto, a partir desse novo contrato são os índices de um suposto adultério que comprometem os desenhos de Neville. Há um tratamento dúbio em relação aos dois contratos e a maneira como se articulam sexo e as relações de poder. Para o primeiro contrato, desenha-se a imagem impotente, aparentemente, de Ms.

Herbert, que deve sucumbir aos prazeres sexuais do artista. Já no segundo contrato, as regras são ditadas por Ms. Tallman, assumindo o lado ativo do contrato sexual. Os encontros sexuais entre Neville e Ms. Herbert não parecem ser prazerosos para ela. Ela é bem mais velha que ele, seu corpo não está à vontade, há certa violência ou brutalidade por parte dele, eles praticam sexo anal publicamente, ela vomita e se lava – o que imediatamente associa sexo com sujeira – e eles transam num galinheiro. Enfim, são imagens em que o sexo, a brutalidade e a escatologia estão intimamente interligados, gerando associações grotescas. Já com Mr. Herbert, o tom de sedução parece ser dominante.

Há uma estátua viva que atravessa a narrativa, do início ao fim. Trata-se de uma estranha aparição que oferece ao filme um clima fantástico pela dissociação com o plausível na construção diegética. No entanto, pode-se ver nesse jogo discursivo a retomada de um intertexto da época da história da trama, pois era comum a disposição de estátuas nos jardins para apreciação e diversão dos convidados que, ao percorrê--las, recebiam jatos de água, acionados pelos empregados, em seus corpos; em sua forma, as estátuas atendiam ao gosto neoclássico e eram importadas da Itália pelos jovens do norte da Europa em suas viagens pelo sul do continente, outra explicação para sua presença no filme. Outra possibilidade de compreensão dessa figura é o fato de os proprietários rurais de recursos financeiros limitados, no contexto histórico retomado pela narrativa, obrigarem seus empregados a se passarem por estátuas, com o objetivo de servir a certos valores da época, motivo bem plausível ao filme. Finalmente, eu diria

O autor multiplicado

que a aparição da estátua, sua aparência lodosa, a performance associada a urina, água e alimentação reiteram o tom grotesco que imanta a narrativa.

Sobre o filme, Greenaway declarou numa entrevista[19] que

> (...) é essencialmente sobre um artista desenhando uma paisagem e essas duas fontes visuais compõem uma terceira imagem, a do filme. Então, que o espectador esteja consciente que estamos realizando comparações o tempo todo entre a paisagem real, a imagem que Neville reproduz e, finalmente, a conjunção dessas idéias no filme.

O pronunciamento de Greenaway enfatiza a ativa participação do espectador para a produção do sentido do filme e isso se constrói por um interessante trabalho com o ponto de vista.[20]

Excetuando-se os *travelings* que a câmara realiza durante as cenas de refeições, o filme preza por planos estáticos, sendo as execuções dos desenhos momentos privilegiados em que se potencializam as comparações apontadas por Greenaway

---

19 BROWN, R. "Greenaway's contract". In: GRAS, V.; GRAS, M. (org.). *Op. cit.*, p. 35.

20 Para Gilles Deleuze, a inclusão do espectador na construção do sentido do filme é uma estratégia de negociação desenvolvida preliminarmente por Alfred Hitchcock, no momento de crise do que concebe como *imagem--ação* (o cinema clássico americano) e o desenvolvimento do moderno cinema, que evidencia a relação tríplice entre autor (o diretor), o filme e o espectador. "E, na história do cinema, Hitchcock surge como aquele que não conhece mais a constituição de um filme em função de dois termos, o diretor e o filme a ser feito, mas em função de três termos: o diretor, o filme e o público que deve entrar no filme, ou cujas reações devem fazer parte integrante do filme" (DELEUZE, G. *Op. cit.*, p. 248).

entre os três componentes visuais: observamos Neville desenhando a paisagem, há o contraplano que mostra o objeto da representação e, em seguida, instaura-se a subjetivação no plano e passamos a olhar pelos olhos do desenhista e da câmera. Assim, mais que mostrar o dispositivo de fabricação do desenho, temos um percurso que visa fundir o olhar do espectador ao do pintor, o que instaura um discurso indireto livre a partir do manuseio de componentes visuais. Veremos que as relações intersemióticas se dão a partir de uma rica discursivização de outras formas de representação inseridas na organização textual. Trata-se de um procedimento dialógico, termo cunhado por Bakhtin, que rompe com o monólogo interior e expõe o caráter social da enunciação. Tomemos as considerações de André Parente sobre o discurso indireto livre:[21]

> O discurso indireto livre, o princípio do dialogismo e da narrativa não verídica que ele inspira não são nada além de um encontro. Encontro que se pode exprimir em termos de relação entre enunciados (princípio dialógico), entre enunciações (uma enunciação que faz parte de um enunciado que remete a outro sujeito da enunciação, como para Deleuze), entre línguas (a língua X não é nada mais que uma língua A tornando-se uma série B), em termos de devir (encontro pelo qual eu torna-se outro), em termos de acontecimentos (estar à altura dos acontecimentos é tornar-se os filhos de seus próprios acontecimentos), em termos de narração (narração

---

21 PARENTE, A. *Narrativa e modernidade: os cinemas não narrativos do pós-guerra.* Campinas: Papirus, 2001, p. 68.

que reúne, em uma única história, o passado, o presente e o futuro) etc.

Desenhar a propriedade é um motivo para expor uma das modalidades das artes plásticas praticadas pelo diretor. Falar de desenho, nos termos do filme, implica em evidenciar a escolha do melhor ângulo, dos materiais técnicos, do percurso de preenchimento da folha em branco, enfim, da composição plástica a partir da utilização do lápis e do papel. A composição dos doze desenhos permite que o tema "pintura" seja inserido de forma contundente na narrativa, mesmo Neville sendo pintor medíocre, sem apresentar aspectos inovadores de sua arte. Ao observar, enquadrar e desenhar, Neville é o porta-voz do gênero pintura de paisagem, que teve a Inglaterra como lugar privilegiado para grandes realizações (Turner, Constable, *Land Art*); a grande maioria das externas foi concebida para que pudessem restituir essa relação, verificando-se as nuanças de luz na paisagem e a consequente relação com o pintor e com a câmera.

Neville concebe um projeto artístico associado diretamente ao pagamento que lhe oferecem –, os desenhos são objetos artísticos que brotam da relação direta entre o artista e o dinheiro. Nesse sentido, o filme evidencia o valor de troca da obra de arte, tratando do antigo tema de sua mercantilização. Concebidos de forma realista, seu criador objetiva fazer dos desenhos testemunhos diretos de suas longas observações. Estabelece-se, dessa forma, a crença fenomenológica na representação realista, mas os desfechos do filme informam ao artista sua ingenuidade em não perceber as várias "realidades" existentes ao nível da observação e da representação. Como condição para a feitura dos desenhos, tem-se o adultério praticado por Ms. Herbert e por Ms. Tallman. E como decorrência da exposição dos dois adultérios tem-se a denúncia da hipocrisia em que se estabelecem as relações sociais no filme, como os interesses de Mr. Noyes e Mr. Herbert. Os desenhos também ligam o filme ao gênero romance de detetive, a partir do momento em que objetos estranhos ao cenário observado vão surgindo na paisagem e, inocentemente, Neville os dispõe em seus desenhos. Desta forma, as estranhas pistas, ao invés de serem investigadas por Neville, tornam-se elementos de complicação para o artista. Aparência e essência transitam nas imagens, provocam ambiguidades e instauram o tema do poder na imagem e da imagem. Finalmente, desenhar associa-se diretamente à narração, ao acontecimento fílmico, pois é em torno da realização dos desenhos que a narrativa se constrói.

Em *O contrato do desenhista*, Greenaway recorreu aos pintores Caravaggio, La Tour, Raphael em sua última fase,[22] Hogarth e Januarius Zick.[23] Dos quadros desses artistas, Greenaway se inspirou arbitrariamente para compor as cenas, não levando em consideração os temas tratados pelos pintores em seus contextos, chegando, inclusive, a subverter o legado original de sua acepção religiosa, no caso do quadro *O arrependimento de Madalena*, reproduzindo-o numa atmosfera pagã. Procurou

---

22 JAEHNE, K. 'The Draughtsman´s contract: an interview". *Cineaste*, vol. 13, nº 2, 1984, p. 22.

23 PASCOE, D. *Peter Greenaway: museums and moving images*. Londres: Reaktion Books, 1997, p. 68.

arquitetar espaços compondo quadros vivos que imitaram as fontes primárias, como é o caso de La Tour e Hogarth – os contrastes de luz do primeiro associaram-se aos de Carravagio inspirando outras sequências – tomou a luminosidade de Raphael e a alegoria de Zick em seu quadro *Alegoria do tratado de Newton sobre óptica*, que apareceu citado integralmente numa das sequências.

O contrato do desenhista representa um marco no desenvolvimento artístico de Peter Greenaway, na medida em que inaugura outro modo de encenação a partir da constituição espacial que coloca personagens vivendo os acontecimentos narrativos, com forte apelo à verborragia em suas falas. Conforme mostramos, o diálogo intenso com a pintura e o processo de enquadramento e reenquadramento tornam a expressão visual rebuscada e artificial. Acresçam-se os diálogos em tom declamatório e teatral, a despreocupação com movimentos dos atores no campo e a distribuição dos acontecimentos ao longo dos doze desenhos realizados por Neville como artifícios que se distribuem no filme. A ideia de choque entre as células (planos) é substituída pelo deslizamento entre os planos. Há uma suavidade na passagem entre as sequências, mesmo sendo um filme que insiste na imobilidade. Sobre a estaticidade da câmara, Greenaway[24] justificou seu uso dizendo que a pintura não se move (há, portanto, uma declarada intenção de tornar o filme o mais pictórico possível), a câmera parada permite que se preste mais atenção no diálogo e na

---

24 JAEHNE, K. "The draughtsman's contract: an interview with Peter Greenaway". In: GRAS, V.; GRAS, M. (org.). *Peter Greenaway: interviews.* Jackson: University of Mississippi Press, 2000, p. 25.

trilha sonora e, por fim, diz que essas opções funcionam também como reação aos abusos dos movimentos de câmera que se fazem no cinema contemporâneo.

A partir de *O contrato do desenhista*, Greenaway dá seguimento a um novo modo de realizar filmes. São conhecidos internacionalmente *Zoo – um z e dois zeros*, *A barriga do arquiteto*, *Afogando em números*, *O cozinheiro, o ladrão, sua mulher e o amante*, todos realizados durante os anos 1980 e que trazem marcas características da assinatura do autor, como a forte presença da referência pictórica, seja no diálogo com quadros da história da arte, seja com o rebuscamento na composição plástica dos planos, não podemos esquecer o trabalho do diretor de fotografia Sacha Vierny, que viabiliza essas soluções, a recorrência a sistemas de classificação que tornam os universos narrados bastante artificiais, a presença da música minimalista, em que colaboram Michael Nyman e Wim Mertens, o debate em torno de temas da ciência, da arte e da cultura e, finalmente, um modo irônico e paródico de fabular e que beira o alegórico.

A segunda fase de realização enseja um cinema de arte mais comercial, distanciado-se das formas mais radicais que marcavam sua fase experimental. Se anteriormente a narrativa habitava num plano separado da imagem, com a permanência da *voz over* que contrastava com o plano visual principalmente composto de suas próprias pinturas, no segundo momento de sua obra, narrativa e visualidade estão amalgamadas, ambas compõem um conjunto heterogêneo em que estranhos personagens, objetos de cena, cenários, iluminação e enquadramento se organizam de forma intricada em sua encenação.

Zoo – Um Z e dois Zeros: corpos, mortes e câmeras

Em 1985, Greenaway dirigiu a trama complicada de *Zoo – Um Z e dois Zeros*. Um cisne branco provoca um acidente de carro em que morrem Paula e Griselda e sobrevive Alba Bewick (Andréa Ferréol), que é obrigada a amputar uma perna como consequência da tragédia. Oliver e Oswald Deuce (Eric e Brian Deacon, respectivamente) eram casados com as duas mulheres mortas e ficam viúvos, são irmãos gêmeos, nascidos siameses, são biólogos e trabalham num zoológico. Após a perda das esposas, ambos partem em busca de respostas científicas e casuais sobre a origem da vida e, principalmente, sobre as consequências da morte e, assim, passam a se dedicar ao estudo da decomposição dos corpos, desde uma maçã até o corpo humano. Oliver e Oswald aos poucos vão se envolvendo afetivamente com Alba. Essa relação é testemunhada pela única filha de Alba, Beta (Agnes Brulet), que percorre o filme relacionando nomes de animais com letras do alfabeto, e também pelos sinistros Dr. Van Meegeren (Gerard Thoolen), médico de Alba, e por sua ajudante Caterina Bolnes (Guusje van Tiborgh).

O espaço central do filme é um zoológico localizado em Roterdã. Nele, trabalham Van Hoyten (Joss Ackland), uma espécie de guardião do lugar, Fallast (Geoffrey Palmer), o diretor, Joshua Plate (Jim Davidson), um mensageiro, e Stephen Pipe (Ken Campbell), outro funcionário. Vênus de Milo (Frances Barber) percorre todos os cenários do filme, ela é uma prostituta e contadora de histórias. Felipe Arc–en–ciel (Wolf Kahaler) é uma espécie de fantasma encarnado, fruto da imaginação de Alba Bewick; ele aparece ao lado de Vênus De Milo, não por acaso uma ficcionista, que depois se tornará companheira do homem de uma perna só. O zoológico, ou a arca de Peter Greenaway, é o território onde o cineasta explora, novamente de uma perspectiva do grotesco, os jogos de interesses e as infinitas negociatas entre seus funcionários e os biólogos em suas obsessões pela decomposição de corpos e pela libertação dos bichos.

Criação, evolução, morte e decomposição são os fios condutores da narrativa, que apresenta as etapas evolutivas propostas por Darwin numa série da BBC, narrada por David Attenborough. Um vasto apreço pela curiosidade manifesta por uma grande quantidade de perguntas por parte dos personagens, o acionamento do conhecimento mitológico e científico e a força do contingente sustentam as intrigas narrativas. Gênesis e Darwin não são contrapostos, representam a face da mesma moeda: são especulações sobre questões que percorrerem o pensamento humano – da origem da vida ao que acontece depois da morte.

Como em todos os filmes de Peter Greenaway, *Zoo* também recebeu uma rica elaboração visual. Seu colaborador, o diretor de fotografia Sacha Vierny, foi exímio em criar planos que remetem diretamente ao universo pictórico do pintor holandês Vermeer, tomado como referência visual para o trabalho com a luz e sua relação com o espaço e com os personagens. Os quadros *A arte da pintura* e *Mulher com chapéu vermelho* foram recriados respeitando-se as posições originais, a luminosidade e as cores utilizadas. Greenaway observou em Vermeer certos elementos que antecedem a concepção de cinema, pois o pintor atingiu resultados que conferiram um realismo altamente sofisticado e que seria restituído posteriormente pela câmera fotográfica e cinematográfica.[25] Focos de luzes nos corpos dos personagens e nos objetos no cenário, iluminação abundante em determinadas cenas, detalhamento na organização dos diferentes espaços da narrativa, poucos e precisos movimentos de câmera são elementos a serem considerados no trabalho com a imagem. O uso da imagem televisiva, a sala de cirurgia, os *flashes* das máquinas nos laboratórios apontam para o cuidado com a luminosidade e uma leitura revitalizada dos ensinamentos do mestre holandês com recursos do tempo em que o filme foi feito. As cenas de documentários da BBC e filmagens de corpos em decomposição estabeleceram um diálogo entre formas de captação e reprodução de imagens que se operam por dispositivos diferenciados. Acresça-se à visualidade a música de Michael Nyman e sua potência em nos conduzir cerimoniosamente no encaixe de peças de um filme em que a morte é pretexto para criar histórias e estabelecer relações.

Logo nas primeiras sequências do filme, a cena estilizada do acidente congela-se e metamorfoseia-se numa página de jornal. Ao centro da imagem estão as vítimas do acidente, à direita da imagem, uma nota anuncia a morte de um arquiteto. Essa pequena referência ao filme *A barriga do arquiteto* e a presença de Van Hoyten (e da Holanda) são marcas de uma poética que prima pela transversalidade entrelaçando os filmes, tal como vimos com o personagem Tulse Luper no final do capítulo anterior.

---

25 CIMENT, M. "Interview with Peter Greenaway: Zed and two noughts (Zoo)". In: GRAS, V.; GRAS, M. (org.). *Op. cit.*, p. 28–41.

A estrutura narrativa estabelece personagens com características físicas e psicológicas peculiares. Deste modo, as questões do corpo (amputação, simetria, intervenções cirúrgicas, falta de membros) desenham perfis e apontam questões desenvolvidas verborragicamente. Ainda em relação aos personagens, há neste e em outros filmes de Greenaway um princípio libertador nas narrativas. Isso pode ser visto pelas entradas e saídas de personagens, muitas vezes absurdos, como uma estátua viva, ou Felipe Arc Ceil, fruto da imaginação da personagem Alba. Esse aspecto tem a ver com a aproximação dos domínios do pictórico, sendo uma relação cara ao desenvolvimento da poética de Greenaway, na medida em que liberdades formais e combinações livres de associações causais fazem parte do vocabulário de pintores, ao passo que o cinema é dominado pela narrativa realista, cujas partes devem ser justificadas em nome do funcionamento do sistema.

A própria noção de conflito assume um aspecto singular, na medida em que as mortes provocadas pelo acidente de carro são o motivo detonador dos movimentos, inquietações, perguntas e encontros dos gêmeos Oliver e Oswald, que partem para uma viagem pessoal sobre a origem da vida e as consequências da morte. O que culmina com a decisão de morrerem e registrarem seus corpos em decomposição.

Se anteriormente Greenaway tratou das relações de poder na atividade do pintor Neville, ele agora lida com as relações entre a imagem e a morte, algo que repercute numa discussão ampla para a história e a teoria do cinema. Assim, para a crítica e teórica do cinema Vivian Sobchack.

O autor multiplicado

O evento físico e social da morte em nossa cultura propõe à visão uma questão moral e desafia a representação. O que finalmente fica na tela, e é avaliado por aqueles de nós que o vêem na platéia, é a constituição e a inscrição visíveis de um "espaço ético" que envolve tanto o cinegrafista quanto o espectador. É um espaço que assume os contornos dos eventos que ocorrem dentro dele e das ações que o tornam visível. É, ao mesmo tempo, o espaço do encontro imediato e da ação mediata.[26]

Voltaremos à autora logo em seguida. Antes, porém, cabe recuperar um dos textos mais influentes sobre a relação entre morte e imagem cinematográfica. Publicado primeiramente na revista *Sprit*, em 1949, e republicado em 1951, na revista *Cahiers du Cinéma*, ambas francesas, o ensaio "Morte todas as tardes" pontua um dos princípios da ética de André Bazin: a representação da morte como imagem obscena.

A realidade que o cinema à vontade reproduz e organiza é a realidade do mundo que nos impregna, é o continuum sensível pelo qual a película se faz moldar tanto espacial como temporalmente. Não posso repetir um só instante da minha vida, porém qualquer um desses instantes pode o cinema repetir indefinidamente, posso vê-lo. Ora, se é verdade que para a consciência nenhum instante é idêntico

---

26 SOBCHACK, Vivian. "Inscrevendo o espaço ético: dez proposições sobre morte, representação e documentário". In: RAMOS, Fernão Pessoa (org.). *Teoria contemporânia do cinema.* Vol. II: *Documentário e narratividade ficcional.* São Paulo: Editora Senac, 2004, p. 155.

a outro, não há senão um para o qual converge esta diferença fundamental: o instante da morte. A morte é para o ser o momento único por excelência. É em relação a ela que se define retroativamente o tempo qualitativo da vida. Ela demarca a fronteira entre a duração consciente e o tempo objetivo das coisas. A morte não é senão um instante depois do outro, mas o último (...). Antes do cinema, conheciam-se apenas a profanação de cadáveres e a violação de sepulturas. Hoje, graças ao filme, pode-se violar e exibir à vontade o único de nossos bens temporalmente inalienável. Mortos sem requiem, eternos re-mortos do cinema![27]

Essa reprodução em larga escala do momento da morte se potencializou com a abundância de dispositivos tecnológicos de gravação acessíveis. Greenaway coloca no centro da representação esse dado. Sendo que foi a partir da segunda metade do século XX, com o advento de câmeras leves e som sincronizado, a rápida expansão e penetração da televisão na vida social e, também, a presença da tecnologia videográfica, que a realidade histórica, e com ela os corpos dos sujeitos, passou a ser registrada em sua plenitude. Nesse contingente filmado, chama a atenção o acontecimento da morte no contexto das imagens em movimento e os possíveis desdobramentos sobre a relação entre ética e representação que tal evento enseja. Seguindo Sobchack, trata-se de "descrever, tematizar e interpretar a morte do modo como aparece na tela

---

27 BAZIN, A. *"Morte Todas as Tardes",* p;. 133-134. *Cinema: ensaios.* São Paulo: Brasiliense, 1991.

e é experimentada por nós como indicialmente real, em vez de algo icônica ou simbolicamente fictício".[28]

Nesse âmbito, ganham relevância as variações sobre as relações entre corpo e imagem, sendo que nos domínios do documentário e nos registros que dialogam com seu vocabulário encontramos um lugar singular para as questões da morte e da imagem.

> O filme documentário (...) se caracteriza por uma excessiva evitação visual da morte, e, quando a morte é representada, a representação parece exigir uma justificação ética. Assim, quando a morte é representada como algo fictício em vez de real, quando seus signos são estruturados e realçados de modo a funcionar de maneira icônica e simbólica, fica entendido que a única coisa que está sendo violada é o simulacro de um tabu visual. No entanto, quando a morte é representada como algo real, quando seus signos são estruturados e flexionados de modo a funcionar indicialmente, um tabu visual é violado, e a representação deve encontrar meios de justificar a violação.[29]

Assim, primeiramente o Cinema Direto/Verdade, contemporâneo à expansão da televisão, sobretudo nos Estados Unidos, tomaram para si a tarefa de lidar com o contingente e abrir-se para o imprevisível da realidade, rompendo com os esquemas da tradição griersoniana. Filmar o real em sua

28 SOBCHACK, V. *Op. cit.*, 127.

29 *Idem*, p. 141.

plenitude firmou-se como guinada paradigmática e reelaborou a maneira de construção do documentário ao colocar em cena o acontecimento em sua duração (David Maysles e Albert Maysles, Robert Drew e Richard Leacock, nos Estados Unidos, e Michel Brault, no Canadá) e também firmando o comentário e a presença do cineasta como integrantes da narrativa documentária (Jean Rouch, na França). Dada a tarefa de captar a vida em seu transcorrer, surge o inesperado da cena da morte, momento último da *performance* do corpo. Da tradição norte-americana, o filme *Gimme Shelter* (1969), dos irmãos Maysles, sobre um show da banda de rock *Rolling Stones,* capta o inesperado em sua crueldade: no meio da multidão ocorre um assassinato e a imagens gravadas captam justamente o momento que se dá o acontecimento. Na mesma década, outro registro não menos contundente: as imagens amadoras de Abraham Zapruder que registram ao acaso o desferimento da bala que atingiu a cabeça de Kennedy. Aqui já estamos no território da vigilância ostensiva que a vida adquiriu quando as câmeras foram miniaturizadas e tornadas acessíveis.

Vale ainda destacar dois filmes da década seguinte em que o acontecimento da morte se inscreve em narrativas documentárias. De um lado, a morte do cinegrafista no filme *A Batalha do Chile,* do chileno Patricio Guzman, no momento em que as tropas do exército estão nas ruas e ocorre o golpe de Estado que coloca o general Augusto Pinochet no poder e uma pequena equipe testemunha os fatos. Ao filmar um dos movimentos das tropas, observa-se a arma apontada por um oficial do exército e disparada em direção à câmera, culminando com a queda do sujeito e perda do foco. Em *Corações e Mentes* (1974), documentário feito para a televisão por Peter Davis, há o desferimento mortal de um tiro na cabeça de um vie-tcongue por um soldado, e a cena em sua dimensão cruel e trágica atestava os abusos e excessos de práticas de violência na Guerra do Vietnã.

A partir da década de 1980, a tecnologia do vídeo tornou--se acessível por meios de câmeras amadoras e aparelhos de vídeo-cassete. Ao mesmo tempo em que rituais sociais passaram cada vez mais a ser armazenados por pessoas comuns (a década anterior também testemunha a popularização da tecnologia Super-8, no entanto é mais restritiva que o vídeo), as imagens veiculadas pela televisão e as imagens cinematográficas começaram a ser estocadas em casa, formando-se arquivos pessoais e familiares que se desdobram numa outra relação entre os sujeitos e a imagem. Notadamente, auferem--se relações de posse e de controle sobre o material gravado, o que permite agenciamentos de poder sobre a imagem, em ambientes caseiros. Nesse cenário, tudo passa a ser gravado e editado de forma delirante. Surgem, assim, as imagens nomeadas de forma genérica como "vídeos incríveis", que testemunham, sobretudo, acontecimentos trágicos tais como explosões, perseguições policiais, acidentes de carros etc., e no conjunto dos eventos transmitidos à exaustão em programas de televisão sensacionalistas e também comercializados no formato VHS em videolocadoras, as cenas de morte em sua plenitude. O que se testemunha é um delirante arquivamento de imagens, a valorização do excesso, potencializados pela cultura eletrônica e com amplo poder de disseminação, acessibilidade e navegação no domínio do digital. Agora, as imagens traumáticas ou não da morte estão dispersas nas múltiplas telas, desafiando o sentido do visionamento da morte, pela possibilidade de serem decodificadas de forma amenizada e consentida pelo espectador.

Os questionamentos da morte no enredo de *Zoo*, a profusão de câmeras e registros demarcados temporalmente em relação aos vários corpos em decomposição, os espaços onde se desenvolve a ação, fortemente impregnados por dispositivos de gravação e de reprodução da imagem, e o registro final, fracassado, da morte dos gêmeos apontam para um interesse investigativo adensado sobre as relações entre os corpos vivos, mortos, decompostos e as maneiras como as imagens tecnicamente reprodutíveis atribuem sentidos e relações éticas.

Esse modo de narrar que recupera matizes do documentário é resultado da experiência de Greenaway no documentário inglês. Aderir ao seu jogo não é tarefa fácil, é preciso perceber as pistas e as falsas pistas que constroem seu idioleto; como em *O contrato do desenhista,* por exemplo, havia uma estátua que funcionava como um observador interno, em *Zoo*, Catharina Bolnes, diretamente extraída de uma tela de Vermeer, observa algumas das sequências, o que desdobra num esquema de troca em que o espectador não é apenas um sujeito que observa, mas também é observado, e isso também vale para a exposição dos dispositivos de imagem ao longo do filme.

A barriga do arquiteto:
o corpo americano e a paisagem europeia

A barriga do arquiteto começa com o enquadramento a partir da janela de uma locomotiva. A paisagem é rapidamente substituída, devastada, dada a conhecer. A câmera fixa toma o lugar do viajante que, estático, vê o espaço deslocar-se pelo ritmo do trem que avança. A viagem prossegue enquanto Stourley Kracklite (Brian Dennehy), arquiteto e protagonista do filme, e sua mulher, Louise (Chloe Webb), copulam. Fora do trem, imagens da morte: cruzes, cemitério, jazigos. Estamos na Itália, a geografia do filme, para Kracklite "uma terra da fertilidade, boas mulheres e uma história inimitável. Lar da cópula e do arco, boa comida e ideais elevados". Já no início delineia-se, alegoricamente, o percurso de Kracklite: uma viagem rumo ao fim, a antecipação metaforizada de sua morte pela exposição dos símbolos que a câmera alcança ao sair do vagão. O início marca também a gestação de sua esposa, a vinda de um filho que poderá dar continuidade à miséria de suas vidas.

O arquiteto parte de Chicago para Roma para organizar uma exposição sobre outro arquiteto, o francês Etienne Louis Boullée. Figura enigmática que pertenceu ao neoclassicismo do século XVIII, nunca concretizou seus projetos e inspirou a arquitetura fascista no começo do século XX. Seus trabalhos enxutos são inspirados na milenar Roma e nas teorias de Isaac Newton, e ele é tido como antecipador da arquitetura moderna. A montagem da exposição é pano de fundo para que se estabeleça um diálogo em torno da arquitetura, arte milenar, pública e que espelha de modo sintomático o ideal de vida de uma época ao conter intrinsecamente o debate entre forma e função. Ao se expor no espaço aberto, se sujeita ao desgaste do tempo e, principalmente, à implacável ação humana. No filme, a arquitetura cumpre função dupla na trajetória do herói: é ao mesmo tempo testemunha de seu declínio e alimento de seu imaginário.

Frágil, doente, alucinado e arquiteto de pouco talento, Kracklite é criador de edifícios para redes de *fast-food* e encarna o herói americano pertencente ao centro do capitalismo –, em sua composição está a condenação do enunciador à cultura banalizada pelo consumo, a vingança de mais de dois mil anos de história ao recente filistinismo que circula nos ideais do mercado financeiro americano. Ele agarra–se em Boullée e quer a qualquer custo homenageá–lo. Como bem demonstra o início, parte para uma viagem. Carrega como bagagem os esboços e projetos do arquiteto francês, desembarca em Roma onde realiza uma *performance* cujas implicações temporais são decisivas. Mergulha no passado da arquitetura, vê seu casamento e sua exposição se esvaindo a cada dia e ruma gradativamente para a morte ao se dar conta de um câncer no estômago.

Em torno do protagonista agregam–se os Speckler (Io, Caspasian e Flavia), administradores da exposição, o banqueiro Caspetti, Frederico, Julio e outros personagens secundários. Todos são italianos e desempenham uma força coletiva em sua destruição. Caspasian (Lambert Wilson) também é arquiteto, sua função principal é gerenciar os fundos para a exposição, mas aos poucos seus verdadeiros interesses são revelados: na verdade ele desvia o dinheiro para projetos pessoais, promove a queda da confiança por parte dos investidores em Kracklite para assumir o total controle da exposição e, torna-se amante de Louise, ao ponto de ela abandonar seu marido e ir morar com ele.

A pequena aparição de Caspetti tem significado relevante para o dado que introduz. O financiador do evento tem especial admiração por Piranesi, arquiteto italiano e contemporâneo de Boullée. Os esboços de Piranesi influenciaram a composição do estúdio em que Kracklite trabalha: trata-se de um espaço sombrio que sugere a ideia de opressão, sentido que é realçado pela predileção de seu patrocinador e em última instância representa a pressão do capital da qual o arquiteto é vítima.

Flavia, irmã de Caspasian, persegue o arquiteto com sua máquina fotográfica. Ela funciona, assim como a estátua outrora citada no filme *O contrato do desenhista* e como Catharine Bolnes, em *Zoo*, como um narrador interno que reconstitui as passagens da personagem tirando fotos de seus momentos íntimos. Capta imagens como um observador intruso (*voyeur*) e bisbilhoteiro, congelando em instantâneos a obsessão de Kracklite por abdômenes e flagrando a traição de Louise com Caspasian. A narrativa é assim construída, há um ser solitário que encarna o herói quixotesco vítima de suas próprias idealizações. Aficionado por um desconhecido arquiteto do passado, Kracklite não tem talento, não produziu nada de representativo. Foge-lhe, inclusive, a capacidade para reproduzir os projetos de Boullée, pois eram caracterizados, sobretudo, pela dimensão, interferindo e remodelando o espaço –, as escalas que são utilizadas nas maquetes transformam os projetos em miniaturas de pouco efeito.[30]

A personagem é exposta aos jogos de interesses dos que a cercam. Louise, sua esposa, não pensa duas vezes em traí--lo ao se ver desamparada e substituída por Boullée. Em uma determinada cena, Caspasian, seu amante, declara: "Ela não pensa, é americana". Louise é a encarnação da cidadã americana consumista e de saber limitado. Mesmo grávida, mantém um fervoroso caso, demonstrando o julgamento do enunciador, já que a criança irá nascer num contexto de ganância e decadência. Os realizadores e investidores compõem a força do dinheiro que sucumbe às relações e as ideais. Mostram-se mais interessados na arquitetura do próprio país e em explorar ao máximo o que a exposição pode garantir aos seus projetos pessoais. São dignos representantes da força do mercado que atua no território das artes, transformam um evento cultural em trampolim para o acúmulo de dinheiro; o filme, desta forma, também tematiza a corrupção.

Se as personagens que circulam o herói formam essa força destrutiva, a maneira como o espaço é construído explora inexoravelmente o tema da morte nas metáforas elaboradas. Cria-se, desta forma, um invólucro espaço-temporal que aprisiona Kracklite num beco sem saída. Arquitetura, pintura, escultura e fotografia foram as referências visuais fortes no longa, que apresentou como enredo a montagem de uma exposição, metáfora do nascer, morrer e perpetuar-se. Os monumentos da cidade de Roma, obras de Giovanni Battista

---

30 GOROSTIZA, J. *Peter Greenaway*. Madri: Cátedra, 1995, p. 106.

Piranesi, e os projetos do arquiteto Etienne Louis Boullée em pranchas e em maquetes foram fontes arquitetônicas intrinsecamente ajustadas à narrativa; de Agnolo Bronzino recriaram-se as telas *Mulher jovem com criança* e *Andrea Doria como Netuno*; a composição visual do filme, no que diz respeito à perspectiva e à utilização das cores, teve como fonte o quadro *A flagelação de Cristo*, de Piero Della Francesca; além dessas duas referências renascentistas estava *A escola de Atenas* de Rafael e Veronés que inspirou a composição dos banquetes.[31]

O quadro de Piero Della Francesca apresenta Cristo sendo maltratado, ocupando posição periférica, situando-se à direita, no fundo. Outros sete elementos são distribuídos espacialmente, quatro deles junto ao salvador e outros três próximos à superfície. Não há tensão visual aparente, o enigma exposto centra-se na sobriedade dos gestos, inclusive do ser sacrificado. Estão todos em aparente harmonia, a não ser por detalhes preciosos: a perspectiva, a luminosidade e as cores não se apresentam de modo estável, conferem ao quadro uma certa desordem pela profusão de linhas diagonais, horizontais e verticais e pela distribuição das cores quentes e neutras que se contrastam.

A referência mais explícita ao quadro está na metáfora de Kracklite e de Cristo. Em frente à janela do *Vittoriano*, sede da exposição, a personagem, ao centro, conversa com um dos Speckler e com Caspetti e, instantaneamente, posiciona-se como Cristo crucificado; a cena é realçada pela luz que vem de suas costas. No final do filme, em outra sequência,

---

31 *Idem*, p. 117.

ocupando a mesma posição, a personagem novamente passa por mártir e suicida-se. Outra alusão se dá quando Kracklite invade um jantar em frente ao Panteão e verbaliza que se Cristo não tivesse sido crucificado, teria morrido de câncer, a mesma enfermidade que o assola.

Além da diegetização do quadro de Della Francesca, a incorporação de postais trabalhados graficamente a partir de colagens e que o arquiteto alucinadamente envia a Boullée remete ao diálogo com a arte postal, uma forma de comunicação e de produção participativa bastante difundida nos anos 1970. Outros sistemas de representação que são introduzidos na narrativa são fotocópias e fotografias –, as primeiras são reproduções repetitivas de abdômenes da estátua do imperador Augusto, morto por envenenamento, e as segundas estão dispostas na parede do apartamento de Flávia, sendo registros de todos os passos do protagonista.

Prevalece no filme, como em *O contrato do desenhista*, o uso da câmera fixa. Há um distanciamento em relação aos personagens que almeja emoldurá-los e também fazer com que contribuam para a criação da dimensão no espaço. O espaço da encenação é tomado em sua grandiosidade, força e resistência para contrapor à vulnerabilidade dos seres que fazem parte da narrativa. Poucos *travelings* laterais e semicirculares percorrem o espaço. A câmera mostra-se mais solta quando captura imagens de monumentos da cidade. Nesses intervalos, pois é um olhar contemplativo que se instaura, é como se Greenaway prestasse uma homenagem aos cartões postais da cidade.

A abundância de formas circulares distribuídas nos vários espaços possui implicações decisivas para o percurso alegórico da morte. A primeira delas é a barriga do arquiteto, parte do corpo em que avança o desenvolvimento de um câncer. No coquetel de boas vindas, as personagens comem um bolo em formato esférico que reproduz um dos projetos de Boulleé. Kracklite discorre sobre a gravidade e aponta para uma maçã situada numa nota de uma libra, como representante da descoberta de Newton. Caspasian conta-lhe que o Imperador Augusto foi assassinado comendo figos envenenados; momentos depois, após comer figos, o protagonista tem seu primeiro ataque. Objetos circulares que reproduzem obras de Boullée espalham-se ao longo do filme e um dos esféricos mais importantes é o giroscópio, instrumento newtoniano que gira constantemente sobre seu próprio eixo, se suspenso de forma apropriada.

Assim, a circularidade mostra-se como fio condutor que interliga os sujeitos citados ao protagonista. Sua barriga esconde um câncer que se transmuta da esfera para o cubo e para a pirâmide enquanto avança. Boullée, objeto de veneração, encontra nas formas arredondadas o ideal de união entre homem e espaço construído, ele é marco do retorno ao passado, responsável por engendrar em Kracklite uma volta ao tempo, recuperando a teoria da gravidade de Newton, cujo marco é a maçã fixa, que pode cair fazendo-o mergulhar no passado que Roma esconde em cada construção, e nos homens que a erigiram, dentre os quais o imperador Augusto, cujo envenenamento por um figo é tomado como a metáfora de sua doença.

Greenaway apresenta alegoricamente o feixe temático e encontra na arquitetura, na fabricação de objetos, na imagem que se multiplica e no próprio corpo os elementos capazes de dizerem o tema da fixação, ou da morte, ou do voo, ou da vida no percurso da personagem do arquiteto. Kracklite sucumbe ao final, matando-se. Realizou uma trajetória pouco criativa. Seu mergulho no passado romano, com visitas aos banhos, às ruínas de Villa Adriana, e os passeios penetrantes por uma história tão rica foi em vão. Nada lhe restou, só a vida a ser eliminada. A imagem final é esclarecedora: diferentemente de um giroscópio que se mantém em movimento contínuo sobre seu próprio eixo, se suspenso por giro simétrico, faltou um eixo, algo que o sustentasse.

Pela via alegórica, Greenaway lança um olhar crítico sobre o contexto em que o filme foi criado. Matando Kracklite, Greenaway condena um modo de ser que cultua valores consumistas, e o ato simbólico em que a nota de uma libra é queimada alude a uma postura crítica sobre um modo de vida que se impôs na Grã-Bretanha durante a era Thatcher. Cada época se nutre de um universo complexo de relações estabelecidas pela política, pela economia, pela religião etc., e a criação artística pode dar vazão a uma reflexão sobre essas vicissitudes que marcam determinados períodos históricos. Vê-se, dessa forma, que a reflexividade no filme não é apenas um mero jogo formal, mas constitui um modo de rever o cinema como linguagem e também de questionar a sociedade.

O autor multiplicado 135

Sabe-se que um dos debates que marcaram os anos 1980 foi a emergência do pós-modernismo na arquitetura, cujo estilo baseava-se num certo revisionismo histórico, captando--se formas e estruturas do passado e inserindo-as em novos contextos.[32] A pós-modernidade evoca a paródia, a reconstrução carnavalizada do passado, o apego à história, disciplina que havia sido descartada pelo ideal de pureza modernista. O arquiteto Kracklite situa-se no centro dessa questão. É americano, país de onde emerge com grande força tal forma de organização do espaço,[33] principalmente o que ficou conhecido como Escola de Chicago, na arquitetura. Ele desloca-se para Roma, cidade marcada por tendências arquitetônicas do imperialismo romano, do renascimento, do maneirismo, do modernismo. Greenaway não reconstituiu uma época passada como fez em *O contrato do desenhista*, mas trouxe à tona aspectos históricos por meio da jornada de Kracklite pela cidade, pela obsessão em relação a Boullée e na alusão a Newton. Esses três universos, a cidade, a arte e a ciência compõem uma tríade eurocêntrica que dominam o inocente e estéril artista americano. Há nisso um misto de sarcasmo e de elitismo, onde extraímos uma voz irônica do enunciador.

---

32 HUTCHEON, L. *Poética do pós-modernismo*. Rio de Janeiro: Imago, 1991, p. 50.

33 "No tocante à arquitetura, por exemplo, Charles Jencks data o final simbólico do modernismo e a passagem para o pós-moderno de 15h32m de 15 de julho de 1972, quando o projeto de desenvolvimento da habitação Pruitt-Igoe, de St. Louis (uma versão premiada da 'máquina para a vida moderna' de Le Corbusier), foi dinamitado como um ambiente inabitável para as pessoas de baixa renda que abrigava." (HARVEY, D. *A condição pós-moderna*. São Paulo: Loyola, 1993, p. 45).

Ambos filmes, *O contrato do desenhista* e *A barriga do arquiteto*, apresentam o espaço visual a partir de inscrições de formas estáticas de representação. Nesse, as fotografias no apartamento de Flávia compõem um ponto de vista interno que duplica o olhar da câmera e os cartões postais (colagens do próprio Greenaway) juntamente com as reproduções xerográficas que potencializam o olhar do artista-arquiteto; naquele, os desenhos consubstanciam os pontos de vista interno (o artista-desenhista) e externo (o olhar da câmera) e as referências pictóricas entrelaçam o filme a extratos da história da arte, apontando para o olhar interminável das formas de representação visual. Greenaway problematiza a autoria nesses jogos de olhares e na elaboração de seus personagens ao distribuir no espaço da encenação esses movimentos de autocentramento, em que emerge um olhar narcísico que direciona o olhar do espectador para suas próprias criações, ao mesmo tempo em que nega o autor matando os personagens. Os vários pontos de vista agenciam um processo de enunciação que nega o centro da imagem, conduzindo o espectador para um jogo labiríntico, para caminhos obtusos, para o território das incertezas.

Percebe-se no movimento do processo criativo do cineasta a busca pela formalização excessiva que gera superfícies hipertrofiadas, mas que guarda uma atenta visão das questões históricas, questionadas a todo tempo. Para encerrar, comento, a seguir, um projeto concebido durante a execução de *A barriga do arquiteto,* em que se percebe no diretor a busca incessante por novos lugares da imagem do cinema, e ressalto a importância do olhar transversal de sua obra, em que a geração textual (filmes, livros, exposições etc.) é intensa, algo semeado que irá resultar nas narrativas expandidas da próxima década.

Em 1995, ano do centenário do cinema, Munique, na Alemanha, foi palco de uma mega exposição denominada *Projection* (Projeção), como parte do projeto de exposições *The stairs* (As escadas), que aconteceu primeiramente em Genebra e teria as cidades de Barcelona, Tóquio e Varsóvia como galerias de arte a céu aberto. Atento para a hibridez do cinema, o roteiro procurava colocar em evidência todos os entrecruzamentos que se realizam no corpo de qualquer filme, como o acasalamento entre imagem e palavra, teatro e arquitetura, pintura e música. Para isso, as escadas seriam o motivo arquitetônico que ligariam todos esses elementos, funcionando como um palco.[34] A série de exposições tomava elementos do acontecimento cinematográfico em seus vários constituintes, como a locação, o público, os objetos de cena, o texto, a escala, a projeção, a ação, o enquadramento, o tempo e a ilusão. O projeto tinha como motivos ingredientes da construção e da atualização do filme na sala de cinema, no intuito de investigar seus limites, observar o estado das coisas na seara cinematográfica e lançar um olhar que pudesse reinventar uma arte que, segundo o diretor, encontrava-se num momento de estagnação.

"As dez exposições *The Stairs* celebram a potencialidade em encarar a iminente reinvenção do cinema. Embora essas questões pudessem variavelmente ser listadas, algumas de minhas preocupações são introduzidas em cinco títulos:

---

34 GREENAWAY, P. *The Stairs – Munich – projection.* Londres: Merrell Holberton, 1995, p. 11.

locação, quadro, narrativa, público e materialidade".[35] Na análise desses cinco itens, a visão particular do diretor reforça o vínculo entre o cinema e as artes visuais e se expande para outras formas de representação, como a arquitetura e a escultura, além de conter ingrediente fundamental em suas asserções: o fato de o cinema ser uma arte relativamente jovem e parada no tempo e seus cem anos conterem poucos avanços se comparados a outras atividades artísticas que, no contexto europeu, buscam se aprimorar e se superar em limites mais curtos de tempo.

A *locação* refere-se ao encontro ou à criação do lugar ideal. Trata-se de uma concepção do espaço que prevê a apreensão da luz na paisagem, na arquitetura, nos atores, da escolha certa da angulação e do enquadramento, durante o dia ou à noite, todos reunidos com a intenção de criar uma ambiência que se torne desejável, que provoque no espectador a vontade de *estar lá*. Mais uma vez, o diretor rejeita o realismo e busca inspiração para a construção do espaço aliado a essa precisão da luz no impressionismo, citando Antonioni como mestre na feitura de tais propósitos.[36]

O *quadro* como moldura e fixador de proporções funciona, nos termos do diretor, como aprisionamento da imagem, impedindo quaisquer possibilidades de construção e de comunicação que não levem em conta a relação vertical /horizontal dos corpos expostos, além de permitir poucas variações de proporção num gradiente que vai do 1 ao 1. 33. As imagens

35 *Idem*, p. 15.
36 *Idem*, p. 16-17.

da fotografia, do cinema e da televisão herdaram a concepção de quadro da pintura renascentista, que também influenciou a moldura de espetáculos de balé, de ópera e de teatro.[37] Tem-se, assim, constituído de maneira arbitrária e imperativa, um tipo de imagem que influencia diretamente a percepção. Greenaway destaca o desprendimento desse tipo de clausura nas artes plásticas, dado o alcance de novos suportes que romperam com a tela, e aponta a possível saída para o cinema pela apropriação das tecnologias digitais.[38]

A *narrativa* cinematográfica é colocada em xeque pela inaptidão que o meio oferece em propor histórias que nutram a imaginação do espectador tal como acontece na literatura. Greenaway não concebe o cinema como meio essencialmente narrativo, para ele a literatura é mais propícia para contar histórias e nutrir a imaginação de seus leitores e cita Borges, Joyce, Eliot como artistas que revitalizaram a literatura do século XX, sendo importantes referências para que o diretor possa endossar seu argumento contra o modelo narrativo cinematográfico dominante, ainda preso aos esquemas realistas do século XIX. Greenaway almeja um cinema em que o tempo não seja tão coercitivo, que a figura do diretor não estabeleça de modo tão rigoroso o começo, o meio e o fim da fruição; para isso, acreditava que o CD–Rom (tecnologia inovadora na época, já completamente envelhecida) associado

---

37 Roland Barthes também explora essa questão no ensaio intitulado "Eisenstein, Diderot e Brecht", presente em *O óbvio e o obtuso*. New York: Hill & Wang, 1974

38 GREENAWAY, P. *Op. cit.*, p. 19–20.

ao cinema possa oferecer mais possibilidades de troca entre filme e plateia.[39]

Greenaway analisa a passividade do *público* na sala escura e estabelece analogias com outras formas de envolvimento entre público e obra de arte, na tentativa de encontrar alternativas que possam transpor o silêncio e a atadura do sujeito diante da projeção. Evoca, para isso, a *performance*, atividade que só se realiza mediante presença de uma plateia, e as exposições de museu, nas quais as pessoas transitam livremente diante dos quadros, discutindo-os, movimentando-se livremente nas salas, calculando seu próprio tempo.[40]

A questão da *materialidade* é discutida a partir da premissa de que outras formas de representação passem pela manipulação do artista e do espectador, permitem trocas entre seus agentes, modifiquem-se e assumam identidade no tempo. Greenaway atesta que o cinema, ao ser projeção, isenta-se dessa participação histórica, não se permite ser modificado, repete-se infinitamente preservando o mesmo formato, impossibilitando qualquer troca com outro meio que não seja na própria imagem construída e projetada. Contra esse estado, exige que o cinema atenda ao chamado contemporâneo da participação do corpo de maneira intensa, haja vista a inserção do computador na sociedade e a possibilidade efetiva de manipulação da mensagem em tela pelo mouse, insistindo que o cinema da maneira como se apresenta continua à margem desse processo.[41]

39 *Idem*, p. 21–22.
40 *Idem*, p. 23–24.
41 *Idem*, p. 25–26.

Afogando em números e os prenúncios da transmídia: livro, vídeo e filme

A sensação de estranhamento provocada pelo filme é intensa. Números, jogos e uma paisagem não muito sedutora criam uma atmosfera fria e ao mesmo tempo enigmática pela completa artificialidade com que a ação é conduzida. Mas o filme está ao alcance de um público não muito familiarizado com a quantidade de referências que ele comporta, dada a certa continuidade da ação desenvolvida, uma "guerra dos sexos", forjada entre homens e mulheres, perspicazes e inocentes, fortes e fracos, e a autonomia narrativa e discursiva que essas referências adquirem ao se metamorfosearem e se inserirem em um conjunto de procedimentos recorrentes que podem se configurar como o sistema móvel do autor. Embora se apresente formalmente com certos laivos de hermetismo que só uma arqueologia permite ir além da superfície, o filme envolve o espectador em sua trama aparentemente macabra, ressalta-se a aparência do fazer das personagens, pois o que se tem, na verdade, é um jogo do qual fazemos parte.

O filme *Afogando em números* conta a trajetória criminosa de três mulheres homônimas chamadas Cissie Colpitts, mãe, filha e neta (Joan Plowright, Juliet Stevenson e Joely Richardson, respectivamente), que matam seus maridos por afogamento. Para conseguirem se livrar das consequências legais dos assassinatos, elas seduzem e convencem Madgett (Bernard Hill), o legista local, a elaborar falsos atestados de óbito. Ele se torna cada vez mais obcecado pela ideia de poder possuir sexualmente cada uma das três, com um especial interesse em Cissie I. No entanto, ao alimentar seu inocente desejo, ele não desperta para um projeto de eliminação que se envigora gradualmente e que também o inclui. Enquanto se desenrola essa trama principal, Smut (Jason Edwards), filho de Madgett, narra, organiza e joga sete jogos ao longo do filme; além disso, ele é o principal interlocutor de uma estranha menina (Natalie Morse) que conta estrelas enquanto pula corda[42] e tem o hábito frequente de soltar foguetes para comemorar a aparição de corpos de animais. As três Cissie, Madgett e Smut compõem um bloco de personagens, na verdade, o homem e o menino são comparsas involuntários das três mulheres fatais. Contrapondo-se a eles forma-se a "Conspiração da caixa--d'água", formada por Nancy (Janet Gurnett), ex-amante do marido de Cissie I, os gêmeos Jonah e Moses Bognor (Kenny Ireland e Michael Percival) e Mrs. Hardy (Joanna Dickins), respectivos primos e mãe de Hardy (Trevor Cooper), o marido falecido de Cissie II, os senhores 70 e 71 Van Dyke (Michael Fitzgerald e Edward Tudor-pole), dois corredores, e Marina Bellamy (Janine Duvitski), irmã do falecido Bellamy (David Morrissey), marido de Cissie III. A ação se desenvolve em oito noites e sete dias, na região encharcada de Suffok, no sul da Inglaterra, caracterizada, principalmente pelas águas fluviais e marítimas que a percorrem e a envolvem.

Alan Woods[43] destaca a intertextualidade do filme com *O sétimo selo*. Neste, a personagem principal joga xadrez com a

---

42 Tal como em *Zoo*, o filme apresenta uma associação próxima entre sistemas de nomeação e infância. O alfabeto é recitado por Beta ao nomear animais.

43 WOODS, A. *Being naked, playing dead: the art of Peter Greenaway*. Manchester: Manchester University Press, 1997, p. 15–25.

própria morte; na obra de Greenaway, Madgett é que, inocentemente, trava uma batalha já perdida com as três mulheres que tanto deseja. Esse jogo com a morte se dá por meio da incorporação de sistemas de contagem. Woods ressalta que se trata do filme do diretor em que esses sistemas estão mais explicitamente presentes. Como já dissemos, essa contagem inclui o espectador, no entanto somos envolvidos num projeto fracassado, já que não conseguimos nunca captar todos os números espalhados ao longo dos cenários.

Para o lançamento do filme na televisão, no Channel 4, em 1988, Greenaway dirigiu um documentário chamado *Fear of drowning* (Medo de afogamento), no qual ele próprio oferece suas interpretações sobre o longa-metragem.[44] Para ele, a água funciona como a principal metáfora do filme, o que novamente remete suas narrativas aos domínios do grotesco. É o elemento que unifica as protagonistas em suas relações com as mortes cometidas e com os supostos antagonistas que se reúnem perto de uma grande caixa d'água, compondo, assim, a *Water Tower Conspiracy* (Conspiração da caixa d'água). O filme informa sobre as referências prévias que o motivaram a elaborar a história, com ênfase na recorrência a alguns

---

44 Essa forma de paratextualidade parece confirmar a relação da autoria com o mito de Narciso pela excessiva exposição de sujeito criador falando do que realiza. Esse procedimento explorado amplamente pela televisão ao expor os diretores e atores para explicar a si mesmos nos projetos em que estão envolvidos inclui também os filmes de Jean-Luc Godard e seus ensaios autorreflexivos *Introdução a uma verdadeira história do cinema* e *JLG por JLG*.

livros infantis ilustrados, como os de Arthur Rackham[45] ou de Maurice Sendak,[46] e de pintores ingleses da época vitoriana fortemente engajados na representação dramática da paisagem, com destaque para Samuel Palmer,[47] John Everett Millais,[48] William Holman Hunt[49] e Ford Madox Brown.[50] Fartamente ilustrado, o filme se vale da abertura de janelas e da sobreposição de letreiros para exibir as imagens do longa e mostrar os outros textos que ele esconde. O documentário, assim como outros trabalhos para a televisão, compõe um braço importante de sua atividade criativa, com a evidência de querer consubstanciar várias linguagens num mesmo suporte, segundo as possibilidades oferecidas pelo meio eletrô-

---

45   Ilustrador britânico (1867–1939) de contos fantásticos e de livros infantis. Ficou famoso na Inglaterra após o trabalho de ilustração de *Os contos dos Irmãos Grimm (Grimm's fairly tales)* em 1900.

46   Iustrador e escritor infanto–juvenil americano que ficou bastante conhecido após ter criado a obra clássica *Where the Wild Things Are* (1964), primeiro livro de uma trilogia que inclui *In The Night Kitchen* (1970) e *Outside Over There* (1981).

47   Pintor inglês (1805–1881) autodidata, profundo admirador de William Blake. Palmer notabilizou-se pela pintura de paisagens românticas.

48   Pintor britânico (1829–1896) que, juntamente com Dante Gabriel Rossetti (1828–1882) e William Holman Hunt, fundou a *Pre-Raphaelite Brotherhood* (PRB) em 1848. Tratava-se de um grupo de artistas católicos contrários a certos padrões estéticos e morais da arte na época vitoriana que passaram a cultivar valores como naturalismo preciso, um compromisso com a exatidão histórica e evocação de temas religiosos. O quadro *Ophelia* (1851) é uma de suas obras mais representativas.

49   Holman Hunt também é britânico (1827–1910) e pertenceu ao grupo PRB.

50   Pintor (França, 1821 – Grã-Bretanha, 1893). Embora não fizesse parte do grupo PRB, suas pinturas centradas em temas históricos e religiosos se aproximavam bastante dos princípios daqueles artistas que ele admirava.

nico. Há o princípio do transbordamento visual que terá efeito delirante em *A última tempestade*. Todo narrado pelo próprio diretor, nota-se a eloquência de Greenaway ao apresentar, segundo seu ponto de vista, os principais enigmas do filme. Ao final, o que temos é um nível de reflexividade acentuada pela consciência do filme como entretenimento e como trabalho com a linguagem:

> A organização dos elementos formais do filme busca igualar e complementar os jogos das relações humanas que estão contidas nele: homens com mulheres, pais com filhos, estranhos e conhecidos, bons com maus, crime com castigo, sucesso com fracasso, de tal modo que a forma e o conteúdo tornem-se inseparáveis e indivisíveis.[51]

Essa expansão da obra ainda inclui o lançamento do roteiro do filme e um livro bilíngue (inglês e francês) de caráter ensaísta denominado *Fear of drowning by numbers*. Estamos diante de um fenômeno intenso e particular de transmidialidade no qual um texto principal, o filme, se desdobra em outros textos que ramificam o sentido. Se por um lado pode-se supor uma pulsão criativa quase inesgotável e que avança em mais de um meio, por outro, esses prolongamentos também demonstram um certo exibicionismo criador, ato de propaganda, já que ao mesmo tempo se oferecem derivações a partir do mesmo tema e repetições de ideias. De qualquer modo, os roteiros e ensaios mostram o pensamento do artista em

---

51 Transcrito do final do documentário.

construção. Não se trata apenas de constatar a consciência do fazer artístico, mas através dessas extensões dos filmes observamos mais de perto os procedimentos artísticos e de reflexão do artista em sua relação com os meios em que atua, o que evidencia a união entre criação artística e postura ensaísta.

Logo na introdução do roteiro,[52] Greenaway informa que a primeira versão do filme nasceu durante a montagem de *O contrato do desenhista*, em 1982, portanto seis anos separariam a gestação e o nascimento do filme. Cissie Colpitts, que na versão atual aparece representada por três personagens, antecede essa data, aparecendo inicialmente numa fotografia, ao lado de Tulse Luper e de Gang Lyon, no filme *Vertical Features Remake*, em 1978. Ela seria uma espectadora do suposto filme *Vertical Features*, atribuído a Tulse Luper. No longa *The Falls*, Cissie Colpitts é o mesmo nome de três pessoas –, a biografia apócrifa de número 27 refere-se à terceira e recebe o nome de Propine Fallax; sua representação visual é outra, vemo-la por meio de fotografias como criança, jovem e adulta. Greenaway sugere que Tulse Luper, outrora namorado de Cissie, tenha se tornado o personagem Madgett, o legista do filme, "meio caminho entre *maggot* (larva) e *magic* (mágico)". Ao final da introdução, há menção sobre o que seria o futuro de Cissil: "Em algum projeto futuro, ela seria singularizada como uma velha senhora de noventa e dois anos que morre de hemorragia, calmamente, num assento de pelúcia vermelha, em um cinema na Philadelphia, enquanto assiste a *Boudu Sauvé des Eaux*, de Jean Renoir. Ela ainda tinha interesse em afogamento". Aqui

---

52 GREENAWAY, P. *Drowning by numbers.* Paris: Disvoir, 1988, p.01.

se explicita a transversalidade temporal da criação que ecoa no passado, no presente e no futuro.

Fear of drowning by numbers é um ensaio escrito por Greenaway para o filme. São cem comentários que apresentam a visão pessoal do diretor sobre sua obra. Nele fica evidente a erudição do artista, tanto na postura interpretativa de elementos internos do filme quanto na abordagem de temas mais gerais, o que resulta num importante documento para apreensão de um pensamento estético que se edifica a cada criação. Dessa e de outras leituras, depreende-se um sistema artístico próprio, materializado nas obras que executa, em que as soluções são parte de um processo de reflexão centrado, principalmente, na tradição artística e cultural ao seu alcance.

A leitura do ensaio constitui um exercício de cavação que desencobre um universo de referências acentuadamente britânicas. São escolhas e decisões que denunciam um intenso envolvimento com aspectos artísticos e culturais traduzidos em forma de ficção narrativa, com a utilização dos meios que o cinema permite operar. Ao cotejar o livro em relação ao filme e à obra do diretor como um todo, três tendências reflexivas parecem firmar-se: 1) desenvolvem-se relações internas, cotextuais, entre os filmes; 2) há um forte diálogo com as referências artísticas (pintura e literatura); 3) tanto nas narrativas quanto nos textos explicativos irrompe uma voz explicativa, que tende a forjar um discurso de tom abstrato.

As inter-relações entre os filmes não se dão de forma esquemática e previsível, pois mesmo que sejam reconhecíveis pelo espectador, alguns elementos tais como o uso de sistemas de classificação como moldura narrativa, a recorrência frequente à paisagem inglesa, a incorporação de dispositivos de fabricação da imagem (desenho, câmera fotográfica e filmadora, máquina de xerox e Polaroid) e a reencarnação de personagens como Tulse Luper, Van Hoyten e Cissie Colpitts aparecem metamorfoseados nos filmes e sobre eles constroem-se e construímos sentidos diferenciados em cada obra. Repetição e diferença, nos termos de Deleuze, são as marcas desse procedimento. Embora ausente na história de *Afogando em números*, Tulse Luper é evocado pela forte presença da personagem Cissie Colpitts. No item 28 do ensaio, Greenaway assim descreve essa relação:

> Como figura individualizada, Cissie Colpitts foi inventada por volta de 1976 para Tulse Luper. Tulse Luper foi uma invenção que poderia falar de forma absurda e autoritária sobre muitas coisas, das quais eu não seria culpado. Primeiramente, ele foi uma criação literária. Era o autor de um livro de colagens intitulado "Tulse Luper e o Caminho Central" em que a biografia era reduzida a diagramas examinados por títulos topográficos. O capítulo seis era denominado "A pátria do habitante" e apresentava doze atletas femininas, um par de cornos e a teoria da herança de Mendel.
>
> Em seguida, uma caixa escondida e logo encontrada em Yorkshire contendo duzentas fotografias em preto e branco deram a ele identidade visual, carne e sangue – ele ganhou um chapéu e um cachimbo... e em alguns momentos uma arma e uma motocicleta... cada vez mais suas fotografias foram divulgadas a cada novo filme... *A Walk Through H...* *Vertical Features Remake* permitindo que as qualidades

O autor multiplicado

149

do personagem se revelassem cada vez mais. Ele era a combinação de vários eruditos que eu admirava – *John Cage* – por sua inventividade e sua capacidade de contar histórias... a resistência e a eloquência de *Buckminster Fuller*... um invejável toque de *Marcel Duchamp* graças ao seu mistério e a sua provocação... e depois relacioná-lo com a terra, a paisagem e a História Natural, desde taxonomistas até catalogadores, catadores de ovos, bancários canhotos e diaristas provincianas – para torná-lo familiar, local e inglês... ele tomou emprestado um toque de fofoca, *Aubrey*, e o inocente e estudioso naturalista *Gilbert White of Selbourne* e *Cobbett*, conhecido como ecologista avermelhado... desde então eu tenho descoberto vários Tulse Lupers – *Jacques Ledoux* da Cinemateca Belga e o cinegrafista *Sacha Vierny*... para acrescentar truques mais profundos, toques e traços de caráter, humor e ironia. Madgett em *Afogando em números* é talvez uma representação de Tulse Luper – embora gordo e mais belicoso.[53]

Ao mesmo tempo em que se compõe uma mitologia particular forjada pelas figuras que ressoam ao longo da obra ficcional que Greenaway edifica, vê-se que essas construções trazem as marcas culturais e artísticas daquilo que sustenta esse universo. Nesse sentido, mais uma vez, é John Cage que emerge como grande herói e, ao lado de outra referência evocada, Marcel Duchamp, estabelece de forma intrincada a arte de Greenaway a uma esfera conceitual, determinante para os

---

53 GREENAWAY, P. *Fear of Drowing by Numbers*. Paris: Disvoir, 1989. p. 58-60.

caminhos das artes plásticas no contexto do pós-guerra da qual ele foi tributário.

O segundo aspecto do livro que chama a atenção é a gama de alusões à pintura e à literatura que se entrelaçam ao filme. Além dos ilustradores e dos pintores vitorianos já referidos, Greenaway também recorreu ao quadro *Jogos de crianças*, do holandês Brueghel, dispondo-o ao lado da cama de Madgett, e explica que "sem dúvida, esse quadro funciona como manual de referência para Madgett quando sua imaginação fracassa";[54] outro quadro também de procedência flamenga é *Sansão e Dalila,* de Rubens, e quem o observa é Smut – o jovem catalogador e jogador –, fixando-se na cena em que Sansão perde os cabelos e, consequentemente, a sua força. A observação do quadro, representação da impotência masculina, está ligada à busca de Smut por respostas sobre a circuncisão. Trata-se de um dos temas fortes do filme, a vulnerabilidade masculina diante do poder das mulheres. Sobre essas relações e o quadro, Greenaway argumenta no item 84: O tema da virilidade se amplia em sub-textos. Após ser ridicularizado por sua ignorância em relação à circuncisão, Smut mostra a seu pai a reprodução do quadro "Sansão e Dalila", de Rubens; e chegando a desenvolver um sexto sentido sobre seu significado, ele forja questões que são bastante pertinentes. Sansão é a demonstração convencional da vulnerabilidade masculina em relação à mulher. A pintura de Rubens, e sua considerável sensualidade, descreve o exato momento do infame corte de cabelo de Sansão – castração com a incisão de uma tesoura. Pode-se considerar a circuncisão como um ato simbólico de castração aceita socialmente – um ato de emasculação suavemente disfarçado sob uma série de justifica-

---

54 *Idem,* p. 48.

O autor multiplicado 151

tivas e levada a cabo por interesses investidos em moderação sexual, exibicionismo sexual, pertencimento a uma casta e controle patriarcal. Talvez, ainda, possa se referir ao masoquismo e a auto--mutilação – foi sobretudo através da luxúria que Sansão, conduzido pela perfídia das mulheres, arruinou-se.[55]

Pode-se constatar que existe mais de uma maneira pela qual a pintura se insere no filme. No caso de Rubens, o tema retratado se infiltra no universo narrado e amplia o campo de tensões sobre o tema da impotência. Vimos que os pintores ingleses foram evocados, principalmente, pelo tratamento que deram à paisagem, e sua inserção no filme se materializou, sobretudo, na composição plástica das imagens, com destaque para a captação das variações de luzes e de tons dos amanheceres e crepúsculos, compondo uma superfície visual de atmosfera idílica. Indo além desse aspecto formal, Greenaway dá relevância para o que aqueles artistas realizaram e que ele denomina como "a dramatização da paisagem", em que a cena natural habitada por figuras humanas dá vazão para representações morais e forjam alegorias. Seguindo esse propósito, Greenaway elegeu o quadro *O pastor mercenário*, de Holman Hunt, como emblema dessa manifestação.

Pintado também na Inglaterra do século XIX, em 1851, o quadro dispõe um casal no centro e em primeiro plano vemos um pastor envolver uma jovem para lhe mostrar algo, enquanto ela, passivamente, olha em direção ao espectador. Eles estão num gramado florido, sobre o colo da moça está uma pequena ovelha e algumas maçãs espalhadas em sua proximidade. O jovem pastor mostra-lhe, na verdade,

---

55 *Idem*, p. 124.

um esqueleto de uma mariposa. No segundo plano, à esquerda, vemos algumas ovelhas repousarem sob as sombras das árvores que se enfileiram à direita e outras se dispersarem. Ao fundo, a paisagem se perde na planície ensolarada. Greenaway descreve as qualidades plásticas da obra, enfatizando sua precisão espacial pela disposição topológica dos elementos e a naturalidade na representação, que sugere um forte sentido de presença do acontecimento – "há forte sensação de vivacidade, gradação, materialidade e substância".[56] Mas o que mais destaca são os sentidos revelados por esses arranjos formais:

> A pintura é uma alegoria e seus signos são numerosos. Enquanto o pastor se entretém com a jovem, as ovelhas se infiltram na plantação... é possível até ouvirmos uma canção de ninar para a ocasião... o pastor mostra um emblema da mortalidade à jovem, trata-se de um esqueleto de mariposa. Maçãs que remontam a Eva estão dispostas em seu vestido vermelho. Na bela paisagem representada, negligência, mortalidade e malícia acercam-se do harmonioso Éden. O prazer da pintura por ela mesma é agora unido ao prazer dos significados da imagem. (...) O quadro é sutilmente evocado em *Afogando em números* pela união entre uma aparência e uma suntuosa realização e as camadas de significações a partir de metáforas entre o público e o privado.[57]

---

56 *Idem*, p. 42.

57 *Idem*, p. 42–46.

O autor multiplicado   153

Essas citações são paródias articuladas ao longo do filme e tendem a transformar o material apropriado, construindo outro discurso. Se por um lado, vimos que a citação a Rubens penetra num aspecto particular da narrativa, o quadro de Hunt expande-se para a configuração do plano de expressão do filme em que vemos as personagens dispostas numa paisagem pomposa e artificialmente composta e que aos poucos vão se revelando traços obscuros de suas relações. Finalmente, outro elemento-chave apresentado por Greenaway em *Fear of drowning by numbers* é o conto infantil "Billy Goat Gruff", do folclore norueguês, que se alinha à enorme lista de fábulas repetidas à exaustão na Grã-Bretanha; temos outra apropriação paródica, não pictórica, mas literária.

Na fábula, três bodes de tamanho decrescente desejam alimentar-se de uma apetitosa grama e, para alcançá-la, precisam cruzar uma ponte onde vive um gigante que devora aqueles que tentam atravessá-la. O menor se arrisca primeiro e, ao cruzá-la, é subitamente surpreendido pelo gigante. Interrompendo o ataque, o animal surpreende a criatura indagando-o: "Por que me devorar se atrás de mim vem outro bode maior e mais gordo?". O gigante se convence e espera pelo outro bode. Quando o de tamanho médio tenta cruzar a ponte é logo atacado, mas o gigante é interrompido novamente pela mesma pergunta: "Por que me devorar se atrás de mim vem outro bode maior e mais gordo?". Convencido novamente, o gigante espera pelo maior dos três: Billy Goat Gruff. Esse é forte e grande e antes que o gigante o devore, ele o joga no rio e o vilão morre afogado.

Greenaway desenvolve uma nova versão para a fábula:

> Três cabras de idade decrescente desejam se libertar das amarras do casamento e são obrigadas a buscar a ajuda de um gigante que mora ao lado de um rio. Quando a mais velha e a mais sábia das três vai até o gigante pedir-lhe ajuda, ele diz que ajudará se ela "deitar-se" com ele. Ela diz-lhe: "Por que se deitar comigo se há uma cabra mais jovem e mais desejável vindo logo em seguida?". O gigante vê sentido no que ela diz, ajuda-a a se livrar do marido e espera pelos acontecimentos. Logo, a cabra do meio dirige-se até o gigante para lhe pedir ajuda. O gigante diz-lhe que a ajudará se ela "deitar-se" com ele. Rapidamente ela responde: "Por que se deitar comigo se há uma cabra mais jovem e mais desejável vindo logo em seguida?". O lascivo gigante concorda, ajuda-a a se livrar do marido e espera pelos novos acontecimentos. Rapidamente, a mais jovem das cabras vai até o gigante para que ele a ajude. O gigante, sentindo estar diante de uma conquista fácil, diz que a ajudará se ela "deitar-se" com ele. Ela responde "Você perdeu!" e juntando-se às outras duas cabras as três empurram o gigante no rio onde ele se afoga.[58]

Originalmente e na versão de Greenaway, as fábulas expõem percursos em que os sujeitos se valem da manipulação pela sedução para alcançarem seus objetivos. Em ambas é o adiamento do prêmio dos gigantes que garante a realização

---

58 *Idem*, p. 88.

das ações desejadas pelos bodes e pelas cabras. No filme, essa sedução é construída como jogo e tal elemento é explorado à exaustão nas relações sexuais, familiares e sociais. É em torno do jogo que Greenaway, em *Afogando em números*, lança mão do caráter assertivo que percorre sua obra. Esse é o último aspecto sobre o qual discorro, tal como venho fazendo ao cotejar o livro em questão e o filme. No item 60, encontramos a seguinte reflexão sobre jogos:

> Os jogos. Existem sete jogos explícitos em *Afogando em números* – cada um pacientemente explicado por Smut na linguagem seca dos manuais de instrução, ordinariamente encontrados no interior das caixas de jogos. Smut expõe as regras e traça os objetivos e propósitos de cada jogo. Ele indica os prêmios e as punições. E esses jogos, obviamente, remetem à própria substância narrativa do filme – pois o filme é sobre os jogos que as pessoas jogam e se não trata diretamente dos jogos, concentra-se nas características dos jogos e dos jogadores: os rituais, as adoções de papéis e a competitividade, o reconhecimento de convenções e a exposição de ortodoxias. Talvez os ingleses sejam especialmente reputados como jogadores – dissimulando, escondendo, ritualizando, sublimando, desenvolvendo formas de conduzir as relações humanas por um sistema de regras e de métodos que, se não são codificados definitivamente em um manual de instrução, são pelo menos reconhecidos por meio de convenções e usos. Talvez isso seja um traço de uma alta civilização ou um signo de constipação emocional. Em qualquer parte desses extremos, nota-se, certamente, a indicação

> de um profundo e consciente – talvez auto-cons-
> ciente – senso de ironia – um reconhecimento dos
> paradoxos permanentes da vida que podemos en-
> contrar nas obras de arte.
>
> A guerra, o sexo, a política, a religião, as finan-
> ças, a aprendizagem, a refeição, a representação, a
> tortura, a entrevista, a espera em uma fila... derivam
> do jogo e da aptidão para jogar – e a linguagem é
> familiar – blefar, fingir, contra-atacar, vencer, perder,
> recompensar, apostar, punir, crime, sorte, pena.[59]

A ideia de jogo esboçada permite-lhe evocar ironicamen-
te ingredientes culturais associados a certo caráter inglês.
Adiante realizarei uma análise mais profunda das relações in-
trínsecas entre os jogos, a narrativa e a alegorização por meio
de figuras que pertencem ao universo particular do artista e
suas relações com um contexto preciso. Por ora, cabe ainda
assinalar que o filme materializa em sua enunciação o próprio
ato de jogar. Ele inclui o espectador em sua trama, na medida
em que certas informações só se justificam mediante a nossa
participação, como é o caso dos números de um a cem espalhados no cenário e que se articulam como um esconde-acha
paralelo aos eventos narrados. Greenaway, em *Fear of drowning
by numbers,* descreve não apenas os jogos expostos no filme e
seu desdobramento para tratar de elementos culturais: para
ele, o cinema em si, também é um jogo (item 58):

> O cinema é como um jogo bem elaborado com suas
> próprias regras. O objetivo desse jogo é suspender

---

59 *Idem,* p. 88 90.

O autor multiplicado

a descrença com êxito. Os espectadores têm sido bem treinados há mais de cem anos. As condições necessárias são a escuridão e uma projeção de luz numa tela. O público concorda em entrar num espaço escuro e prostrar-se numa única direção. Eles estarão preparados para ficar sentados pelo menos durante duas horas – geralmente, às noites.[60]

Por fim, os números conformam uma estrutura que amalgama o diretor, o filme e o espectador. É possível traduzir as estruturas narrativas dos filmes de Greenaway por arquiteturas numéricas, tal como procedeu Jorge Goroztiza. As utilizações de forma particular de números se associam a uma assinatura. *Afogando em números* é o filme dessa segunda fase que carrega de forma mais explícita os elementos formais e estilísticos que acompanham a trajetória do diretor; e a maneira como o filme está estruturado insere o espectador no desenvolvimento da narrativa, já que ele é convidado para "catar" e "contar" os números que vê na tela e é em nome dele que se fez o filme.

Uma palavra final. *Afogando em números* é uma história de três mulheres que assassinam seus maridos – um em uma banheira, um no mar e um em uma piscina – É um conto de fadas *noir* e irônico para adultos, metade inventado por crianças que são inocentemente obcecadas com sexo e morte – especialmente morte. É uma narrativa poética, amoral contada moralmente para sustentar (apoiar) a crença que os

---

60 *Idem*, p. 88.

bons são raramente recompensados, os maus são largamente recompensados e os inocentes são sempre explorados.[61]

A construção de um matriarcado: as inversões paródicas e o crime como um jogo

A importância desse filme no conjunto das obras de Peter Greenaway e, em especial, para o caminho de leitura que estamos percorrendo se dá pelos seguintes aspectos: 1) ele atualiza o que denomino de um cinema narrativo transversal, sempre em construção, pela incorporação, ou reencarnação, da personagem Cissie Colppits, outrora figurante no filme *A Walk Through H* e *The Falls*; 2) a estruturação numérica da narrativa, a encapsulação rígida dos acontecimentos mediante a enunciação de números de 1 a 100, que estruturam a narrativa por meio do paralelo contar/narrar, evoca a fixação de Greenaway com sistemas de classificação e apontam a importância da artificialidade na construção da encenação, aqui materializada pelos números e já detectada pelas variações com o número 11, em *Vertical Features Remake*, com o número 92, no lírico *A Walk Through H* e no radical e emblemático *The Falls.*; 3) o filme se alinha as temas da vingança, já trabalhados em filmes anteriores, decorrente de uma apropriação contemporânea da tragédia de vingança, do teatro jacobita e foi exaustivamente tratados no filme posterior a esse, *O cozinheiro, o ladrão, sua mulher e o amante*; 4) literariedade e pictorialidade novamente convergem no filme através da tematização dos jogos, donde emana a dimensão assertiva e ensaísta sobre

---

61 *Idem*, p. 154.

as relações com o jogo e na composição visual, em que se nota o gesto da transcriação do quadro de Holman Hunt e a referência à paisagem inglesa, já estabelecida no universo do autor e funcionando também como alegoria do thatcherismo. Literalmente, o título do filme em inglês significa "afogando-se pelos números", o que confere aos números a função de agente da ação de afogar. Esse traço se perde na tradução do título para o português *Afogando em números,* ao valorizar a ação de afogar-se (ficar banhado em) nos números, o que destoa do conteúdo do filme, que estabelece a contagem numérica de 1 a 100 como elemento fundamental para sua enunciação, já que são os números espalhados nos cenários e a contagem das estrelas por Elsie que indicam a contagem em dois significados: computar e relatar. Os números são, neste sentido, figuras que emolduram a narrativa, e por conseguinte, devoram seus personagens no tempo e no espaço constituídos.

Água e números são elementos recorrentes no universo de Peter Greenaway. A geografia britânica e, em particular a inglesa, é cercada por mares e um oceano e atravessada por rios e canais. De maneira geral, há um especial interesse na paisagem natural que inspira a produção de artistas por várias gerações, no uso da água como motivo criador, desde o romantismo de J. M. William Turner, John Constable, John Everett Millais e John William Waterhouse até o realismo de William Dyce, nos séculos XVIII e XIX. Artistas modernistas como Duncan Grant e Paul Nash também voltaram-se para a água em telas que explicitam as experiências plásticas herdadas das vanguardas do continente, com fundo político. No contexto da arte conceitual, artistas adeptos ao movimento da

Land art interferiam diretamente no espaço natural conjugando escultura, pintura e registro cinematográfico. A reiterada evocação da paisagem inglesa, particularmente nas associações com a água, nos filmes de Peter Greenaway é algo que se associa ao imaginário artístico local desde o passado até o presente, em suas relações idílicas, trágicas, naturalistas, políticas e históricas.

Já os números pertencem ao desenvolvimento de seu idioleto como artista, eles ajustam-se à fixação pessoal desde o período de formação, por taxonomias que são inseridas nas narrativas com objetivo de perverter a lógica dos acontecimentos, já que esses convivem com listas, classificações, verbetes enciclopédicos e citações. Segundo Chevalier e Gheerbrant,[62] os números "exprimem não apenas quantidades, mas ideias e forças", e permitem o alcance de uma verdadeira compreensão dos seres e dos acontecimentos. Nesse sentido, a utilização dos números permite a Greenaway trazer o mundo para o seio da narrativa, confirmando a visão de Esther Maciel[63] sobre seu cinema enciclopédico. Os números também se associam com mitologias, crenças e jogos. Parodiando o próprio autor, *Afogando em números* pode ser traduzido como "você é o que você joga".

Em frente à sua casa, durante a noite, uma garota, Elsie, cujo nome só será revelado quase no final do filme, pula corda enquanto conta e nomeia estrelas reais e fictícias até

---

62 CHEVALIER, Jean; GHEERBRANT, Alain. *Dicionário de símbolos.* Rio de Janeiro: José Olympio, 1989, p. 646.

63 MACIEL, M. E. "A poesia no cinema: de Luis Buñuel a Peter Greenaway". *Cadernos de Tradução*, Florianópolis, UFSC, vol. 7, 2002, p. 81-92.

chegar a 100. Ela é uma das enunciadoras internas da narrativa, conduz a contagem numérica e, consequentemente, a contagem do relato. Para ela, 100 é o número ideal, diz arrogantemente para Cissie I; depois dele, tudo se repete. Cissie I possui um ar de superioridade e de decisão, a maneira como se apresenta na sequência não deixa também de possuir um certo ar de mistério. A breve interlocução se dá no prólogo do filme, nele vemos a personagem caracterizada com indumentária que irá usar no filme inteiro e que é muito próxima à da Infanta Margarita, do quadro *Las meninas*, do espanhol Diego Veláquez; ela está em frente à sua casa, onde vemos somente a fachada, a indicação "Amsterdam Road". Ainda no começo, Jake, marido de Cissie I, atravessa o campo com Nancy, sua amante, ambos parecem bastantes bêbados e passam despercebidamente pela garota.

A encenação da abertura do filme condensa os ingredientes que serão desdobrados ao longo do tempo de projeção: a imagem de um pássaro morto em primeiro plano liga-se diretamente às mortes dos três maridos, Jake, Hardy e Bellamy, que serão executados por afogamento respectivamente por Cissie I, Cissie II e Cissie III, e alude também à catalogação das mortes de animais feita por Smut, personagem que também funciona como enunciador interno, ao lado de Sid; o ambiente sombrio em que a menina pula corda reitera o ar de mistério que percorre o filme, oferecendo, inclusive, a ambientação para o fantástico que emerge em alguns momentos, conforme veremos. Além disso, cenas noturnas se repetirão aludindo ao mesmo aspecto; pular corda é um jogo relativamente simples, mas trata-se do primeiro de uma série mais complexa que será apresentada; os números de 1 a 100 verbalizados por Elsie estarão dispostos em diferentes lugares da imagem, constituindo um jogo do enunciador externo que nos convida a encontrá-los; a única imagem de um farol localizado à direita da menina e o barulho das ondas do mar que se intensificam informam a relação da fábula com a água. O aspecto pictórico não se restringe ao quadro de Velásquez e inclui o tratamento expressivo da tonalidade, em que se constrói uma alternância com reflexo exagerado da menina contra a parede de sua casa, com a projeção de cores vermelha e amarela; antes disso, vemos o céu estrelado e, no final da sequência, os pontos de luz preenchem a parte inferior do vestido que contrasta com a penumbra em que ela se encontra. Ao longo da análise aludiremos às várias nuances em relação à composição visual, tanto no que diz respeito ao diálogo com obras pictóricas da história da arte europeia quanto na elaboração própria dos espaços da encenação fortemente inspirados pelos ingredientes desse sistema de representação.

A fábula gira em torno dos assassinatos dos respectivos maridos das três personagens nomeadas como Cissie I, II e III. Embora a execução dos crimes esteja no centro dos acontecimentos narrativos, eles acontecem trivialmente, sem qualquer rastro de suspense ou de agressão violenta, e suas mortes são causadas por afogamento. A primeira é a de Jake e acontece numa banheira, a segunda é a de Hardy, que é morto no mar e, por último, Bellamy morre afogado numa piscina. A narração fria de homicídios ocupa boa parte das narrativas elaboradas por Peter Greenaway, ao lado de aniquilamentos forjados com certa crueldade e dramaticidade; de qualquer forma, a instauração da morte por circunstâncias variadas ou desencadeia as ações narrativas ou é o ponto final de um projeto em execução. O primeiro exemplo disso é encontrado no filme *Windows*, já descrito anteriormente, em que uma voz *over* narra 37 mortes por defenestração, contrapondo-se a imagens estáticas de janelas enquadradas e que apresentam motivos visuais próximos aos gêneros natureza morta e pintura de paisagem. O filme foi intensamente composto tonalmente, apresenta rica variação de cores e texturas, além do reenquadramento que lembra certos quadros de René Magritte.

Em *O contrato do desenhista*, Mr. Herbert saiu de viajem e foi encontrado morto num riacho próximo à sua casa. Já Neville, protagonista da história, desenhista contratado para executar 12 desenhos da propriedade, em troca de dinheiro, hospedagem e favores sexuais de Ms. Herbert, foi primeiramente tornado cego e, em seguida, assassinado cruelmente no final da narrativa. Ele, por conta própria, executava o décimo terceiro desenho da casa, quando foi surpreendido por Mr. Tallman, marido de Ms. Tallman, com quem o desenhista também mantinha um contrato que também previa relações sexuais, – outro presente era Mr. Noyes, notário que julgava estar comprometido com o primeiro assassinato, e mais quatro participantes. Logo no início de *Zoo – Um Z e dois zeros*, ocorre a morte surpreendente de Paula e Griselda, esposas dos gêmeos protagonistas Oliver e Oswald, provocada pelo choque de um cisne contra o automóvel em que estavam na companhia de Alba Bewick, sobrevivente do acidente. Essa perda provocará nos dois irmãos a obsessão pelos processos de decomposição de corpos vegetais, animais e humanos, culminando em suas mortes teatralmente elaboradas na última cena do filme. A marcha de decadência de Stourley Kracklite em *A barriga do arquiteto* culmina em sua queda fatal no momento em que é inaugurada a tão sonhada exposição sobre Boullé. Paralelo à fatalidade ocorre o nascimento de seu filho. Essa oposição morte/vida está no seio das elaborações dos acontecimentos, trata-se de um pressuposto darwinista que persegue as fábulas de Greenaway.

Cissie I é a personagem mais velha, e sua caracterização traz a serenidade necessária para a execução resoluta da morte de seu marido Jake, apresentado como um bêbado mulherengo. Cissie I, após a breve conversa com Elsie, a garota que incessantemente pula corda e conta estrelas, caminha lentamente até sua casa. Seus passos são flagrados por um *travelling* lateral, em plano geral, e focos esparsos de luz, na escuridão da noite, fazem com que a personagem se imiscua na atmosfera misteriosa de uma natureza soturna. De forma animalesca, os amantes despem-se e se roçam. Chegando em casa, encontra seu marido numa banheira emparelhado com Nancy, bem mais jovem que ele, também em outra banheira. Nancy cede à embriaguez e dorme; Jake, como a maioria das personagens masculinas criadas por Greenaway, é fadado à verborragia, ele provoca verbalmente sua esposa e é através de sua fala que sabemos que Cissie é uma jogadora. Ela o empurra três vezes para dentro da banheira e ele sucumbe. Após o crime cometido, ela preserva o ar de segurança observado desde a primeira aparição, a câmera fecha o plano em seu rosto e a vemos chorar; em seguida, como ato final de um projeto de eliminação

O autor multiplicado   **165**

friamente calculado, ela queima o rastelo de Jake, o instrumento de trabalho de um jardineiro morto.

Os focos isolados de luz descrevem um lugar abarrotado de objetos, frutas e alimentos, mariposas, caracóis e livros. A observação do espaço assim constituído lembra certas pinturas de interiores com seus espaços empanturrados, e os primeiros planos nas larvas, frutas e objetos fazem remissão ao gênero *natureza morta*. No entanto, como mencionamos anteriormente, a relação com a pintura nesse e nos demais filmes dessa segunda fase se constitui pela narratividade de todos os elementos da cena. Dos objetos em cena, as maçãs na banheira de Nancy e espalhadas no chão são índices de pecado, e a morte cometida uma espécie de expulsão do paraíso às avessas.

A mesma música que ouvimos quando a personagem dirigia-se até sua casa repete-se após o afogamento. Michael Nyman compôs a trilha para o filme inspirando-se na "Sinfonia concertante para violino, viola e orquestra", de Mozart; essa mesma base também serviu para a elaboração da trilha de *The Falls* e *Zoo – Um Z e dois Zeros*. A trilha repete-se no filme e afina-se com os acontecimentos estruturalmente parecidos. Os movimentos de câmera são mínimos, havendo apenas poucos *travellings* laterais. Esses aspectos da imagem são característicos da elaboração da fotografia sob a conduta de Sacha Vierny e funcionam bem ao quererem que nos fixemos nos detalhados arranjos dos cenários, nas variações da cores e dos tons, enfim, dos artifícios da encenação como parte de uma enunciação subjetiva.

O segundo afogamento também envolve sexo. Diferentemente do primeiro, em que a vítima acabara de praticá-lo com sua amante, Hardy, o próximo alvo, é contador de uma empresa e parece mais interessado nos números e no relatório que prepara do que em satisfazer os desejos de sua mulher, Cissie II. O casal mora de frente para o mar, numa casa branca e estilizada, cuja neutralidade contrasta profundamente com os ambientes entulhados onde vivem Cissie I e Madgett. A atmosfera outonal com seus ventos contínuos confere ao lugar um estranhamento sem igual, é como se aquela casa, a qualquer momento, pudesse ser levada pelos ares. O lugar não seduz pela beleza, ele chama mais atenção pelo aspecto mórbido e sombrio, mesmo as cenas ocorrendo durante o dia.

A sequência expõe os contrários de forma contundente: a câmera acompanha Cissie, com sorvetes na mão, caminhando rumo a seu marido que, incessantemente, datilografa; ela prostra-se, insinua-se e os sorvetes dão o incremento picante à cena, mas ela não obtém nenhuma resposta; em seguida nós a vemos se deitar num canapé, nua, lembrando as infinitas representações da nudez feminina em posição horizontal; Hardy vai até ela, enfia-lhe o sorvete na vagina, mas logo retira-se do quarto e vai nadar no mar. Enfurecida, Cissie destrói sua máquina de escrever e ao observá-lo nadando, por meio de um binóculo, verifica que ele quase está se afogando, ao mesmo tempo em que também testemunha a aproximação de um grupo de corredores. Rapidamente, vai em direção a Hardy e terminar o que havia começado, matando-o. Como no primeiro afogamento, ela também chora, com o mesmo tema musical ao fundo.

A destruição da máquina de escrever é diretamente associada com a destruição de seu marido, tal como Cissie I na cena da destruição do rastelo. Mas esse ato tem maiores implicações, na medida em que a máquina de escrever não é relacionada com a criação, pois Hardy não é um escritor, é apenas um burocrata vazio, mal humorado e incapaz de dar prazer sexual à sua esposa. Ela, contrariamente, é mais criativa, e a sequência a define como a diretora da ação que executa da seguinte forma: de posse do binóculo, é como se portasse uma câmera e ao mesmo tempo executasse uma montagem paralela com as ações convergindo para um único ponto. De um lado estão os corredores, de outro, seu marido que se afoga; ela vai até ele, termina de matá-lo e o traz de volta com a ajuda dos homens que antes flagrara com sua lente. Esses jogos com os duplos também envolvem o sorvete que o casal chupava, ou seja, uma representação falocêntrica da frieza e da efemeridade; ambos os corredores que aparecem no final da sequência chamam-se Van Dyke, é uma outra forma de atribuir a autoria aos personagens da história; e a disposição do corpo do marido morto recria a tela *O Cristo morto*, de Andrea Mategna.

Num cenário que faz referência ao quadro *Making a splash*, de David Hockney, acontece o terceiro afogamento. Em uma piscina estão os recém-casados Cissie III e Bellamy. Ela é uma hábil nadadora que treina diariamente para os jogos olímpicos, enquanto ele está desempregado e não sabe nadar. Na sequência, Cissie aparentemente tenta ensinar-lhe a nadar; o convencimento se dá por um jogo erótico para fazê-lo adquirir confiança, ela tira-lhe o calção e depois as boias que o protegiam e ele, completamente vulnerável, morre afoga-do lentamente. Cissie deixa–o na piscina para olhá–lo a uma certa distância, tornando–se uma espectadora de sua morte. Repetindo a ação em relação às outras duas mulheres, vemos a câmera fechar o plano em seu rosto e ela chorar, ao som da trilha de Michael Nymam.

A personagem estava grávida e mata seu marido logo após cumprir seu projeto darwinista de procriação. Por sua habilida-de aquática, Cissie III remete–se ao mito das Sirenas, ninfas das águas que seduziam os navegadores, encantando–os com seu canto de morte. Podemos encontrar ressonâncias mitológicas e também arquetípicas nas outras mulheres; assim, Cissie I, pela descrição visual em frente à fogueira, antes de cometer o crime, e por aparições fantasmáticas remete a uma feiticeira, e Cissie II estaria mais próxima da sedutora ou da prostituta.

Os crimes são praticados de forma parecida. Tal como um jogo, é como se as três tivessem decorado suas regras para praticá–lo: três mortes, três persuasões ao legista, três fune-rais. As ações praticadas podem ser reduzidas a um denomi-nador comum: descontentamento. Essa é a justificativa para a qual partem as três mulheres hábeis em estabelecer um matriarcado, valendo–se mais da astúcia do que da força para cometerem os homicídios, já que dominam seus maridos jus-tamente ao eliminá–los apoiando–se em suas fraquezas. Elas cumprem, finalmente, o projeto que almejaram realizar se-duzindo o legista e protelando o seu desejo de possuí–las sexualmente; ao cair na armadilha, ele falsifica os atestados de óbito e as isenta de qualquer punição legal.

Do ponto de vista da encenação, na maneira como se constrói espacialmente os planos sonoros e visuais, realiza-se uma estruturação rígida dos acontecimentos, que atende de forma cabal a certos imperativos dos artifícios que marcam a estética do diretor. O mais evidente dentro desse fazer é a distribuição visual de números de 1 a 100 em vários lugares, que convidam o espectador a tentar descobrir onde eles estão, ao mesmo tempo em que indaga sobre seu sentido. Como já dissemos, o filme inscreve dois enunciadores internos, Elsie e Smut, que conduzem a trama, respectivamente, por um sistema de contagem de estrelas e pela coleta e catalogação de animais mortos distribuídos no cenário. Há, portanto, uma progressão simplificada nesses dois percursos que se resume em iniciar e terminar um processo similar ao desenvolvimento temporal de qualquer narrativa com começo, meio e fim. Mas as crianças fazem parte de um jogo maior, o filme mesmo, que as lança num movimento fatal: as duas são mortas pelos números, ela no momento em que contava estrelas e foi atropelada por um automóvel e ele pelo sétimo jogo que enuncia, o jogo da morte, punindo-se pela morte de Elsie.

Além da catalogação, Smut também realiza a locução dos jogos distribuídos ao longo do filme, a saber: o jogo de castelos de cartas da madrugada, o salto desnudado, carneiros e marés, pegar o bastão, o cricket do carrasco, o jogo das abelhas, cabo de guerra, o grande jogo da morte. Pausadamente, ouvimos Smut ditar as regras de cada jogo, num processo similar à narração *over* presente nos primeiros filmes, gesto derrisório que acentua a descrença de Greenaway pelo documentário tradicional. No entanto, o que sua voz infantil instaura é um alargamento do ponto de vista, desta vez, sonoro – ou a ocularização nos termos de Gaudreault e Jost[64] – em que notamos a ironia da situação dramática apresentada, já que uma criança cataloga e enuncia os jogos atualizados, principalmente pelos adultos, numa trama em que os crimes conformam o motivo central da narrativa.

Se, por um lado, constatamos os percursos de sedução das três Cissies em relação a Madgett, como inversão paródica da fábula *Billy Goat Gruff*, o que aponta para uma certa infantilização do universo adulto, por outro, vemos as crianças assumirem papéis adultos e serem castigadas por isso. O filme se constrói, desta forma, como uma fábula infantil em que as crianças são descarnadas de seu aspecto lúdico e os adultos jogam livremente, sabendo-se que suas ações trazem, inevitavelmente, um movimento do sexo até a morte. Daí a presença dominante do jogo que paira sobre as relações, em consonância com a definição de Huizinga,[65] que o entendeu como uma função da vida, porém enunciado de forma cruel.

Huizinga analisa o jogo como totalidade que se insere na vida cumprindo função social e como forma específica de atividade que se organiza como forma significante:

> Procuraremos considerar o jogo como o fazem os próprios jogadores, isto é, em sua significação primária. Se verificarmos que o jogo se baseia na

---

64 GAUDREAULT, A.; JOST, F. *El relato cinematográfico*. Barcelona/Buenos Aires/México: Paidós, 1995.

65 HUIZINGA, J., *Homo Ludens*: o jogo como elemento da cultura. São Paulo: Perspectiva, 1971, p. 10.

manipulação de certas imagens, numa certa "imaginação" da realidade (ou seja, a transformação desta em imagens), nossa preocupação fundamental será, então, captar o valor e o significado dessas imagens e dessa "imaginação".[66]

Em seguida, ele expõe o que considera as principais características do jogo:

> Numa tentativa de resumir as características formais do jogo, poderíamos considerá-lo uma atividade livre, conscientemente tomada como "não--séria" e exterior à vida habitual, mas ao mesmo tempo capaz de absorver o jogador de maneira intensa e total. É uma atividade desligada de todo e qualquer interesse material, com a qual não se pode obter qualquer lucro, praticada dentro de limites espaciais e temporais próprios, segundo uma certa ordem e certas regras. Promove a formação de grupos sociais com tendência a rodearem-se de segredo e a sublinharem sua diferença em relação ao resto do mundo por meio de disfarces ou outros meios semelhantes.[67]

Diretamente aplicado ao universo representado em *Afogando em números*, podemos verificar que a maneira como se constrói a encenação, tem o firme propósito de destacar o movimento lúdico a que estão submetidos seus personagens, conferindo especial atenção à separação espacial em relação

66   *Idem*, p. 7.
67   *Idem*, p. 16.

à vida cotidiana. Há, na elaboração artificial do espaço que permite o desenvolvimento da narrativa, um acentuado isolamento dos seres do filme, criando um espaço para o jogo, livre das amarras do cotidiano, para que as regras expostas em sua enunciação tenham validade. No que diz respeito ao aspecto organizacional, as três Cissies estão em conformidade com o grupo que guarda segredos e perpetuam de forma livre o jogo da morte a que são destinadas.

A dissociação com o plausível potencializada pelos jogos e números é extremada pela dimensão fantástica presente no filme por meio de aparições repentinas, ruídos assustadores, alusão a mitologias –, o ambiente rural favorece esse nível de fabulação, assim como as peregrinações noturnas e o encontro com o estranho sem a utilização de esquemas já outorgados pela tradição do suspense. Os personagens parecem pertencer a outro universo, misterioso em sua configuração, e ao pulverizar os pontos de vista por meio de triplicações, jogos com os olhares dos personagens, uso de instrumentos tais como binóculo, câmera Polaroid, pinturas, livros e narrações, acirra-se o descentramento do olhar, gerando uma enunciação subjetiva elevada em que o espectador passa a ser cúmplice de tal processo.

Em consonância com a detecção da autoria inscrita nos filmes de Greenaway, vemos em *Afogando em números* a intensificação da problematização ou da perversão narrativa que é construída em sua enunciação por meio dessas presenças internas que, inseridas num movimento de imagens construídas por artifícios variados, colocam o autor numa situação de risco pelo apego ao campo de tensão que tal fato gera.

A excessiva codificação dos campos visuais e sonoros não se restringe a uma estética centrada nas possibilidades de combinação do campo formal, como já apontei. Em *Afogando em números*, o que temos em demasia é uma sucessão de signos pertencentes a um universo cultural específico que podem ser entendidos como anglicismo: as referências literárias e pictóricas, os cenários, a valorização do sotaque inglês do sul, os jogos, o humor, as vestimentas.

Além disso, a ação narrativa acontece na encharcada região de Suffok, no sul da Inglaterra. A meu ver, essas escolhas, longe de se firmarem como elogio a um suposto caráter nacional, resultam numa arquitetada alegoria que não apenas coloca em cheque o universo ilusionista do cinema, desdobramento dos investimentos estéticos pós-Godard, mas também o espírito de uma época, num contexto preciso. Sabe-se que nos anos 1980, sob o comando de Margareth Thacher, o sul, notadamente Londres, foi o palco de seus maiores investimentos, o que desencadeou uma nítida cisão no país, acentuada pela revalorização de símbolos nacionais em dissonância com a paisagem multicultural da metrópole em constante mutação.

Tratando-se de uma narrativa que expõe a corrupção aberta, ensejada como um programa de sedução e negociações por mulheres, pode-se depreender, por via alegórica, uma sofisticada crítica a um momento daquele período histórico. E o filme é o amálgama de um refinado discurso anti-Margareth Thatcher ensejado desde o *O contrato do desenhista,* em que a corrupção, aliada à sedução, também imiscuía-se em um depósito de signos pertencentes à Inglaterra isso prolongou-se nos outros filmes, notadamente em *A barriga do arquiteto,* cuja montagem da exposição continha os ingredientes caros aos novos tempos na avassaladora transformação da arte em mercadoria.

O Bebê Santo de Mâcon: profanação, sacralização e destruição do copo

O filme *O Bebê Santo de Mâcon* explora a artificialidade em seu limite ao deixar que se imiscuam uma comunidade assistindo a uma encenação teatral e a própria dramatização observada, num palco teatral, no interior de uma igreja. O espectador do filme testemunha, assim, a interpenetração dessas camadas como resultado final. O palco teatral torna-se referência espacial para que se negue qualquer apelo ao realismo; além disso, ao recorrer ao espaço de uma igreja, toma emprestado toda a ritualização que se realiza nos cultos religiosos e que passa, necessariamente, por forte motivação visual, sendo as representações da Virgem e da Natividade particularmente referenciadas. Greenaway se inspirou no quadro *Explosão na catedral* de Desiderio, além de Crevalcore, Capaccio, Poussim, Gericault, para organizar as cores e a disposição dos elementos espaciais, e no tom trágico da *Guernica* de Picasso.[68]

O Bebê Santo de Mâcon foi formatado para exibir a encenação de uma peça de teatro. O filme dilui em pequenas doses esse aparente trajeto e coloca em relevo as nuanças de outro percurso: a construção de um filme que se processa por camadas ou molduras. Trilha-se um caminho labiríntico em que o código cinematográfico firma sua autonomia graças ao olhar

---

68 As referências são encontradas em CIMENT, Michel. Interview with Peter Greenaway: *The Baby of Macon*, p. 154–165 e em GOROSTIZA, J. *Op. cit.*, p. 196–197.

inteligente do enunciador que descortina gradativamente os véus que encobrem a ficção.

Como introdução ao roteiro do filme, Greenaway (1993, p. 5-10) elaborou uma espécie de guia para maior contextualização do filme. O cineasta enumera seis mentiras que se entrecruzam e constroem a trama de *O Bebê Santo de Mâcon*; são elas: 1) deslocamento espaço-temporal da descrição da cidade de Mâcon: a situação apresentada abalou a cidade dois séculos antes de 1659 e ela não se localiza no nordeste da Itália e sim na região da Borgonha francesa; 2) "realidade" e representação da realidade se fundem ao longo do filme, como atestam as seguintes cenas: o boneco de um recém-nascido é logo trocado por um bebê de carne e osso; a morte do filho do bispo e da vaca em uma mesma sequência sugerem intromissão da "realidade" na peça encenada, como se os fatos realmente fossem verdadeiros para o propósito do filme; a jovem irmã do bebê é cruelmente violentada até morrer; e a mutilação do corpo da criança no final do filme; 3) Príncipe Cosimo Medici é personagem que teve existência real, tendo vivido exatamente no momento em que se passa o filme cumprindo função de elo entre as partes anteriores ao participar da ação; 4) a plateia de 300 pessoas é formada por aristocratas, nobres, membros da igreja, médicos e pequenos comerciantes da ascendente burguesia, crentes e ateus e por pessoas que procuram o divertimento gratuito e despretensioso; 5) a quinta mentira resulta na interação gradativa que o "público" realiza junto à peça, provocando maior nebulosidade entre realidade e ficção; 6) por último, Greenaway revela através do aplauso que, obviamente, tudo o que a câmera captou era ficção e o plano da "realidade" pertence ao espectador do filme.

Cosimo situa-se no centro por ser a figura que liga o filme a um determinado momento histórico, é um nobre e tem posição privilegiada na peça que se desenrola. Além de transitar pelos véus que encobrem o filme todo, sua condição, juntamente com a do público do teatro a da peça que se desenvolve, é de *englobado*, ao contrário do espectador de cinema, exterior ao espetáculo na tela, que circunscreve a narrativa e o próprio aparato cinematográfico e situa-se como *englobante*.

Nos três atos que seccionam a peça que se desenvole para pontuar espaços e tempos que se desdobram para as transformações da história contada, o sujeito enunciador realiza interessante incursão e faz com que as camadas se contagiem, cabendo ao espectador desvelar a urdidura de uma representação no formato de uma "boneca russa", em o que o texto e a rede de outros textos escondidos são passo a passo dados a conhecer. O primeiro ato procura enunciar-se sob a aparente divisão entre o público do teatro (espaço da plateia) e o espaço do proscênio, mas ao captar as imagens num dinâmico movimento de campo e contracampo e utilizar desde o *plano geral* até o *close-up*, o enunciador desfaz aquilo que estava na aparência para mostrar que tudo é um filme e, além disso, já atesta a presença interna do enunciador em relação ao enunciado.

Sendo um filme que versa sobre uma peça encenada, poderíamos prever um discurso que se projeta para um enunciatário entendido como "público de teatro", que se fundiria ao espectador de cinema, mediante jogo de identificação entre este último e a encenação fílmica, o que resultaria na localização discursiva entre enunciador e enunciatário fora do enunciado, dado que logo nos escapa, pois a frontalidade com que se capta o público de Mâcon, a encenação teatral, os passeios da câmera no interior do cenário, as tomadas que sugerem profundidade de campo do fundo do palco até a plateia e vice-versa, além dos tamanhos dos planos — como já foi dito — reforçam a ideia de intromissão do enunciador no enunciado.

Ao infiltrar-se, o enunciador projeta o texto nos moldes da enunciação subjetiva e confere ao texto o que Casetti denomina como *objetividade irreal*, mostrando a autonomia do enunciador em relação ao enunciado com vistas a persuadir um enunciatário virtual.

Nos dois atos seguintes, as fronteiras demarcadas desaparecem e o público do teatro integra-se à saga de coroação, doação, sacralização, exploração, morte e mutilação da criança. Paralela a esse percurso, está a voz enunciativa que, pouco a pouco, nas entrelinhas dos fatos, dissemina seu julgamento, antecipando a ruína sobre Mâcon novamente. Veremos adiante que nos momentos quase ritualísticos, em que o centro é o Bebê, há sempre um percurso descendente. Ao tratamento dispensado à imagem soma-se o constituinte sonoro, manifesto, sobretudo no ruído e na fala, como lugar para a voz profética do enunciador.

Tem-se delineado em *O Bebê Santo de Mâcon* o percurso da "salvação", ensinamento mostrado pela bíblia de uma sociedade carente que é premiada pela vinda de um salvador. Esse salvador recebe a tarefa de suprimir todas as carências da sociedade e passa a ser explorado por ela. Em termos narrativos ele é um sujeito operador, manipulado pela sociedade para que possa estar em conjunção com o bem-estar ou prosperidade. No final, o fazer desse sujeito operador é sancionado negativamente pela sociedade e é condenado a morrer. Essa narrativa básica recupera outra, sobejamente conhecida por meio dos textos bíblicos. Trata-se de um processo intertextual transmutado, de caráter hipertextual, em que o texto de origem seria o hipotexto bíblico e o texto de chegada seria o hipertexto de Greenaway.

Reúnem-se na amplitude de um palco, concebido nos moldes da metade do século XVII, vários percursos com intenção de melhoria. Nos vários projetos que desfilam aos nossos olhos, ficam evidentes as paixões impregnadas em discursos, ao redor do material humano. O fato de a narrativa ocorrer em 1659 pode pressupor contágio de conteúdos ideológicos da época, com o intuito de forjar uma linha isotópica responsável, acima de tudo, pela coerência textual. Sendo assim, as contradições trazidas para a história da civilização ocidental pelo embate Reforma *vs.* Contrarreforma pulverizam a obra com alto teor de tensão, próprio ao período citado.

As soluções encontradas no filme não deixam de evocar o universo de origem da estética barroca. Segundo Bazin,[69] possivelmente a ópera tenha sido uma das expressões mais bem desenvolvidas durante o período barroco. Nela se agregavam elementos das artes plásticas, da música, do drama e da arquitetura, sendo, potencialmente, o meio capaz de oferecer com maior precisão toda a atmosfera de poder e ilusão, tão caras aos artistas daquela época. Greenaway soube equacio-

---

69 BAZIN, A. *Cinema: ensaios.* São Paulo: Brasiliense, 1991.

nar esse dado desenvolvendo uma peça em que, em certos momentos, o tom operístico invade a encenação para falsear com maior ênfase o espetáculo. No que tange ao desenvolvimento das ações, sabemos que o enunciador organiza em sequências momentos que oscilam entre a prosperidade tão esperada por Mâcon e a incerteza sobre essa conquista; nessa última, o clima de ópera expõe a fragilidade da junção realizada e, em pequenas nuanças, o enunciador acaba por disseminar seu juízo de valor.

Na sequência em que o Bebê é ornado com vestes e objetos valorosos, como a moldura da humanidade, e outros de valor nenhum, como o colar das contas da pobreza, três vozes comandam o ritual cujos contornos assemelham-se à prática da missa. A primeira voz introduz o cerimonial com um texto, retomando-o durante a apresentação dos bens que cobrirão o corpo do pequeno; as palavras evocam um tempo de tranquilidade: *Imagine a time when walking on the Earth was a pleasure. Remind yourself of the ecstasy of living. Remember the grass being long and the orchard trees heavy. Remember when sleep with your partner was contentment* [Imagine uma época em que caminhar sobre a Terra era um prazer. Lembre-se do êxtase de viver. Lembre-se da grama sendo longa e as árvores pesadas do pomar. Lembre-se de quando o sono com o seu parceiro era um contentamento].

A segunda voz é responsável pela apresentação dos objetos, cuja caracterização é feita pela primeira voz, e o valor de cada um é dado por um diácono. Esse trecho do filme, já matizado com toques de ópera nas duas primeiras vozes, dá início a outros rituais que seguirão e parece conter o propósito de extenuar o aspecto espetaculoso com que rituais eclesiásticos são conduzidos, o que resulta para o enunciado fílmico numa redundância de elementos com o intuito de mostrar as várias formas com que uma sociedade representa seus valores, ou seja, o próprio cinema, o teatro, a ópera, a missa; além disso, seguindo a linha isotópica da configuração discursiva apontada, contrapõe-se o valor material, como parte do processo de santificação exposto no plano visual, ao sentimento espiritual, no plano verbal — este último caracterizado como um alerta, conforme ilustra o trecho acima.

Efetuada a saga da vestimenta, segue-se o ritual do pedido de benção por algumas pessoas de Mâcon, em troca da doação de ofertas. A presença de um coro, o Bebê e sua Irmã prostrados num altar, a fala dublada e musicalizada do Bebê e o jogo de luminosidade verificados nessa sequência indicam a permanência do referencial anterior, a missa e a ópera. Fica explicitada a manipulação da santidade pela voz imposta e pelos gestos guiados por sua tutora, ao mesmo tempo em que o enunciado agrega o componente sonoro (trovões e ausência da benção) e o visual (o Bebê não abençoa, raios e chuva tomam conta do campo) para lançar juízo crítico sobre as ações realizadas, sendo que nesse momento o Bebê é encarregado de ir na contramão dos interesses de sua Irmã, recusando-se a abençoar as filhas retiradas de um pai.

Na esteira das contradições que revelam um enunciador com olhos para aspectos dos conflitos do seiscentismo, desenvolve-se um diálogo entre a Irmã e o Bebê logo em seguida à sequência descrita anteriormente; nele estabelece-se conflito de duas vozes que projetam olhares distintos sobre o futuro. De um lado está a Irmã visualizando a prosperidade e, do outro, o Bebê pronuncia (na verdade é o *Prompter* quem o faz) frases que caminham na direção contrária, vendo a ruína tomar conta de Mâcon novamente, além de anteverem o fracasso da Irmã. São sinais de um tempo marcado pela crença no progresso, mas de algum modo a voz da consciência anuncia que a realidade está distante da visão otimista sobre as coisas. Apresentamos, abaixo, o diálogo entre os dois:

> Irmã: Eu vejo um país fértil, onde há flores, danças e mulheres dormem em paz com seus maridos.
> Bebê: Eu vejo um país fértil, onde há flores, danças e mulheres dormem em paz com seus maridos.
> Irmã: Eu vejo um futuro mais ousado e mais agitado para nós dois.
> Bebê: Eu vejo um futuro mais ousado e mais perigoso para nós dois.
> Irmã: Eu vejo o desânimo dos nossos inimigos.
> Bebê: Eu vejo a alegria dos nossos inimigos.
> Irmã: Eu vejo a fama.
> Bebê: Eu vejo a infâmia.
> Irmã: Eu vejo o ouro.
> Bebê: Eu vejo a morte.
> Irmã: Nós seremos ricos.
> Bebê: Você será miserável.
> Irmã: A alegria será somente minha.
> Bebê: A miséria será somente sua.
> Irmã: E por que não para você?
> Bebê: Porque eu estarei morto.
> Irmã: O que você sabe sobre isso? Você é apenas uma criança.

A sequência do estábulo apresenta-se como ponto culminante no desenvolvimento do relato. Além de ser o ponto crucial para o percurso de decadência da Irmã, sintetiza vários instrumentos que se espalham ao longo do filme. Aqui evidencia-se a contaminação dos códigos pictóricos e teatrais para compor o espaço representado, e as ações podem ser semantizadas sob o crivo dos valores cristãos, já que se condena o sexo, visto como pecado; valoriza-se a santidade e postula--se a morte como castigo. Torna-se extremamente simbólica a morte do filho do Bispo, já que o jovem era a encarnação dos novos ideais, numa época em que a igreja mantinha firme seus propósitos conservadores e proclamava, após Concílio de Trento, a caça às bruxas.

Merecem destaque ainda as sequências da venda dos fluidos corporais do Bebê por parte da igreja, deixando claro a comercialização da fé ordinariamente praticada por dita instituição, e o estupro à Irmã por parte dos soldados, a mando do Bispo; ambas ressaltam o poder secular da igreja sob o destino dos homens, mesmo numa época em que os dogmas entravam em decadência.

Todas essas informações resultam na transmissão de um *saber* veiculado pelo enunciador. Tratando-se de uma história veiculada pelo cinema, esse *saber*, que é na verdade o ponto de vista, dissemina-se por aquilo que vemos e ouvimos, conforme já apontamos. Tem-se duas searas que se agregam para que o ponto de vista possa ser desvendado. No filme cabe única e exclusivamente ao enunciador informar ao enunciatário tudo o que acontece. Não é delegado a nenhum personagem ou narrador interno o papel de mensageiro dos fatos,

O autor multiplicado

o que resulta num tipo de ocularização zero, e esta existe, segundo Gaudreault e Jost,[70] "quando nenhuma instância intradiegética, nenhum personagem, vê a imagem, quando é um puro *nobody's shot*, como dizem os americanos, falamos de ocularização zero. O plano, então, remete a um grande imaginador, cuja presença pode ser mais ou menos evidenciada". Somam-se várias informações para que o enunciatário disponha numa linha contínua, destacando-se no filme a presença de um grande teatro onde tudo acontece. Desfilam aos olhos o recôndito espaço dos espectadores, os truques de encenação, enfim os inúmeros estágios que conformam a narração fílmica, segundo listamos. Todo esse contigente fisgado pelo enunciador passa por tratamento diferenciado conforme se verá a seguir. Resta dizer que a câmera funciona como um olho que vê, em todos os detalhes, o que este ente imaginário quer mostrar.

Ao lado das imagens, o som atua decisivamente na disseminação do ponto de vista sobre o que é narrado. Cunhou-se o termo *auricularização* para designar o processo de transporte desse saber sobre o universo sonoro dos diálogos, dos ruídos e da música. No filme articulam-se conjuntamente a *auricularização interna secundária* – o material ouvido é construído pela montagem e/ou representação visual – e *auricularização zero* – variações do som de acordo com a distância do personagem ou pelo grau de inteligibilidade.

Constatamos na organização sonora a porção teatral/operística que filia o filme a certos matizes da estética barroca

---

70 GAUDREAULT, A.; JOST, F. *El relato cinematográfico*. Barcelona/Buenos Aires/ México: Paidós, 1995.

e tendem a acrescer o tom artificial que inunda as sequências. Desse jogo polifônico destacamos: a voz inquietante do personagem Fome, que realiza verdadeira escansão em sua fala para informar sobre a ruína de Mâcon; o tom teatral da fala das parteiras beira certo amadorismo das atrizes na encenação do nascimento do Bebê; diminuição dos ruídos e da música durante os festejos pela vinda da criança para que se ouça a fala de conteúdo ambicioso da Irmã – esse recurso é flagrante em outros instantes para dar destaque aos personagens que ocupam primeiro plano da encenação, como na cena do banquete e no começo de cada ato em que a plateia se cala (e trata-se de procedimento clássico do cinema); destacamos como elemento detonador do clima de artificialidade a fala do Bebê que advém do prompter, fato que, aliado às condições ilógicas de seu crescimento são marcas de ousadia de uma enunciação transgressora; por fim, dentre tantos usos e abusos do olhar enunciativo sobre o som, destacamos os gritos da Irmã durante o ato de violação de seu corpo, num longo plano-sequência em que pode-se visualizar e ouvir a arquitetura do horror que a cena veicula, ao mesmo tempo em que toda essa configuração alimenta um dos momentos mais belos já construídos pelo cinema no que tange à criação de um instante. Os gritos vazam por todos os poros do espaço e o que se vê não é menos desconcertante, pois conjuga-se à escuta de uma morte lenta a benção aos executores, acrobacias de soldados, contagem lúdica de cada voluntário, aparição dos pais do irmão mortos, infâmia declarada da sociedade local, tudo regido por uma câmera que vasculha o espaço passivamente com um coro acompanhando a tragédia rumo ao silêncio da morte.

O Bebê Santo de Mâcon: o espaço enclausurado

Num primeiro momento, o filme de Peter Greenaway apresenta-se como um retorno aos primeiros tempos do cinema, quando os realizadores dispunham os componentes da encenação sobre um palco, com cenários pintados ao fundo e narração de uma história através da movimentação dos atores diante da câmera. No entanto, dos primórdios da sétima arte retém-se somente um aspecto, aliás crucial para o filme analisado: a artificialidade com que o enunciado se constrói.

Assim, tem-se, por um lado, a arquitetura postiça do espaço de um teatro; por outro, elabora-se uma gama de encadeamentos das sequências pela montagem interna através do olhar penetrante da câmera e pelo encadeamento dos planos, unindo cenas que podem se dar no mesmo cenário ou em locações distintas. O resultado é a oferta de vários pontos de vista sobre o que se conta, a partir da posição escolhida pelo enunciador sobre o relato.

Gradativamente abre-se o espaço da representação e o espectador é convidado a percorrer cenários que se desdobram para o fundo, para os lados e abaixo do palco. Nessa incursão, verifica-se estratégia enunciativa de dar as costas para a continuidade espacial transmitida no cinema, através de índices que situam o espaço onde realmente ocorre a ação. Passa-se tranquilamente de um quarto para a rua, de uma igreja para um quarto, sem prévio anúncio, restando ao espectador localizar espacialmente as cenas.

Toda a construção da cena é arquitetada com vistas a realçar a atmosfera da encenação: utiliza-se um cenário nitidamente artificial, há toda uma diferenciação do vestuário, de acordo com as posições sociais, ou seja, formam-se painéis de pessoas numa escala gradual que parte do brilho requintado do clero e alcança o marrom opaco daqueles menos favorecidos; há constante iluminação de luz de velas, favorecendo o contraste entre claro e escuro, além de sugerir uma atmosfera pictórica, já que os objetos da encenação parecem brotar do fundo de uma tela.

Composto no formato de uma grande caixa cênica, onde o espectador se situa na quarta parede, como atesta o final do filme, estabelece-se com o elemento espacial sutil jogo retórico na medida em que o enunciado é aparentemente construído para fugir da falácia da realidade ordinariamente referida pelo cinema. Dentro deste projeto, a câmera percorre os espaços do teatro, da rua, de uma catedral gótica, do sótão, do banquete, do estábulo, do posto de soldados, conforme o desenrolar da história, sem que haja lógica no transporte de um para outro. Pelo contrário, as passagens ocorrem numa atmosfera forjada e, ao reiterarem a recusa pela movimentação espacial, de acordo com as regras de filmes de enredo factual, evocam um aspecto presente em outros filmes do diretor, ou seja, a sobrecarga de informação audiovisual na organização da cena. Isto exige total atenção, já que a narrativa parece ser mero pretexto para ousado trabalho com os recursos do cinema e para a sedimentação do idioleto, o código do autor.

A opção pela realização deste tipo de cinema convida para um olhar especial para o espaço plástico da imagem.

No filme, observa-se pouco trabalho em realçar as texturas das imagens, e talvez a condição de uma peça encenada seja o motivo de tal abandono, já que se transfere para os atores o papel de desenvolver as ações e esses, mesmo sendo imagens em forma de luz projetada, têm todos os contornos bem delineados; a única modificação que sofrem é resultado da mutilação de seus corpos pelos tamanhos de plano.

O filme sugere formas que se desprendem de uma tela. Tal sentido nasceria da postura assumida diante da encenação, principalmente do caráter artificial dos cenários onde ela se desenvolve. Assim, a caixa cênica não possibilita jogos com a profundidade de campo e as formas das imagens não transitam muito, como comumente se faz, entre o nítido e o difuso; a perspectiva, neste caso, se encarrega de destacar o objeto a ser visto, colocando os demais em ordem secundária, estabelecendo a relação entre centro e periférico que é decorrência do jogo campo/fora de campo, fórmula encontrada para elevar o que deve ser destacado. *Travellings* que oscilam entre a lateralidade e a frontalidade varrem o cenário e pontuam as passagens num ritmo lento informando que o eixo da horizontalidade é proeminente.

A narrativa de *O Bebê Santo de Mâcon* é calcada na religiosidade. A partir do texto bíblico, a iconografia religiosa associou ao eixo da verticalidade lugares para a disposição de sentidos e valores na representação, destinando a superatividade para a localização dos sentidos recobertos pelo plano divino e a interatividade para instalar o inferno e a degradação. No plano médio, algumas vezes aparece o purgatório e outras as ações humanas, a vida terrena. As três posições aparecem no espaço planar da tela como resultado dos artifícios do enunciador para povoar o discurso de sentidos que ferem o convencional em nome do desvio. Deste modo, habita a dimensão superativa da verticalidade a personagem da Fome, e com ela incluem--se predicações como pobreza, miséria, abandono atestando pontuada incredulidade no plano divino. No plano médio da verticalidade, compreendido como palco do teatro, acontece a maioria das ações. Nele as figuras são revestidas de valores inerentes ao humano e ao carnal. Abaixo do palco, compondo a dimensão interativa da verticalidade, situa-se o leito, onde são mantidos enclausurados a Mãe e o Pai do Bebê, e o estábulo. Nessa dimensão verifica-se uma postura enunciativa que tende a subjugar o poder familiar e a sacralidade do Bebê, ao cercar a Mãe de maus tratos e incumbir ao suposto salvador a manifestação de seu poder num ato de crueldade.

A disposição topológica dos elementos está em consonância com um projeto que visaria, em nível macroestrutural, destituir as imagens do apego à reprodução do fenomenológico, dotando-as da mais deliberada artificialidade. Para o alcance desse fazer, o trabalho com o cromático é fundamental, sendo criada toda uma variação a partir das cores quentes, com maior destaque para o amarelo (pela iluminação provir de velas) e o vermelho. Já em nível microestrutural, a significação das figuras é dada pelos lugares que abrigam os personagens destacados, conforme o tipo de ação que desenvolvem. A conclusão a que se chega é que, assim como se desmascara a representação contínua por meio da desobediência do continuísmo espacial, também se profana valores outorgados pela tradição cristã realçados pela iconografia religiosa.

Na filmografia de Peter Greenaway, a função representativa do emolduramento persegue suas várias realizações; notamos no curta *Janelas* (1975), pela lente fotográfica dos irmãos gêmeos em *Zoo – Um Z e Dois Zeros* (1985), pelas sobreposições de imagens em *A última tempestade* (1991), para citar alguns exemplos em que esse recurso é explorado. Em *O Bebê Santo de Mâcon*, a moldura é elemento divisor do espaço: surge no prólogo (o balanço onde está a figura da fome); o palco é a moldura mais explícita no conjunto espacial do filme, pois delimita representação teatral e plateia; uma série de portas e portões abrem-se e fecham-se tornando passo a passo a representação cada vez mais labiríntica; alguns personagens aparecem sempre emoldurados com contornos bastante sugestivos, como é o caso do *Prompter*, retido numa espécie de oratório em que só se vê seu rosto; o Bebê é visto três vezes no centro de um altar no formato de um tríptico: na primeira vez sua Irmã tem sua tutela e angaria bens para sua fortuna; na segunda está sob o poder da igreja e seus fluidos são vendidos e na terceira está morto no colo de sua ama de leite. A Mãe do Bebê encontra-se numa cama no início do filme, aprisionada duplamente após o parto, pois além de passar os dias no porão (também uma espécie de moldura interna), é confinada juntamente com seu marido num misto de cama e cela. Ao final do filme, Mãe e Pai, mortos, novamente estão emoldurados nas laterais do tríptico habitado por seu filho. O espaço dos bastidores também é emoldurado, funcionando como espécie de divisor entre o espaço da representação e o espaço fora da representação.

Pelo propósito de compor um filme em que a representação dentro da representação seja um elemento constante, a ponto de fundir as instâncias compreendidas como "realidade da encenação" e "realidade de Mâcon", a cortina surge como a moldura interna que retém valores supremos ao relacionar-se com o programa narrativo englobante, ou seja, representar a própria representação. Ela abre os três atos da peça encenada, permite a passagem para espaços não convencionais da ação representada e seu fechamento possibilita a visualização do espaço dos bastidores. Na cena em que a jovem é violentada com o máximo de crueldade a mando do Bispo, esse elemento ganha grande expressividade ao cobrir o ato e deixar as sombras delinearem a agressão cometida. Constata-se, assim, o uso da moldura ao longo do filme como um mecanismo retórico capaz de promover uma interiorização diegética sem limites. Ao reenquadrar personagens e situações, o enunciador reorganiza o espaço e enclausura a ação, formando um mosaico em que cada objeto emoldurado condensa um sentido particularizante; desta forma, constrói-se um limite físico para segmentar e hierarquizar ações que ocorrem paralelas a outras.

Além dos limites físicos apresentados e tidos como molduras internas da representação, constam no filme molduras limites que compõem o esquema "representação dentro da representação", gerando imagens especulares que trazem o sentido de perspectiva em abismo. Compõe esse grande espaço emoldurado o espaço do espectador, emoldurado pela realidade, o espaço da plateia do teatro, os assentos destinados a Cosimo e sua corte, o espaço da peça encenada, o espaço dos atores que vivem a história. Com isso, o filme organiza-se pelo excesso de mentiras que se aglomeram em nome da ficção; ao se construir como uma história que se encaixa facilmente em outra história, o filme transita pelo universo da polissemia, sendo as considerações levantadas até aqui apenas um possível caminho na tentativa de descortinar o trajeto do enunciador que optou deliberadamente por arquitetar no espaço as possíveis nuanças de seu fazer. Resta-nos, ainda, verificar como outras formas de representação se incubem de dar maior verossimilhança ao percurso trilhado.

Nós do tempo: temporalidade espectatorial e fílmica

Atentando para as articulações temporais no filme de Peter Greenaway, não se verifica de antemão a utilização dos recursos discursivos convencionais de temporalização desenvolvidos pelo cinema para se contar uma história. Aliás, o manuseio dos componentes narrativo-discursivos nos long-sa-metragens do cineasta fogem de esquemas triturados pelo cinema convencional, que busca nesses meios artifícios necessários para que a história possa ser contada. Referimo-nos ao jogo estabelecido pelos recuos, avanços, pausas, elipses etc., que conferem ao tempo motricidade nas ações dos personagens. Deleuze[71] aponta a crise desse esquema que denomina imagem-ação, quando os elos tornam-se frágeis, permitindo a passagem para a imagem-tempo, chegada da modernidade no cinema:

---

71 DELEUZE, G. *A imagem-tempo*. São Paulo: Brasiliense, 1990.

> Da crise da imagem-ação à pura imagem ótico-sonora há, portanto, uma passagem necessária. Ora é uma evolução que permite passar de um aspecto a outro: começamos por filmes de balada/perambulação com ligações sensório-motoras debilitadas, e depois chegamos às situações puramente óticas e sonoras. Ora é dentro de um mesmo filme que os dois aspectos coexistem, como dois níveis, servindo o primeiro apenas de linha melódica ao outro.[72]

Constatamos a temporalidade nos filmes de Greenaway como uma libertação alcançada por outros cineastas e que se incorpora perfeitamente ao seu universo. Assim, a câmera é capaz de iludir o espectador desavisado quando apresenta o que supostamente seria um sumário como nas sequências de decomposição em *Zoo, Um Z e dois Zeros* (1985) ou a constituição da cena nas primeiras imagens de *A barriga do arquiteto* (1987), sendo estabelecidas, na verdade, situações óticas e sonoras puras, em que a descrição do tempo enquadra-se, aparentemente, em modelos cunhados pela narratologia para esquematizá-lo, mas é preciso soltar-se das convenções, pois o que está em jogo nesses casos, como em situações construídas por Alan Resnais e Ingmar Bergman, é a habilidade em fazer o espectador perceber o tempo em sua modulação.

> (...) a *modulação* (...) é um fazer variar o molde, uma transformação do molde a cada instante da operação. Se ela remete a um ou vários códigos, é por enxertos, enxertos de código que multiplicam sua

---

72 *Idem*, p. 12.

potência (como na imagem eletrônica). Por si mesmas, as semelhanças e as codificações são meio po-
bres; não se pode fazer grande coisa com códigos,
mesmo multiplicando-os, como se esforça a semio-
logia. É a modulação que nutre os dois moldes, que
faz deles meios subordinados, com a possibilidade
de tirar deles uma nova potência. Pois a modulação
é a operação do Real, enquanto constitui e não pára
de reconstituir a identidade da imagem e do objeto.[73]

Ao situarmos a obra de Peter Greenaway nesse percurso
que inclui a modulação das partes, constituindo uma espiral
que liga o movimento dos objetos isolados ao movimento do
todo do filme, ligamos o processo de construção do filme à
gênese do cinema; assim, o tempo em *O Bebê Santo de Mâcon* atua
para promover um estado de contemplação das sequências.

Mas contemplar plano a plano do filme não é simplesmente entregar-se ao deleite frente a cenas rigorosamente organizadas, é dar-se ao desafio de descortinar um fazer regido, antes de tudo, pela consciência da forma, deixando-se guiar por
um enunciador transmutado numa consciência-câmera que
expõe aos nossos olhos os degraus de um percurso no tempo.

Apresentamos anteriormente o enlace no plano narrativo
que o filme veicula; entrecruzam-se no espaço da tela a peça
encenada, a plateia, os atores diante de seus papéis, Cosimo e
sua corte. Toda essa trupe transmuta-se num duplo orgânico:
estão no entremeio de uma (meta) representação e são fios

---

73 *Idem,* p. 40.

de um novelo que se desenrola plano a plano na busca da apreensão do tempo em seu estado bruto.

O percurso temporal tem início com a apresentação de corpos mutilados num espaço vazio com um fundo negro. Avançando lentamente a geografia de um personagem que habita um balanço e discorre sobre a miséria vivenciada na comunidade de Mâcon, a câmera oscila entre este plano que persegue lentamente até chegar a seu rosto e outros que mostram figuras dispostas na margem do campo. Duas posturas imperam no prólogo: uma semantizada pela preocupação em decifrar um ser decadente que verbaliza horrores sobre uma coletividade, outra pela indiferença ao registrar com câmera fixa pessoas que pouco parecem se importar com o orador.

Dizer que prevalecem essas posturas ao longo do filme seria correr o risco da simplificação vazia, mas nada impede que possamos enquadrar a organização dos planos num esquema geral que ora tende para a captação de momentos que simplesmente informam o transcurso da história, ora volta-se para a extração da duração do acontecimento, retirando daí o substrato para o alcance da modulação temporal. Desvinculamonos, assim, da semantização apresentada e encaramos um jogo entre imagens que simulam uma situação sensório-motora para alçarem uma situação óptica e sonora pura.

As articulações que se evidenciam ao longo do Segundo Ato atendem a um princípio organizativo que procura seccionar os componentes da encenação daqueles que a acompanham, o público de Mâcon, e daqueles que interferem em seu andamento, Cosimo e sua corte. Mas se o filme encontra no teatro um meio de lançar-se na contramão de um realismo que impera no cinema, o que se observa realmente é uma teatralização de cada plano, como se pairasse um saber sobre o ficcional, restando à repartição exposta certo afrouxamento, pois, se ao mostrar um rosto ou um objeto isoladamente o plano traz a própria duração desse momento, então o que temos são instantâneos de corpos e objetos de um sistema circulatório que ainda não repousou sobre determinado estágio da história narrada, esperando o momento para uma revelação. Essa situação começa a delinear-se no final do ato, através da posse da criança efetivada pela Irmã e da possibilidade do pequeno restabelecer os laços entre a Igreja e seus fiéis. São duas posturas rivais, mas de idênticos propósitos. A da Irmã é flagrada por um gesto que nasce contido e logo se expande, movimento que antecipa, de certo modo, a amplitude de sua ruína; a da igreja permanece na sutileza do gesto e da fala.

Os planos anunciam mudanças que estão por vir, são unidades agenciadas durante a montagem com firme propósito de disseminarem a duração em blocos, tornando o tempo matéria esculpida pelo enunciador. Nesse intento, ganha expressividade a montagem realizada no interior do plano, em que o espaço filtrado pela câmera é deslizado numa rede temporal contínua por um olhar intruso capaz de tornar corpos mutilados por sua passagem, num fluxo em que passado, presente e futuro são formatados a cada instante.

Greenaway apropria-se desse matiz para descortinar o rico espaço da representação, somando a essa postura a disseminação de durações expressivas manifestas no campo através de luzes que desvendam objetos ou mudam suas nuanças, vozes que se intercalam para reafirmarem a simultaneidade própria a ação cinematográfica ou vozes-canto que se revezam para emoldurar à ação e distribuírem juízos de valor, além da própria movimentação dos atores, que parecem obedecer a rigorosas marcações. Em todos os momentos está o tempo impondo um limite preciso, catalisando fragmentos, juntando as partes, cercando o contingente audiovisual com ritmo preciso.

Dos instantes em que se observa o labor tenaz em trabalhar a duração, chamam-nos a atenção três momentos por serem cruciais à história narrada e pela forma como foram construídos; finalizarei minhas impressões sobre o tempo com breve comentário sobre eles. Outras questões relativas à temporalidade serão enfocadas no capítulo seguinte, já que nesse tópico inclui-se o relevante diálogo da pintura e do teatro com o filme.

Na sequência da morte do filho do Bispo, planos fechados fragmentam rostos de animais e de um castiçal, elementos que habitam o estábulo onde as cenas irão acontecer. Abre-se o plano nos corpos da Irmã e do filho do Bispo e lentamente a câmera aproxima-se dos dois para mostrar a sedução que acontece. Subitamente, surge de uma porta lateral o Bebê; o plano fecha-se sobre sua face, está envolto de uma luminosidade áurea e sua chegada desconcerta, por um momento, os amantes. Dispostos no centro do espaço, o casal continua cedendo aos apelos da carne, ao redor distribuem-se os animais e à direita está o Bebê, sentando numa manjedoura, visto com uma luz que parece emanar de seus poros. Cria-se um clima tenso, lapidado pela duração de cada plano que capta olhares inquietos dos animais e gestos pontuais e significativos do

Bebê para a condução dos rumos dos acontecimentos. Trata-se de ações simultâneas flagradas com pouca duratividade em cada plano, seguindo um fluxo que estaciona num gesto imóvel e tempestuoso: a mão do Bebê que lança o castigo sobre os dois, culminando na morte do jovem. À cadência temporal, distribuída pelos choques dos planos com cenas de violência explícitam, agregam-se a música, os gritos de horror, a fala do Bebê, a ira da Irmã; compõe-se um todo orgânico recheado de efeitos de sentido cruciais para os novos rumos da narrativa e fundamental para fazer valer o sentido do tempo na construção de um filme: sua força manifesta--se na diluição dos componentes atendendo ao propósito de esculpi-lo incessantemente.

A morte do Bebê, causada por sua Irmã, é o último estágio de um processo desencadeado no início do Terceiro Ato com a venda dos fluidos da criança. A ação se desenrola no interior da catedral de Mâcon, o espaço da representação é desvendado por um longo plano-sequência que acompanha os passos da decrepitude do pequeno salvador; correlato aos lances de compra de seus fluidos está a voz do Bebê, que se lança como um frágil sopro vital diante da morte pré-anunciada pela comercialização de seu corpo. Nessa sequência, realiza-se montagem interna, ocorrendo deslizamento do olhar-câmera sobre os sujeitos e objetos. Aqui os segmentos repartidos outrora pelo corte (plateia e encenação) habitam o mesmo plano, são seres integrantes de uma espiral movente que embalsama o tempo, capta a mescla entre as instâncias em sua duração, converte-os em fios que tecem uma morte lenta. Realizando certo recuo diante da mescla referida, o plano-sequência cede ao corte para flagrar o momento em que a Irmã sufoca o Bebê diante do olhar passivo de Cosimo. A morte da pequena criatura distancia-se do ritmo acelerado descrito nas cenas anteriores, destacando-se o trabalho de esvaziamento de todos os componentes espaciais. Nesse sentido, acompanha o desagregamento das unidades que parecem dissolver-se no tempo a rarefação do canto do Bebê e a vacuidade de sujeitos-personagens no espaço; após sua morte, resta ao olhar a aparição de um altar que lança-nos em uma pequena duração a força de um pensamento que aqui paira sobre a morte, fazendo evocar os sentidos de seu silêncio.

Finalmente, o último estágio dentre os percursos encontrados em *O Bebê Santo de Mâcon*, que realiza modulação da morte ao nível narrativo como busca da modulação do tempo, no nível da linguagem. Novamente, opera-se um plano-sequência captando os seguintes estágios: partida do Bispo da catedral até a casa dos guardas – resistência da Irmã ao castigo – imposição do castigo – perdão aos homens que irão executar a pena – primeiras cenas da violência – contagem dos estupros – aparição dos pais mortos num altar – volta ao confessionário – contagem – grande tabuleiro com peças no chão indicando o final da vingança à jovem – constatação da morte. A opção pelo plano-sequência faz com que os fragmentos de espaço descortinados em planos abertos, médios ou fechados mobilizem vários pontos de vista num tempo contínuo. Destaca-se neste encadeamento um duplo fazer no que diz respeito ao agenciamento do ponto de vista, pois se a ocularização desvenda um olhar que recorta e revela passo a passo os elementos do campo, a auricularização ou os pontos de vista da escuta povoam uniformemente toda a passagem. Deste modo, é a duração do som, destacando-se os gritos da jovem e o coro ao fundo, que conferem à sequência um horror de dimensões imensuráveis.

Seguido da mutilação do corpo do Bebê, ocorre retorno da personagem Fome, retomando a fala inicial sobre a situação nefasta reinstalada em Mâcon. Se no começo do filme a câmera aproximava-se de sua face, aqui ela realiza movimento inverso e pouco a pouco a vemos distanciar-se; segue outro plano centrado no Prompter, que fecha um livro como se ele contivesse a história apresentada. Gesto simbólico condensando um propósito enunciativo permeado ao longo do filme, que busca contar uma história mediante seu fazer. Após encerrar o livro, todos os personagens executam reverências que alcançam o espectador, sujeito empírico do outro lado da tela, o que nos leva a concluir a realização de uma narrativa cujo discurso é tangenciado por uma circularidade espiralada em tempo de duratividade interminável, pois se nos é negada a abertura de suas páginas é porque o nosso próprio tempo, nossa vida e nossos rituais incluem-se nessa saga.

O Bebê Santo de Mâcon: amálgama de signos

Segundo Greenaway,[74] duas imagens foram fundamentais para o nascimento do filme: a de uma criança coberta por uma mucosa de sangue e outra que exibia uma adolescente segurando um bebê, numa clara alusão à virgindade e à santidade, ambas fotografias de autoria do polêmico Olivieri

---

74 GREENAWAY, P. *The Baby of Mâcon*. Paris: Disvoir, 1993.

Toscani. Desse artifício, recuperou-se algumas referências para contar a saga do pequeno salvador, como um conjunto de representações icônicas que levam como tema a Natividade, a metade do século XVII, época marcada pelas turbulências advindas da Contrarreforma, e a recriação de Mâcon, cidade que passou por momentos de crise dois séculos após o mencionado, não na Itália, como demonstra o filme, mas na França.

Tem-se uma obra que se ancora no resgate da tradição pictórica de séculos para elaborar seu contingente visual e que se vale do espetáculo teatral como marca mais plausível para a construção de um discurso cuja intencionalidade não escapa ao autorrevisionismo típico da pós-modernidade; além do mais, ao valer-se dos procedimentos ilustrativos ou semióticos de determinados sistemas de significação, o filme consolida o traço fundante da natureza do cinema: a bricolagem.

Ao serem tragados pela mobilidade da câmera cinematográfica, certos procedimentos próprios ao teatro e à pintura – incorporados ao plano da expressão fílmica – conferem à enunciação de *O Bebê Santo de Mâcon* instigantes relações de ordem espaço-temporais. Nesse trajeto de devoração, temos uma inusitada construção narrativa, pois ao se edificar um olhar enunciativo que capta certos matizes dos sistemas citados, instaura-se um modo de ver de múltiplas faces.

Numa primeira aproximação aos três sistemas, pode-se estabelecer como ponto comum, na organização do espaço, o corte retangular que encerra o plano para o cinema, a cena para o teatro, o quadro para a pintura.[75] Observando essa

---

75 BARTHES, R. S/Z. New York: Hill & Wang, 1974.

configuração espacial que assume o estatuto de invólucro de um universo ficcional e passa a ser matéria de passagem entre dois mundos, podemos dizer que a delimitação de um espaço outorgado para a representação lança as bases para o contrato fiduciário entre destinador e destinatário da mensagem, consistindo num *fazer* persuasivo por parte do primeiro e num crer verdadeiro por parte do segundo.[76]

> O quadro (...) é um recorte puro, de bordos definidos, irreversível, incorruptível, que rechaça para o nada tudo o que o rodeia, inominado, e promove à essência, à luz, à vista, tudo o que faz entrar no seu campo. Esta discriminação demiúrgica implica um alto pensamento: o quadro é intelectual, ele quer dizer alguma coisa (de moral, de social), mas também diz que sabe como é que é preciso dizê-lo; ele é simultaneamente significativo e propedêutico, impressivo e reflexivo, comovente e consciente das vias da emoção.[77]

Na tela de cinema, a ações ocorrem num contínuo espaço-tempo; no palco, a ação desenvolve-se no tempo com a agilização do espaço corporal do ator e com relativas restrições à mobilidade do cenário; na tela de um quadro, tempo e espaço congelam-se na representação de um ou vários momentos da ação. Salvaguardados pelas imposições dos dispositivos e suportes de cada sistema, tempo, espaço e ação unem-se na retidão de uma moldura que encerra a representação e

---

76 COURTÉS, J.; GREIMAS, A. J. *Dicionário de semiótica*. São Paulo: Cultrix, 1989.

77 BARTHES, R. *Op. cit.*, p. 82.

lançam-se, em nome de um dizer, à descoberta. Isso se efetiva através do agenciamento de formas ou, mais especificamente, de formantes figurativos com vistas a comporem a encenação.

Os limites impostos pelo corte retangular dirigem a atenção do espectador do cinema, do teatro e da pintura para o que está composto, em primeira instância, espacialmente. A encenação resulta no agenciamento de partes capazes de comunicar uma unidade dramática de duração ou a cena propriamente dita, num espaço construído para que possa ter efeito de "real". Nesse processo, exigem-se leis de coesão e coerência capazes de promoverem a verossimilhança, permitindo sua decodificação. Encenação e cena tornam-se elementos que se entrecruzam nos três sistemas como sinalização capaz de tornar os pedaços de tempo e de espaço aptos ao desenvolvimento da ação:

> Nas artes figurativas, a cena é, no fundo, a própria figura da representação do espaço, materializando bem, com a instituição do fora-de-campo (dos bastidores para o teatro), o comprometimento entre abertura e fechamento do espaço, que é o de toda a representação ocidental moderna – ao mesmo tempo que significa a não existência de representação do espaço sem representação de uma ação, sem diegese. Sobretudo, no cinema e na pintura como no teatro, a noção de cena veicula a própria ideia de unidade dramática que está no fundamento dessa representação.[78]

---

78 AUMONT, J. *A estética do filme*. Campinas: Papirus: 1994.

O autor multiplicado 203

Como as articulações temporais estão diretamente atreladas às coordenadas espaciais, a retomada do conceito de encenação facilita nosso percurso em busca do sentido do tempo no filme. Sabe-se que o termo nasceu no teatro para designar a montagem de um espetáculo sobre o cenário instalado; aplicado ao cinema, é tido como a descrição dos elementos formais e composicionais que aparecem no enquadramento, e na pintura é tida como a possibilidade de flagrar um determinado momento da ação, num espaço habitável pelas leis da perspectiva. Trata-se de mecanismo formal que serve para dinamizar os elementos circunscritos na ação representada e engloba o cenário, vestuário e maquiagem, iluminação, distribuição e direção de atores, tempo e espaço.

Constitui traço decisivo para a realização da cena. Esta é definida como unidade dramática,[79] caracterizada pela retenção de tempo e espaço necessários para o desenvolvimento da narrativa. No cinema, a cena ou sequência[80] é dada pelo conjunto de planos que integram a unidade narrativa, ainda que possa ser representada pelo plano-sequência, em que numa única tomada ocorre tal fenômeno. No teatro, de acordo com Talens,[81] a cena resulta do intervalo de tempo em que não se alteram os elementos do cenário, bem como a configuração dos personagens. Já Aumont[82] evoca o caráter ambíguo da cena em virtude da possibilidade de se encontrar a porção

79 *Idem*, p. 228.

80 VANOYE, F. *Ensaio sobre a análise fílmica*, Campinas: Papirus, 1992, p. 38.

81 TALENS, J. *et al. Elementos para uma semiótica del texto artístico.* Madri: Cátedra, 1988.

82 AUMONT, J. *Op. cit.*, p. 228.

física de onde emana a ação e, assim como no cinema, ser a unidade dramática vinculada diretamente com tempo e ação.

Assim, a cena compreende o espaço *in* (espaço da representação); no cinema e na pintura é figurativizado no campo; no teatro, é determinado pela organização do palco. O vazio ou a reserva diegética que qualquer cena provoca concentra-se num espaço *off* (área de repouso, espaço do desejo), determinando a seguinte relação: o fora de campo está para o cinema e para a pintura assim como os bastidores estão para o teatro.

Sendo o elemento espacial, para o cinema, agenciador de tempo e ação e capaz de oferecer aos cineastas múltiplas articulações possíveis de se arrolarem no campo, com a manipulação dos componentes da encenação, ele se torna, no conjunto da obra de Peter Greenaway, ponto de ancoragem para o realizador pulverizar de artifícios o relato apresentado. Para isso, os ensinamentos herdados da pintura e as consequentes séries de estudos que o mesmo realiza quadro a quadro tornam-se eficazes para a criação intencional de ambientes artificiosos onde se desenvolvem as cenas. Soma-se a isso a recuperação da linguagem do teatro, tida como promotora da ilusão. Além disso, podendo-se divisar o processo fílmico como uma primeira parte que se concebe como mostração para seguir a narração, nessa parte irão se inscrever todos os componentes topográficos para o desenvolvimento da narração; como Greenaway presa pela criação artificial dos cenários, pela caracterização dos personagens, pela organização teatral e pictórica da luz, o espaço será o elemento capaz de produzir certa perturbação no olhar do espectador.

Como toda produção discursiva é guiada pelos ditames da voz enunciativa, cabe a esse segmento organizar a gama de matizes incorporada à mobilidade das imagens do cinema e em seguida sugerir os possíveis efeitos de sentido oriundos desse fazer. Sendo assim, as relações entre dinamicidade e estaticidade e esconder e revelar surgem como resultados primeiros do diálogo entre os sistemas de significação, tratando-se de efeito decorrente da manipulação do espaço e do tempo da imagem, o que nos leva à análise da organização de uma cena específica do filme.

Antes de atendermos ao propósito maior pré-anunciado, caberia elucidar o porquê da opção pelo fragmento decupado.

Como toda narrativa, *O Bebê Santo de Mâcon* organiza-se por blocos de sentido, sendo momentos em que o enunciador pontua discursivamente sequências que oscilam entre relaxamento e tensão dos sujeitos envolvidos no desenrolar da narrativa. Embora, no filme, a ação dramática ocupe plano secundário para que sobreleve a tessitura dos elementos envolvidos nas relações entre sujeitos e objetos, é possível delinearmos no olhar enunciativo a organização de estágios que oferecem pistas para um jogo que tende à catarse. Se à catarse, conforme ensinamento dos gregos, costuma-se seguir o alívio ou a purgação, vemos o reestabelecimento do horror, pois Mâcon regressa ao estado de desordem inicial.

Mesmo sendo uma narrativa que não atenda aos propósitos declarados do recurso da tragédia, é notável o encadeamento rítmico de certas sequências com fortes tendências a comporem uma explosão dramática; isso é evidenciado pela montagem, em que o fluxo temporal tem início suavizado e pouco a pouco ruma a um ritmo frenético desconcertante, como é o caso da sequência do estábulo. Em outros momentos, como acontece na condenação final da Irmã, cabe ao plano--sequência, que não deixa de conter montagem interna pelas mutilações seguidas no espaço, estabelecer espécie de dialética discursivo-narrativa, pois o conteúdo é organizado por um movimento suavizado da câmera, promovendo sadismo à revelia, já que faz do espectador testemunho passivo do grotesco.

Interessa-nos, particularmente, a sequência do estábulo, por se situar na faixa desses blocos que aceleram a pulsação do filme, reunindo, para isso, os seguintes ingredientes: 1) a ação mostra-se bastante significativa para o contexto do fílmico; 2) a decupagem é bem trabalhada; 3) a configuração espacial é instigante por enclausurar a ação e abandonar os outros personagens do filme, além de interligar os constituintes do campo com um espaço simbólico, ou seja, a manjedoura e os animais aludem ao nascimento de Cristo; 4) o encadeamento rítmico dado pela montagem desemboca num final que tende à catarse, sendo um dos momentos de maior provocação pela tensão estabelecida; 5) traz indícios marcantes das relações entre cinema, teatro e pintura, que dinamizam a forma da organização narrativo-discursiva, bem como a elaboração plástica que afeta as imagens e os sons.

Na cena escolhida, há o estabelecimento do programa narrativo da Irmã, entendido como *sedução*. Valendo-se da suposta virgindade como arma para a conquista do ilegítimo filho do Bispo, ela cava a própria ruína ao ver seu desejo desfeito pela intervenção do Bebê. A morte do pretendente confere à performance da jovem sanção negativa e, para o Bebê, sanção positiva, já que assegurou o seu objetivo: proteger sua inocência, mantendo virgem sua mãe impostora. Matando a vaca, a Irmã tenta, desesperadamente, vingar-se, mas o ato confirma o fracasso de seu projeto.

Ao apontar como um dos elementos singularizados a decupagem detalhada, poderíamos ser vítimas de nossa própria armadilha, pois a história do cinema tem mostrado que decupar implica em atitude própria ao trabalho de execução, algo óbvio a esse sistema. No entanto, surpreende-nos as dimensões significativas que se agregam aos componentes reunidos em pedaço relativamente curto do filme, atestando a ousadia de um olhar enunciativo cujo esmero, dentre outros, está em alinhavar fragmentos tão curtos, mas dotados de sentidos plenos. Assim, a decupagem permite-nos visualizar, mesmo transgredindo a duração das imagens, a convivência de componentes que são orquestrados em composição singular, caracterizados pelo teor antinaturalista que afeta cada plano por realces de matizes que oscilam entre o vermelho, o laranja e o preto; acresça-se o fato de o plano sonoro ser composto por falas "normais", mas o tom que instaura potência à cena provém, sobretudo, da voz nada natural do Bebê e do coro que se agrega à sua santidade para se sobrepor aos gritos de dor dos jovens. Em última instância, a decupagem faz sentir a presença sensível de uma mão que alinhava retalhos de corpos mutilados e de vozes dissonantes numa ordem singular.

A retenção da ação em quatro paredes mostra-se como conduta que fere o propósito de encenar uma peça a um público já conhecido. Certamente, em outros momentos pode-se atestar tal transgressão, haja vista a habilidade no manejo dos constituintes fílmicos, mas o estábulo surge como marca maior da busca pela autoafirmação do cinema. Na clausura do espaço é dada a conhecer a ação somente ao espectador de cinema, e a porta que se abre ao final, revelando o olhar surpreso do Bispo e dos outros diante da morte, é mais uma das artimanhas enunciativas que não poupa em sustentar seus desejos, pois não há informes de que aqueles sujeitos sabiam do que estava acontecendo.

Outro ponto de destaque na constituição espacial é a recuperação de figuras sobejamente divulgadas pelo cristianismo, sobretudo pela tradição católica do presépio. Os animais e o Bebê na manjedoura harmonizam-se como entes de uma santidade dilacerante, dispondo-se na cena como um cerco para evitar a realização do ato profano; servem prontamente ao intento de transpor um tom profético ao relato; se olharmos a postura do Bebê, podemos interligá-la a uma linha isotópica de recusa às ações de sua Irmã, inspiradas em tirar vantagem própria.

A montagem realizada na sequência estabelece uma dinâmica ao par espaço-tempo pelo encadeamento de planos com pouca duração e que variam principalmente entre o primeiro, o médio e o de conjunto. Ao eleger escalas que destacam os personagens, o enunciador promove interiorização diegética para perfeito realce do clima tenso próprio à sequência. Diríamos, ainda, que nos primeiros planos observam-se olhares dos animais e do Bebê que se interligam, compondo uma rede que castra e pune. Tudo regido pela montagem expressiva: herança eisensteiniana que toma os elementos fílmicos como trampolim para elaborações plásticas e estéticas.

Cinema e teatro: englobante e englobado

Desde seu surgimento, o cinema mantém laços profundamente imbricados com o teatro. No início da construção de um universo narrativo e discursivo, o cinema flertava com a estrutura da composição cênica teatral fundada na baliza entre público e espetáculo.

Ao filmarem pequenas histórias com a câmera fixa, os atores permitiam-se olhar para a câmera, movimentavam-se em cenários artificiais e disso decorria um único ponto de vista sobre o que era apresentado. Portanto, havia apenas a mediação da tela entre o representado e o público, prevalecendo a situação utópica de um teatro mediatizado pela projeção.

Incorporando mobilidade às imagens apresentadas e consequente possibilidade de fugir ao unidirecionamento do ponto de vista teatral, o cinema não se divorciou daquela estética, permanecendo na enunciação de qualquer filme o propósito de agenciar todo um universo expressivo centrado num olhar do enunciador que seduz a plateia mediante a arquitetura de seus constituintes cênicos.

No que concerne à estruturação da representação, cinema e teatro possuem em comum o fato de se situarem nas denominadas semióticas sincréticas. Ambos reúnem no plano da expressão um campo amplo de sistemas de signos para operacionalizar juntamente com o plano do conteúdo.

Como se pode verificar, o plano da expressão teatral é regido pelo ator, aqui entendido como pessoa física que encarna o personagem. No cinema, é possível o encontro de todas essas unidades; a diferença está na descentralização do ator, cabendo à organização dos constituintes visuais e sonoros o fato de comporem a expressão.

Ao ser oferecida à manipulação do cinema, a linguagem do teatro, em *O Bebê Santo de Mâcon*, possibilita, primeiramente, interpretação superficial, trazendo a marca do *fazer* metatextual ao incluir uma peça dentro de um filme; por outro lado, e é esse efeito de sentido que procuramos desenvolver na cena apresentada, o que mais enriquece no filme, a partir dessa apropriação, é fato de o cinema poder expandir os meios discursivos valendo-se de determinadas peculiaridades da estética em questão.

Ao tomar por empréstimo o palco, o enunciador de *O Bebê Santo de Mâcon* traz para o cinema traço essencial do código teatral: o fato de a representação se dar em limites, e no teatro convencionalizado pelo palco italiano isso implica a imposição de um único ponto de vista sobre o que é representado. Devido às possibilidades de recorte sobre a cena e a inclusão dos elementos sonoros como disseminadores da informação, o cinema permite maior mobilidade em relação àquilo que se mostra. Desta forma, destaca-se ruptura com a unidirecionalidade própria ao sistema englobado, prevalecendo multiplicidade de pontos de vista, tanto na imagem como no som.

Isolamos a sequência do estábulo por tratar-se de um dos raros momentos no filme em que a ação desenvolve-se sem que a câmera revele o público de Mâcon. A possibilidade de operar com elementos próprios de outro sistema sem que haja citação direta, havendo, na verdade, intensa permeabilidade de traços fundantes no seio do enunciado fílmico enaltece suas características poéticas. Institui-se, nesse sentido, um olhar enunciativo que percorre transversalmente as camadas de sua própria construção. Vale lembrar que o início do filme não poupa em informar a constituição de uma história que se desenvolve num palco italiano, com o monarca ocupando posição central nesse espaço. Com o desenrolar das sequências e a visualização de várias aberturas no próprio proscênio, esse dado inicial é obliterado e o palco, além de constituir--se como espaço da história que acompanhamos, passa a ser também metáfora de uma representação labiríntica, pois, conforme se salientou, "realidade" e ficção mesclam–se nos percursos do filme.

Foi a partir dessa característica que o filme enalteceu a noção de espetáculo tão cara à sua constituição como discurso, pois retendo a narrativa na clausura de um suposto teatro, tudo o que se constrói passa a ser exageradamente artificioso. Sendo a enunciação cinematográfica metadiscursiva, na medida em que sobreleva as escolhas das imagens e dos sons, a artificialidade tende a render–se em nome da verossimilhança no arranjo dos constituintes, restando ao espectador a única opção em crer ser verdade aquilo que é tecido no seio do discurso.

Nesse sentido, os atores que atuam na peça filmada cumprem função dupla: obedecem aos esquemas teatrais impostos pela encenação em Mâcon e são os sujeitos que disseminam no filme o contraponto ficção e não ficção, apresentando ao espectador de cinema os bastidores da construção da história, seja pela disputa de papéis, pelo comentário interno ou pela vingança.

Na cena, a morte do filho do Bispo constitui a iconização de uma postura centrada no dizer–ser verossímil, pois somente os recursos advindos de efeitos especiais do cinema podem ofertar uma morte tão violenta e tão real; além disso, sabe-se que ele realmente fenece na história, o que é um dado absurdo para a representação teatral de qualquer época.

Cumpre interessante papel o uso da câmera como mediadora da relação espectador de teatro e espectador de cinema, já que através de determinado recorte da imagem, temos a observação da cena globalmente, como se ela fosse dirigida a um espectador de teatro; por outro lado, a camêra se transmuta e a imagem passa a ser explicitamente cinematográfica, dado o uso deliberado dos cortes metonímicos típicos da linguagem do cinema. Nesse *fazer* cumprem importantes papéis a montagem e o enquadramento, este com variações plano a plano na escala de seus tamanhos, aquela conduzida num ritmo com vistas a promover um espetáculo que ruma à catarse. Como a montagem eisensteiniana, que não poupa em compor milimetricamente os componentes visuais e sonoros na elaboração discursiva, a cena, construída nesses critérios, consegue transpor para o espectador o contingente violento que a caracteriza.

Diálogo entre cinema e pintura

Conforme apontamos, o princípio norteador da encenação vem do teatro: nasce e firma-se com ele o mecanismo de levar à cena um universo múltiplo de elementos expressivos, numa cadência própria a cada encenação, com objetivo de fazer com o que o público creia ser verdadeira a fabulação no proscênio. Desse traço peculiar, tanto pintura como cinema souberam explorar as potencialidades de acordo com recursos de seus dispositivos e transpor para o plano bidimensional o que pode ser identificado como história. A pintura figurativa é podada ao mostrar vários percursos narrativos por não se valer do tempo móvel, do movimento de que se nutrem teatro e cinema na agilização dos estados e transformações. Embora existam representações em que momentos de um percurso narrativo são expostos na tela, a retidão dos gestos dos atores confirma o aspecto eminente: o tempo estático. O que leva a crer na encenação forjada de um ou vários momentos da história. Ao congelar a cena, a pintura tende a tensionar determinados momentos do relato fragmentado, instaurando na representação o que Lessing, no século XVIII, concebeu como *instante pregnante*. Tido como a retidão tensiva do fragmento como forma de flagrar a temporalidade própria ao evento, extraindo sua essência, o instante pregnante coloca-se como interessante jogo retórico, pois se em seu conceito, como assinalava Lessing, estava o firme propósito de plasmar o tempo real do acontecimento, logo se verifica no encadeamento dos elementos visuais como linhas, cores, formas, direções, texturas, escala, dimensões e movimento a existência de sentido(s) plasmados no texto; sendo assim, reside, na obtenção do instante, a presença de um dizer estruturado pelas unidades que se agregam à sua composição, o que foge à simples captura do tempo real. Aumont[83] situa com clareza essa fragrância do tempo no espaço pictórico:

> (...) esse "instante pregnante" postulado por Lessing não existe, não existe *no real*. Um acontecimento real

---

83 AUMONT, J. *op. cit.*, p. 59.

> existe no tempo, sem que seja possível dizer, salvo conjução raríssima e puramente acidental, que este ou aquele de seus "momentos" – *a fortiori* se tratar de um *instante* – o representa e o significa melhor que os outros. É o conjunto dos momentos que é significante. Ou, se quisermos, com Gombrich, refinar a análise: há, a cada instante do acontecimento, mas as diferentes partes não são antingidas simultaneamente, não são significativas ao mesmo tempo.

Ao ser representada em um ou vários momentos, a ação, no quadro, assume caráter de suspensão, promessa, retenção; condição imposta por apresentar o tempo negando sua duração, seu movimento.

Já o espaço do campo nutre-se da maleabilidade conferida por apropriações diversas no que concerne ao tratamento da plasticidade. Partindo de combinações dos componentes eidéticos, topológicos e cromáticos, cria-se a atmosfera desejada para que o olhar do observador possa reconhecer formantes figurativos em suas localizações, seguindo de lexicalização como forma de identificação dessas unidades ao incorporarem formas reconhecidas no mundo real. Não se pode negar a adjetivação ao notarmos marcas sugestivas dadas pelo uso de cores, variações na tonalidade, trabalho com dimensões etc.

Do espaço plástico ao espaço representado, adere-se elemento crucial na busca pelo "efeito real": trata-se da perspectiva, técnica desenvolvida no Renascimento com propósito de criar ilusão tridimensional no plano. Aumont[84] destaca

---

84 *Idem*, p. 213.

na perspectiva o papel de reconstituição mental de volumes projetados e sua disposição no espaço e assinala as *perspectivas de centro* ou *perspectiva artificialis* – retas convergindo para um ponto ou o ponto de fuga – e as *perspectivas de voo de pássaro* – retas paralelas em projeção – como principais tipos de usos de tal sistema.

Tomando a perspectiva de centro – sabendo-se que a mesma evocou sem fim de peleias, inclusive no âmbito filosófico, pois traz a questão do poder do centro na imagem –, somente nos fixaremos na possibildade, através de seu manejo, de construção de um espaço habitável com aparências de real, traço levado às últimas consequências no chamados *trompe l'oeil*.

Cinema e pintura distanciam-se, *a priori*, pelo fato de o primeiro construir um universo da representação mediatizado pela câmera, em que a incidência da luz sobre os objetos e o movimento, tanto o interno do campo quanto o oferecido pela montagem, possa aludir a um gritante efeito de realidade assumido como prolongamento do fenomenológico; o segundo, por sua vez, forja o real pelo manejo dos constituintes plásticos em que formas e cores evocam determinadas situações dramáticas em suspensão, sendo pincel, paleta e tela o material necessário para efetivar essa construção.

Vistos como sistemas que se situam na história das artes visuais, as duas linguagens cedem terreno quanto às diferenças e passam a se situar num gradiente evolutivo que inclui a representação pictórica, a fotográfica, a cinematográfica, a videográfica e, mais recentemente, as novas mídias, e que agenciam formas e cores, de acordo com as potencialidades de seus dispositivos, fomentando uma história da visão.

Fixando-nos nos dois sistemas já mencionados, teríamos como principais elementos conjuntivos ambos se nutrem do sistema perceptivo desenvolvido desde o Renascimento, e a ideia de fabricar um universo tido como janela aberta para o mundo é reforçada no cinema pelo movimento das imagens, aparecendo na pintura como espaço sugerido pela profusão de linhas e cores; 2) a imagem cinematográfica coloca-se como desdobramento de duas práticas desenvolvidas pela pintura: o *trompe l'oeil* e a anamorfose; 3) tanto cinema como pintura forjam uma temporalidade: esta simula um ou vários momentos da ação no instante pregnante e aquele desenvolve uma síntese temporal por via do encadeamento de quaisquer momentos sucessivos; 4) encerram a representação numa moldura, a pintura materializa o cerco e o cinema limita a encenação nas bordas do enquadramento.

Como ponto de partida para investidura no diálogo cinema e pintura, tomaremos o quadro *Santo agostinho em seu estúdio*, de Vittore Carpaccio, por conter em sua encenação elementos que remetem à sequência de *O Bebê Santo de Mâcon*, além de evocar a construção do espaço fílmico como um todo. Tem-se um estúdio milimetricamente composto, prevalecendo a perspectiva que, num primeiro momento, arrebata o olhar do observador para o centro, onde se encontra representada uma imagem santa.

Mas ao percorrer o espaço, chamam-nos atenção os percursos dos olhares que se situam no espaço representado: em primeira instância, o cachorro olha para Santo Agostinho e este, em gesto suspenso, dirige sua vista para a janela. Do canto inferior esquerdo até o canto superior direito, forma-se uma linha diagonal imaginária que tensiona a borda direita do quadro, mais especificamente, o elemento de passagem, o fora-de-campo, já que seu olhar parece atravessar a janela de onde emana a luz da cena. A luminosidade invade o campo, encobre os objetos com luz amarelo-alaranjada, fazendo variar tons, distribui sombras, implicando, também, numa temporalidade que vincula a cena ao dia.

Outro aspecto valioso para nossas conjecturas é o fato de a cena construir-se nos limites de um cubo com a quarta parede obstruída ou inexistente. Se o teto, as laterais e o chão parecem prolongar-se em nossa direção (ou emanar do olhar do observador externo), aferimos tratar-se de construção que projeta para o espaço do destinatário a completude da cena flagrada.

No caso da sequência do filme, encontram-se reunidos outros elementos que, dispostos de forma não gratuita, remetem a composições pictóricas de caráter religioso: a organização cenográfica recria o estábulo, ambiente da Natividade, e o vestuário da Irmã alude às representações da Virgem Maria, vestida de azul, na maioria das vezes.

Se o quadro de Carpaccio é sugestivo por sua organização no tocante à sensação de presença, arrebatada pela luminosidade que preenche os poros de sua construção e alcança a vista, fazendo que o observador se inclua para completar o quadro, o estábulo também mostra-se eficaz ao forjar uma caixa cênica em que é delegado somente ao espectador do filme o acompanhamento do que acontece naquelas imediações.

Além dessa conformação, nota-se no tratamento da cor recuperação de tonalidades próprias à pintura flamenga ou mais especificamente a certos quadros barrocos do século XVII (tempo em que é narrada a história), isso através do jogo entre o claro e o escuro difundido pelas nuanças do amarelo que alcançam o vermelho. Naquela época, esse contraste teve grande expressividade na obra de La Tour, que compunha as cenas valendo-se da presença de velas como pontos em que emanavam a luz; no filme, os castiçais sugerem o mesmo procedimento e marcam temporalidade na cena.

Em *Santo Agostinho em seu estúdio* ocorre a suspensão temporal, seguida de expectativa, de tensão provocada, principalmente pela latência da lateral direita. Na sequência do filme ocorre fenômeno semelhante, mas como o próprio meio toma como ingrediente de sentido o conflito campo/fora de campo, assentada numa dinâmica temporal no encadeamento dos planos, isso tende a repercurtir em dimensões mais amplas. Dado imediato do afastamento com a pintura, o fora de campo no cinema permite-se ser desvendado, abre passagem para que a espera não se frustre.

Pintura e teatro enformam a cena globalmente, fazem com que a vista do observador percorra o espaço, rastreando sua composição. No teatro, o ponto de vista é único, a figura do ator é central; na pintura ele tende à expansão e o surrealismo outorga esse dado. No cinema, o movimento fisga o olhar e o espaço é apresentado por incursões metonímicas e sinedóquicas que dilaceram os objetos; nesses cortes, distribuem-se parcelas de olhares, múltiplos pontos de vista sobre o que é relatado.

É assim que a sequência do obstáculo se mostra. São retalhos dos corpos, dos objetos e do cenário nutridos com falas, músicas e ruídos que dinamizam ação–tempo–espaço num ritmo catártico imposto pelo conteúdo englobado. Encadeado numa montagem alternada, o plano da expressão é construído em ritmo que parte da lentidão ao expor os corpos que se entregam ao prazer e chega a um bombardeio de imagens retalhadas pela condenação de seu ato: expressão de dor, golpes violentos, sangue, vísceras etc. dos dois amantes são acompanhados por gesto lacônico e retido do Bebê na manifestação de seus poderes. Ruídos de animais, gritos de desespero e de dor entram em conflito com um coro que se manifesta para santificar o gesto do pequeno salvador. Assim, o universo significante é realçado para promover a punição da Irmã e a morte do filho do Bispo e realçar a santidade colérica do Bebê. Ao final, a grande porta que enclausurava os sujeitos vem abaixo e os personagens do filme e da peça espreitam admirados o horror: quem lhes informou? a escuta? o roteiro? Artificios sobre artifícios, encenações que permeiam teatro–pintura–cinema, mescla que potencializa linguagens e se reinventa.

Enfim, observamos a conjunção de elementos da pintura, do cinema e do teatro no filme com a finalidade de recobrir e amalgamar essa narrativa dominante, que consiste em evidenciar a construção de uma representação, isso já analisado, e como se trata de texto com marcas que evidenciam o poético, a reunião dos traços apontados tendem a esse fazer enunciativo metadiscursivo cujo veio, conforme se atestou, foi a construção de um universo artificial que questiona e redimensiona o processo de escritura fímica. Do quadro estático fisgou-se, dentre outros, a maleabilidade na composição cênica, do teatro, a ilusão distribuída possibilitada pelo contigente expressivo.

Foi a partir da invenção da perspectiva que a pintura imprimiu em pinceladas a representação da cena, sendo notável a contribuição do teatro na construção da cena pictórica, já que estabelecia há tempos critérios para a criação da ilusão (atores, vestuário, cenário etc.). Por se aproximarem na constituição do espaço representado, em que a moldura encerra e fixa a representação, tanto o teatro como a pintura caracterizam-se pela força centrípeta de suas imagens. Já o cinema, pela própria mobilidade (seja na progressão temporal ou na manipulação do espaço) que o caracteriza, tende a ser centrífugo, isto é, evoca o prolongamento do recorte que se vê, para um fora de campo.

Mas no diálogo entre os três sistemas de significação envolvidos em *O Bebê Santo de Mâcon*, temos a apropriação deliberada do modo como o campo é construído nos sistemas envolvidos e esse traço passa a ser decisivo na composição espacial, dando vazão à elaboração de planos que fisgam, em sua maior parte, a ação em sua totalidade, com posição frontal da câmera e a exploração da profundidade de campo, peculiaridades que podem ser atribuídas à tridimensionalidade ilusória da pintura e aos esquemas trabalhados no palco teatral tradicionalmente.

A câmera, esse olhar-máquina que observa e capta as imagens a serem posteriormente oferecidas, transita pelos espaços da encenação em lentidão ímpar, oferece planos decupados em detalhes ou mesmo prostra-se fixa diante do representado. Nessas articulações, esconde-se uma visão que buscou nessas mediações provocar o fetiche, fazer com que o espectador tenha o desejo de parar a imagem e fruir a inteireza das cenas. Tendo em vista que a sequência traz elementos de sobrecarga simbólica e manifesta o diálogo entre as linguagens de forma sutil, captando nuanças para propor um modo peculiar de composição fílmica, o filme todo não é menos instigante no que diz respeito a tais relações, pois perpassa uma consciência transformadora que modela incessantemente aquilo que representa.

As variações estabelecidas no campo expressivo revelam uma arquitetura extraordinariamente meticulosa e afeiçoam sentidos inesgotáveis ao universo audiovisual. Se à tela de cinema podemos imprimir a ideia de uma janela que permite passagens para mundos possíveis, a atividade de leitura do filme permite-nos contatar com uma realidade forjada que apresenta rituais e expõe motivos da sacralidade, dentro de uma postura reflexiva que não cede aos apelos da moral cristã, expondo os sujeitos aos castigos mais cruéis e mantendo impunes instituições que, aparentemente, salvaguardam-se pelo altruísmo.

As particularidades dos meios utilizados para enformar a saga de Mâcon atrelam-se ao propósito de dinamizar as potencialidades expressivas do cinema e consolidam o questionamento em torno do sagrado e do profano, por trazerem em sua tradição representações seculares que versaram sobre a temática. Das pinturas que buscavam apenas iconizar os entes sagrados aos quadros que burlavam o poder eclesiástico para lançar um olhar marginal sobre os temas das religiões cristãs, o sistema pictórico fixou imagens que povoam até hoje o imaginário. Quanto ao teatro, as representações dos autos medievais e as encenações anuais da Paixão de Cristo são sinais de que, mesmo evocando as passagens bíblicas num contexto burlesco ou em rituais místicos, utiliza-se a linguagem típica da ilusão como voz adequada para recuperação de atos de fé. Desta forma, tanto a pintura como o teatro entram na tessitura como linguagens que possam reafirmar as potencialidades sincréticas do cinema e filiam-se diretamente ao tema por serem artes que deram a conhecer, pelo viés da representação artística, os percursos bíblicos. Nos procedimentos recuperadores das linguagens que se entrecruzam nas imagens projetadas em tela, reverberam a um só tempo os ecos da equação teórica de Mcluhan,[85] segundo a qual o conteúdo de um meio é inexoravelmente o corpo de outro meio que o precedeu e, do ponto de vista da temática, ecoam as palavras de Mikhail Bakhtin[86] sobre o dialogismo e as vozes que invarialvelmente se enfeixam na construção dos textos, mesmo naqueles aparentemente nascidos sob o signo da originalidade.

Já discorremos sobre as molduras que cercam os espaços representados, mas tornaremos a nos referir ao elemento divisor nessa última etapa, destacando o cerco maior realizado e visto, por nós, como o constituinte concreto que viabiliza

---

85 McLUHAN, M. *Os meios de comunicação como extensões do homem.* São Paulo: Cultrix, 2005.

86 BAKHTIN, M. *Problemas da poética de Dostoievski.* Rio de Janeiro: Forense-Universitária, 1981.

resultados tão precisos na organização expressiva e na construção dos sentidos sugeridos.

Embora mostre uma peça encenada, o filme desenvolve-se no interior de uma igreja, o que o vincula diretamente à arquitetura, sabendo-se ser essa linguagem a que marca limites territoriais precisos, ao isolar um edifício qualquer numa dada geografia. Recorrendo-se a uma igreja, é inevitável a assunção valorativa que a marca como espaço que serve de passagem entre o mundo do profano e o mundo do sagrado. As conotações simbólicas que o filme traz, a partir desses dados, são inevitáveis.

Quanto ao universo da representação e sua relação com o espaço enclausurado da sacralidade, são notáveis as aberrações sobrepostas. Ordinariamente, um templo religioso católico reúne fiéis que reafirmam seu amor a Deus e a missa é tida como ritual máximo de um percurso que almeja, em última instância, a preparação para alcance do reino divino, através da redenção dos pecados, tendo o martírio de Cristo como imagem especular do enviado que doou sua própria vida em nome do bem e da verdade. Para o católico, não se trata da representação de valores cristãos, mas o momento em que o salvador faz-se presente, já que a missa escapa ao caráter memorial e procura desenvolver-se anacronicamente para que o eterno sobreponha-se ao terreno.

Afastando-se, desde o início, do aspecto santo vinculado à missa, o enunciador dessacraliza o espaço religioso e passa a explorar as variações em torno do profano, transformando a missa em espetáculo que possa emoldurar para, logo em seguida, descortinar uma série de corrupções humanas. Como dado relevante dessa postura, que recupera para logo em seguida burlar, poderíamos vincular Mâcon à castigada Anatot, aldeia da Judeia descrita no Antigo Testamento, terra em que o profeta Jeremias alçava a palavra de Deus num ambiente soterrado pela miséria, por se esquecer de seguir os preceitos do Senhor. Tanto Mâcon como Anatot penam por desviarem dos preceitos divinos, mas se a terra descrita no Antigo Testamento não consegue enxergar o ser enviado e capaz de mudar os rumos, em Mâcon realiza-se total adesão ao Bebê, que é tido, a qualquer custo, como o salvador. No entanto, a fé que depositam no pequeno deságua em sentimento nefasto, e os personagens da história fundem-se aos atores que a vivificam para digladiarem-se em nome de interesses pessoais.

São seres corroídos por interesses individuais: a Fome é a transmutação da gula e encarna os sentidos da morte, da necessidade e da carência; a Irmã é a própria encarnação da cobiça; o Bispo é vinculado à luxúria pela incessante volúpia no acúmulo de bens; o Filho do Bispo, apegado aos novos ideais científicos, dota-se da vaidade; o Pai do Bebê, charlatão e ocioso, reúne para si tanto a luxúria, pelo prazer da carne, como a preguiça, ao permanecer na cama o tempo todo; de ingênuo e inocente, o Bebê passa a castigar colericamente a Irmã e o Filho do Bispo, sua ira fere a conduta do salvador que busca a regeneração dos pecadores; finalmente, a disputa incessante por papéis realizada pelos seguidores de Cosimo traz a inveja para o proscênio, em remissão direta aos pecados capitais.

Ao transpor esse universo de sentido para um ambiente fechado, buscou-se, de certa forma, consolidar um cinema que se distancia dos apelos naturalistas. Forja-se o antinatural em espaços enclausurados e nisso talvez contenha certa vingança ao acaso que possa, a qualquer momento, interferir nas filmagens.

Os ambientes fechados permitem a singularização dos objetos flagrados pela câmera que, não podendo desfigurar os elementos contidos no campo, por um pincel busca moldar os corpos envolvidos, num jogo de deformação expressiva pelos constrastes de tons num claro/escuro, realçado pelas cores vermelho, amarelo, azul, preto e branco. Essa profusão tonal matizada por cromatismo simbólico filia-se a um barroquismo tensivo, dando a ilusão de elaborações na superfície da tela.

O conjunto de relações que o filme comporta permite a construção de um simulacro textual resultante do exaustivo jogo retórico que não poupa em descortinar os tênues fios da representação, além de servir ao propósito de um tipo específico de cinema, que recusa a clausura do gênero, fugindo da massificação imposta pelo mercado.

Se à instituição do cinema é tão cara a condição de promotor de espetáculos, temos em *O Bebê Santo de Mâcon* o agenciamento de formas elaboradas a partir de reordenações ou deformações de constituintes fílmicos e de uma mão que esculpe quadro a quadro as imagens para instaurar um espetáculo que é dado a conhecer em sua construção. Encadeado numa sequência temporal e aliado ao som que não deixa de aferir sentidos, o enunciado composto passa a ser a pintura que finalmente alcançou o movimento e o teatro que se eternizou. Os sujeitos e suas perversões são seres de um espetáculo missa–ópera–filme em que os pecados da conduta humana passam pelo juízo valorativo do enunciador por escolhas de referentes oferecidos pela cultura, sobretudo elementos religiosos e históricos, e o resultado é uma reflexão sobre o arsenal que o homem reúne para representar seus valores e promovem extração do estético por via de mediações com outros sistemas, realizadas no plano da expressão.

Enfim, o filme de Peter Greenaway condensa os mais variados motivos, situando-se na galeria de obras de arte que buscam instaurar um processo reflexivo pela subversão da forma. Centrando-se em temas conflitantes acerca do humano, que nos acompanham há séculos, como é o caso do conflito entre lidar com o individualismo e sanar os fantasmas de nossas corrupções por intermédio de valores cristãos, o filme desenvolve um grande ritual disposto em blocos rítmicos pausados e contém sempre uma condenação mostrando a debilidade do humano em seu apego aos valores materiais e efêmeros. Tudo construído mediante um olhar atento às potencialidades oferecidas pelo cinema. Ao elaborar seu espetáculo como um devorador da cultura e de suas mais variadas formas de expressão, o enunciador não perde de vista o caráter totalizador do cinema e forja uma realidade com requintes de ópera para que os sujeitos se deem a conhecer magistralmente naquilo que o humano possui de mais sórdido.

Capítulo 3
Dos documentários institucionais à televisão britânica

Desde meados da década de 1960 até a década seguinte, Peter Greenaway foi contratado pelo Central Office of Information (COI), trabalhando inicialmente como montador e posteriormente como diretor de filmes. O COI é um órgão de propaganda do governo britânico que forma parte do Ministério da Informação, responsável pela elaboração de documentários sobre o modo de vida britânico nos mais diversos segmentos, tais como saúde, transporte, educação, agricultura, defesa, segurança etc. O órgão foi estabelecido após 1946 com o intuito de promover a cultura britânica, principalmente em antigas colônias; sua origem remonta ao General Post Office (GPO) e à figura do diretor John Grierson. Além de Grierson e Greenaway, realizaram filmes para o órgão cineastas como Humphrey Jennings, Alfred Hitchcock, Len Lye, Graham Greene, dentre outros.

Como órgão de propaganda do governo surgido para disseminar um repertório vasto de assuntos diretamente relacionados com a Grã-Bretanha ao redor do mundo, o COI atendia a um protocolo conservador que almejava propagar, em última instância, a ideia de nação pela valorização da cultura forjada nos gabinetes oficiais e a transformação disso em filmes didáticos, abrangendo os mais variados temas ligados ao universo britânico. A formação da instituição enquadra-se no conjunto de medidas que visavam a sustentação do nacionalismo conservador e representava uma nova guinada, ou um colonialismo tardio, procurando atingir o imaginário em antigas colônias.[1]

Constam sete filmes preservados pelo COI e que trazem a direção de Greenaway. São eles: *Terence Conran* (1981), famoso designer, dono e idealizador das lojas Habitat; *Zandra Rhodes* (1979), uma estilista conhecida internacionalmente; *Beside the sea* (1983), que faz parte da série "Sea in their blood" e apresenta a multiplicidade de elementos envolvidos com os recursos marinhos; *Eddie Kidd Wonder Kid* (1978), um motoqueiro notabilizado por suas proezas acrobáticas com o veículo; *Women artist* (1979), que apresenta de forma resumida a importância de artistas mulheres que trabalham com arte em distintos momentos históricos; *Leeds Castle* (1979), que documenta um evento de moda no famoso castelo inglês; e *Cut above the rest* (1978), que registra as facilidades tecnológicas na indústria de calçados em couro.

Zandra Rhodes e *Terence Conram* destacam-se pela forma pouco usual com que lidam com a biografia no território audiovisual. Tanto em um como em outro, Greenaway optou por uma montagem que oscilou entre a aceleração e a lentidão, fazendo uso também de enquadramentos, cores, angulações, jogos com a estaticidade e a dinamicidade para colocar em relevância os produtos de ambos, ou seja, de um lado a indumentária e de outro o design elaborado para diversos contextos. Greenaway buscou dar relevância aos produtos criados, encontrando uma visualidade eficaz e particularizada.

---

1   O órgão ainda sobrevive e hoje cumpre mais a função de preservação de farto material audiovisual sobre a Grã-Bretanha.

Beside the sea é o filme mais ousado de sua passagem pelo documentário oficial. Nele desenvolveu-se um contínuo processo de listagem, classificação e reenquadramento por meio de montagem acelerada e utilização da *voz over*, que se aproximou bastante de sua produção de vanguarda e preservou elementos de sua estética particular.

O período em que trabalhou na montagem de documentários e depois na direção dos mesmos foi decisivo para a aprendizagem do cinema como linguagem. O que se seguiu dessa vivência foi a recusa a qualquer forma de realismo, pois um dos aspectos que Greenaway acentuou de sua experiência institucional é a arbitrariedade com que dados eram manipulados, reinando a discursivização ininterrupta em nome de uma verdade imposta. Apesar do caráter conservador que norteava as produções, esses filmes foram importantes laboratórios para Greenaway nos momentos em que pode exercer sua criatividade sobre motivos aparentemente desinteressantes do ponto de vista da criação. Essa experiência como documentarista se desdobrou na maneira como os filmes de ficção se articularam, principalmente pela preservação, de forma irônica, na maneira de se expor um determinado assunto, da imposição de um certo tom de verdade, da constante *voz over* e, principalmente, da manipulação e inscrição textual de dados e estatísticas.

Essa vivência reverberou ao longo de sua obra e acredito ser decisiva para aquilo que defino como a voz ensaísta do diretor em sua relação próxima com a literatura, que não se restringe ao diálogo com obras canônicas, mas se insere num procedimento que busca construir narrativas a partir da inscrição formal do gênero ensaio, híbrido em sua natureza, oscilando entre a literatura e a filosofia.

Para Plantinga,[2] a função central do documentário é oferecer informação por meio de explicação, observação ou exploração de um determinado fenômeno. Creio haver, em seus filmes, a conjunção desse processo de investigação que parodia a forma do filme documentário, gerando um tipo de ficção que conflita entre ficção e a não ficção, daí o tom ensaísta forte, que parece cumprir um programa de elucidações e de contradições, que preserva um acentuado tom subjetivo em sua enunciação. E isso se estabelece de maneira acentuada nos filmes da primeira fase, no período em que Greenaway realizou filmes experimentais, prolonga-se nos documentários e filmes experimentais para a televisão e nos longas-metragens de ficção.

Os filmes feitos para a televisão

A primeira experiência de Greenaway para a televisão foi o documentário irônico *Act of God*, de 1980, exibido pela BBC, e distribuído pela Thames Television. Após a apresentação do título, surge um subtítulo "Some lightning experiences, 1966 – 1980"), assim temos "Ato de Deus" e "Experiências com raios – 1966-1980"). A estrutura do documentário inter-relaciona supostos registros autênticos, por meio de relatos de pessoas que foram atingidas por raios e suas consequências, e dez histórias apócrifas sobre raios.

---

2 PLANTINGA, C. *Representation in Nonfiction film*. Nova York: Cambridge University Press, 1997.

A ironia é construída a partir da exibição de um título e um subtítulo que justapõe o elemento "misterioso" (Act of God) com a dimensão assertiva/acadêmica (Some lightining experiences, 1966-1980), seguido de uma série de depoimentos construídos numa encenação em que homens e mulheres falam diretamente para a câmera, seguindo os protocolos convencionais de reportagens televisivas. Essas falas que rememorizam as experiências pessoais com raios também fazem parte de um processo de montagem rítmico, em que o narrador escolhe determinados trechos para estabelecer catalogações que incluem elementos tais como a hora, o local e o dia do acontecimento. Numa montagem intercalada, letreiros informam histórias apócrifas sobre raios, o que se torna determinante para o incremento do clima absurdo que passa a tomar conta das histórias, supostamente reais.

Deste modo, de maneira similar ao filme *The Falls*, em que havia um "evento violento e desconhecido" que atingia pessoas e deixava consequências físicas em seus corpos, há também um evento, desta vez nomeado: são os raios que atingem as pessoas e também deixam–lhes marcas. Por seu turno, em *Act of God* o absurdo brota da própria realidade documentada.

A voz do filme assume um modo de representação de reportagens clássicas e é justamente a recuperação dessa categoria que permite ir além, numa espécie de recado dado do texto, endereçado ao espectador, valorizando uma espécie de ética da desconfiança dos discursos codificados e tidos como verdadeiros. Para a realização disso, foi preciso que pessoas supostamente reais dessem seus depoimentos; em seguida, houve um tratamento, ao nível da encenação, que remetesse suas falas aos gêneros clássicos das reportagens e, ao inserir as histórias apócrifas, começa um processo de distorção do modo tradicional como as reportagens televisivas são exibidas e, supostamente, tidas como verdadeiras. O processo enunciativo buscou, assim, intervir, num terreno onde as coisas não são questionadas, desestabilizando, de forma intencional, os processos audiovisuais, no qual se constituem regimes de verdade. A ética da desconfiança de Greenaway, que o acompanha desde os filmes experimentais e percorre os longas-metragens de ficção, endereça ao espectador a questão sobre a compreensão da maneira como percebemos o mundo e a descreça num regime de verdades selado.

A passagem de Greenaway pelo meio eletrônico é parte integrante de seu processo criativo, que inclui, entre seus princípios, a pesquisa de linguagem voltada para as várias possibilidades no campo visual, em que já vimos confluírem o desenho, a pintura, a colagem e a fotografia na constituição da imagem cinematográfica. Dando continuidade ao tratamento de sua obra pelo entrecruzamento de elementos contextuais que operam direta e indiretamente no desenvolvimento de seu trabalho, procurarei nortear certos princípios desse momento, pois a adoção de um determinado formato ou bitola também está vinculada a determinados contextos sociais, culturais e econômicos que atuam de forma decisiva nas opções dos realizadores e nos consequentes esquemas de produção, distribuição e exibição.

Assim, de um lado, tem-se a construção de um cinema autoral que busca constituir-se pelo desvio de formas dominantes de representação, com acentuada ênfase para procedimentos reflexivos que inscrevem, inclusive, a problematização da figura do autor em seus personagens e a presença determinante de elementos que atendem a uma estética do artifício e, por outro lado, vemos a viabilização de seus projetos por meio de práticas ou políticas que visam garantir a produção de filmes que dificilmente seriam facilitados em esquemas comerciais em que imperam a obtenção de lucros e o apelo a grandes audiências. Isso se deu na realização dos filmes de maior envergadura na fase experimental (*A Walk Through H, Vertical Features Remake* e *The Falls*) e também em *O contrato do desenhista*, que contaram com o apoio de verbas do British Film Institute, nos outros filmes em longa-metragem, todos de baixo orçamento, viabilizados pela associação entre o diretor e o produtor holandês Kees Kasander e sua habilidade em gerenciar coproduções com países europeus e o Japão, o que permite, inclusive, maior circulação dos filmes em escala internacional. Desse modo, enfatizo, sobretudo, a conjuntura histórica em que se processou seu trabalho no contexto britânico, mas que não deixa de dialogar com aspectos de outras geografias.

A participação mais intensa do diretor britânico com o universo da televisão é fruto do encontro entre artistas de vanguarda e o meio televisivo, sendo o surgimento do *Channel 4* decisivo para essa união, já que previa em sua programação a inclusão de artistas tais como Malcom Le Grice e Derek Jarman, que tomaram o meio para investimentos criativos em que o fazer artístico se constituía a partir de elementos de vanguarda, no que diz respeito à resistência às formas homologadas pela indústria do entretenimento do audiovisual.

Enfatizo o período que se estende de 1982 a 1989, sob a supervisão artística de Michael Kustow, ex-diretor do Institute for Contemporary Arts (ICA), o órgão que impulsionou a Arte Pop Britânica.

A participação de artistas na televisão cujas trajetórias marcam-se pelo signo da ruptura entrelaça-se com um conjunto de transformações que o meio passou a vivenciar a partir da década de 1980, como assinala John Walker:

> Mudanças significativas aconteceram em relação à arte e televisão britânica durante os anos 80, resultado de vários fatores: primeiro, a introdução de um quarto canal terrestre; segundo, a política do Governo Conservador de desregulamentação – que estimulou o livre-mercado, o setor privado enquanto agente do setor de transmissão e, em terceiro lugar, o impacto de inovações tecnológicas tais como sistemas de transmissão a cabo e via satélite, aparelhos domésticos de gravação e reprodução, computadores e novas máquinas de construção gráfica tais como o Quantel Paintbox.[3]

Rod Stoneman, crítico, realizador e produtor, membro ativo da London Filmmkers Co-operative durante a década de 1970 e depois integrante do canal, afirma que "*Experimental* é um termo complexo, no mínimo intenso e inexato, e uma penumbra de conotações negativas o acompanham, tais como 'difícil' e 'chato', nos discursos em torno da televisão britânica

---

3   WALKER, J. *Arts TV: a history of arts television in Britain*. Londres: John Libbey, 1993, p. 147.

no final do século XX".[4] Em seu texto, Stoneman traça um panorama dos dilemas de se levar para a pequena tela os extratos de uma forma artística que, normalmente, é dissociada do chamamento de grandes audiências, assinalando que os interesses mercadológicos explícitos do meio são preenchidos ao se transformar certos estilos e técnicas desenvolvidos pelos artistas visuais em produtos comerciais, geralmente atendendo a propósitos publicitários, tais como vinhetas, videoclipes e outras criações.

O texto de Stoneman, denominado "Incursions and inclusions: the avant-garde on Channel Four 1983-1993" (Incursões e inclusões: a vanguarda no Channel Four 1983-1993), além de conceituar e afirmar o papel da vanguarda como postura em que reside tanto a contestação crítica a um universo estabelecido como a busca da diferença formal, situa os destinos que tiveram os filmes de artistas, cujo propósito era forjar uma espécie de televisão artística, oferecendo aos cineastas marcados pela experiência radical do cinema experimental a possibilidade de incrementar a programação do meio televisivo. O que resultou na conflitiva relação entre termos aparentemente antagônicos, vanguarda e televisão, que se estendeu por quase dez anos, tendo o projeto praticamente desaparecido no decorrer dos anos 1990.

O *Channel 4* se diferenciou desde o início das outras duas redes da televisão aberta, a BBC e a ITV, pela atenção voltada para a programação artística que incluía, além do apoio a

---

4   STONEMAN, R. "Incursions and inclusions: the avant-garde on Channel Four 1983-1993". In: O'PRAY, M. (org.). *The British avant-garde film 1926 to 1995*. Luton: University of Luton Press, 1996, p. 285.

programas de arte televisiva, um programa de patrocínios a produções cinematográficas, o *Film on Four.* Peter Greenaway beneficiou-se de ambos incentivos. A maioria dos filmes feitos durante a década de 1980 (com exceção de *O cozinheiro, o ladrão, sua mulher, e o amante*) foram realizados com recursos do *Film on Four* e contavam também com outros patrocinadores. *Four American composers (1984)* – quatro filmes sobre os compositores John Cage, Philip Glass, Meredith Monk e Robert Ashley, *26 Bathrooms* (1986), *Making a splash* (1988), *A TV Dante – Canto V* (1985), *Fear of Drowning* (1988) e *A TV Dante* (1989) foram os filmes feitos para o canal, inseridos na estratégia descrita anteriormente. Com exceção da adaptação de trecho do poema de Dante Alighieri, *épico* em sua natureza, os filmes possuem um elevado tom documentarista, sendo o primeiro sobre a vanguarda musical americana, o segundo um retrato irônico sobre a fixação dos britânicos com banheiros, o terceiro é um exercício de montagem sobre pessoas se atirando na água e o último é o documentário sobre o longa de ficção *Afogando em números*, comentado anteriormente.

Em relação às propriedades do vídeo, dispositivo utilizado na TV, sabe-se que ele difere do cinema na gravação das imagens como informação eletrônica numa fita magnética e, mais recentemente, com a digitalização dos processos de produção; essas informações passaram a ser enviadas diretamente a um computador. Isso resulta em processos de estocagem e de acessibilidade mais flexíveis. A diferença marcante entre os dois meios se dá, principalmente, na qualidade da resolução das imagens, o que confere ao vídeo limitado alcance, certo achatamento da imagem e poucos contrastes, quando comparado com a qualidade da imagem cinematográfica, a profundidade de campo e os contrastes de luminosidade. Contudo, o surgimento da televisão de alta definição superou certas limitações e, juntamente com os processos digitais de armazenamento, manipulação (edição e pós-produção), distribuição e exibição, tem-se aberto novo campo para a criação da imagem, tendendo, inclusive, a modificar de forma radical a constituição da imagem cinematográfica, tornada cada vez mais híbrida pela adoção das técnicas eletrônicas e digitais. Assim, Arlindo Machado sintetiza essas variações:

> (...) as possibilidades de edição e processamento digital (...) multiplicam o potencial metamórfico e anamórfico das imagens contemporâneas a alguma enésima potência. Determinados algoritmos de computação gráfica permitem intervir sobre as figuras e distorcê-las infinitamente, sem que verdadeiramente haja limites para esse gesto desconstrutivo. Com os modernos recursos de pós-produção, sobretudo aqueles que permitem a manipulação digital, pode-se silhuetar as figuras, linearizá-las, preenchê-las com massas de cores, alongá-las, comprimi-las, torcê-las, multiplicá-las ao infinito, submetê-las a toda sorte de suplícios, para depois restituí-las novamente, devolvê-las ao estado de realismo especular. Diferentemente das imagens fotográficas e cinematográficas, rígidas e resistentes em sua fatalidade figurativa (o desenho animado é uma exceção do cinema), a imagem eletrônica resulta muito mais elástica, diluível e manipulável como uma massa a moldar. Não por acaso, essas características anamórficas das imagens eletrônicas e digitais possibilitaram à

vídeo-arte e à *computer art* retomar o espírito demolidor e desconstrutivo das vanguardas históricas do começo do século e aprofundar o trabalho de rompimento com os cânones pictóricos (figurativismo, perspectiva, homogeneidade de tempo e espaço) herdados do Renascimento.[5]

O cinema de Greenaway desenvolvido a partir dos anos 1990 é tributário dessas mudanças. Cabe, no entanto, a recuperação de certos lugares, centrados no contexto das transformações da televisão, ainda na década de 1980, para se verificar de que maneira se processou tal câmbio na construção da imagem; para isso, comento a série sobre a música e a adaptação do texto de Dante Alighieri, que assinalam importantes traços na constituição do desenvolvimento artístico de Greenaway.

O ponto de partida de sua experiência no *Channel 4* se deu no começo da década de 1980, dirigindo a série *Four American Composers,* em 1984.[6] *John Cage, Philip Glass, Meredith Monk* e *Robert Ashley* eram os títulos homônimos dos filmes e dos músicos tematizados. A ideia surgiu no momento em que John Cage iria a Londres e se apresentaria num programa organizado pelo Almeida Theatre para comemorar seus setenta anos e, então, Greenaway sugeriu à rede de televisão que fosse realizado um documentário sobre o artista americano. A resposta

---

5 MACHADO, A. *Pré-cinemas & pós-cinemas.* Campinas: Papirus, 1997, p. 248.

6 Antes da realização da série, Greenaway dirigiu o filme *Act of God*, no entanto, o filme preserva em seu modo de composição aspectos relacionados à sua intervenção no cinema, sendo rodado em película e não contendo o manuseio com a paleta eletrônica, já notável nos filmes sobre os músicos americanos, além de ter sido exibido na BBC.

afirmativa veio com a contrapartida de que fosse realizada uma série sobre música contemporânea americana, tomando Cage como ponto de partida.[7] O resultado foi a elaboração de quatro documentários a partir das performances organizadas pelo Almeida Theatre, em Islington, Londres, ao lado de um trabalho de edição que reuniu entrevistas e imagens de arquivo. Além da importância que assumem no desenvolvimento da carreira de Greenaway, os quatro filmes compõem um raro momento em que a moderna música americana foi tratada criativamente no território da televisão.

Em comparação com os filmes feitos posteriormente e em relação à estética de Peter Greenaway, os quatros documentários, em sua elaboração, distinguem-se por tomarem a música como motivo dominante, – desta forma, os recortes espaço-temporais e o trabalho de encadeamento na edição se colocam a serviço deste propósito. São quatro filmes que se diferenciam tematicamente e se assemelham estruturalmente em sua orquestração audiovisual. Em cada um, Greenaway buscou captar uma voz diferenciada e convertê-la num discurso autêntico, preservando a individualidade estética de cada um e ao mesmo tempo alinhavando os trabalhos, enfatizando os aspectos conceituais e a maneira como estabeleciam vínculo com a música minimalista. Isso foi bastante favorecido por sua intensa convivência com essa modalidade musical e a identificação pessoal com essa forma de elaboração artística em que se privilegia o componente intelectual e os jogos com o acaso. Numa entrevista, Greenaway definiu

---

7   Entrevista concedida a mim, em agosto de 2003, em Edimburgo.

sua relação com a música minimalista da seguinte forma: "ela é sobre repetição, sobre reinicio, sobre variações a partir de um mesmo tema, é profundamente irônica, é também universal em sua origem, é uma música eclética e relaciona-se mais com a música Indiana e com a música Oriental do que com a música clássica europeia".[8]

Fortemente inspirada na sonoridade de mantras e de outras referências orientais, a música minimalista encontra em *Vexations* (1893), de Erik Satie, a fonte ocidental mais remota no tempo. O momento mais fecundo para o desenvolvimento dessa modalidade foram os anos 1950 e 1960, sendo as propostas conceituais de John Cage o ponto de partida para o que se seguiu, até que nos anos 1980 cumpriu-se o apogeu de tal proposta, principalmente com a música de Philip Glass. Associado à arte conceitual, o minimalismo caracteriza-se pela inclusão de elementos aleatórios em sua execução, instrumentos eletrônicos, sendo o elemento fundamental a repetição melodiosa que leva, invariavelmente, a um efeito hipnótico.

Embora a música minimalista não seja o tema central da série, ela está presente nas obras dos artistas e torna-se, ao nível do conteúdo, o fio condutor para a série. A forte atração da música minimalista em Peter Greenaway pode ser verificada desde os filmes experimentais da década de 1970, principalmente em *A Walk Through H*, *Vertical Features Remake* e *The Falls*; os três tiveram a colaboração de Michael Nyman, músico britânico, contemporâneo de Greenaway e responsável pelas trilhas musicais de tais filmes e certamente um importante

---

8 *Idem.*

interlocutor para questões dessa ordem. Há, deste modo, uma familiaridade entre o realizador e as peças apresentadas pelos músicos, que também mantêm forte relação com a imagem em movimento do cinema e do vídeo, conforme veremos.

John Cage é, ao lado de Jorge Luis Borges,[9] Ronald B. Kitaj e Alain Resnais, um dos grandes heróis de Peter Greenaway, e o que lhe interessa em seu trabalho são as variações estruturais, os jogos com o acaso e a permanência do gesto intelectual do artista. Cage construiu uma trajetória ímpar na história da música, transitou também pela pintura, conciliou a literatura em seu trabalho e atuou também na dança ao lado de Merce Cunningham. Cage, como Marcel Duchamp, percorreu o modernismo e influenciou decisivamente a vanguarda que se seguiu nos 1960, como a arte conceitual e os desdobramentos do pós-modernismo. Tanto Greenaway, como os outros músicos documentados são tributários de suas experiências e de suas ideias.

John Cage é o filme que apresenta o maior número de informações sobre as obras realizadas pelo compositor. O filme começa com a tela escura e o letreiro *Indeterminacy – story nº 46*; logo se ouve uma pequena narrativa, seguindo-se a voz de Cage e sua atenção para a simultaneidade de informações sonoras; então é mostrada uma imagem interior de um edifício sendo demolido, trata-se do interior da Igreja de St. James, vindo abaixo especialmente para a performance em Londres. Antes da aparição dos

---

9   Sobre as relações entre J. L. Borges e Greenaway, ver: MACIEL, M. E. "Irrealidades virtuais: Peter Greenaway à luz de J. L. Borges". In: VASCONCELOS, M.; COELHO, H. R. (orgs.). *1000 rastros rápidos: cultura e milênio*. Belo Horizonte: Fale, 1999.

créditos de abertura, uma frase de Cage na tela elucida: "Os sons do ambiente não estão atrapalhando de forma alguma a música". E assim somos convidados a acompanhar a sua performance e a penetrar no passado de sua obra.

Greenaway, como documentarista centrado no processo de criação, realça a obra em detrimento de dados biográficos e forja uma estrutura interna intercalando partes das micronarrativas de *Indeterminacy*, de 1959, ao longo do filme, com outras peças musicais tais como *Living room music*, de 1940, *Eletronic music for piano*, de 1964, *Roarotorio: an Irish circus on Finnegans Wake*, de 1979 etc. O filme enfatiza as particularidades de sua estética, tais como a ampla gama de qualidades sonoras que Cage envolve em suas peças musicais, o papel da improvisação e o da estrutura em outras. Seu trabalho é revelado por meio de imagens de arquivo, de depoimentos e da performance.

Atendendo aos apelos do objeto, há a busca pela criação de um espaço sonoro, e as imagens do filme remetem a isso em sua elaboração polifônica. A câmera de Greenaway não se aquieta em registrar naturalmente a performance, os depoimentos e as gravações em locações. Há um constante trabalho de encenação por meio da pose (Cage e entrevistadores em situação artificial de conversa), da iluminação e do enquadramento. Mas é na edição que se verifica a manipulação dos elementos visuais e sonoros visando unicamente a presença dominante da música. Greenaway abre mão da *voz over*, faz com que Cage fale livremente, cortando e adicionando em momentos de grande significação. Embora se perceba o cuidado no trabalho das imagens, o que remete ao autor do filme, há uma rendição declarada em nome do tema, – desta forma, a música e as imagens de arquivo de apresentações passadas e os letreiros criam um todo coerente que não apenas informa, mas tornam o material objeto de contemplação. *Indeterminacy* e suas noventa estórias permanece como base para algumas narrativas elaboradas por Greenaway. No primeiro momento que as ouviu, contou erroneamente noventa e duas narrativas; ele levou adiante esse equívoco e incorporou propositalmente na estrutura do filme *A Walk Through H*, em que acompanhamos uma viagem fantástica por 92 mapas, no longa experimental *The Falls* (1980) e suas 92 biografias apócrifas, nas 92 histórias sobre o roubo de barras e joias de ouro de judeus durante a 2ª. Guerra Mundial no romance *Gold* e as várias combinações com o número no projeto *Tulse Luper Suitcases*: 92 como número atômico do urânio que conecta o projeto com a história do século XX e como ponto de partida para combinações ficcionais infinitas. De certa forma, a criação de um motivo aleatório para o desenvolvimento da narrativa funciona analogamente ao Mcguffin de Alfred Hitchcock e no caso de Greenaway isso é utilizado para reforço da artificialidade de suas histórias.

Meredith Monk e *Philip Glass* são os filmes mais tímidos em termos de arranjos visuais. Ambos artistas são minimalistas e performáticos, no entanto Meredith Monk, ao desempenhar quatro ofícios – compositora, cantora, cineasta e coreógrafa – permitiu maior exploração "televisiva" de sua estética por meio de uma seleção de suas performances como cantora e bailarina, da sobreposição de seus filmes feitos previamente e de depoimento em que se preservou a posição diagonal entrevistador–entrevistado, com um toque sutil de artificialidade e teatralidade por meio da iluminação e da disposição espacial da artista. Philip Glass é relativamente conhecido pelo público e no filme ocorreu um processo de enxugamento da visualidade e acentuada atenção à performance, visualmente trabalhada com recursos de edição, no comentário verbal por meio de letreiros e no depoimento do artista e de seus colaboradores, também de forma estilizada. Em ambos filmes, Greenaway procurou equivalências sintáticas no plano visual para que nas peças encenadas, como *Music in similar motion*, de Glass, e *Dolmen*, de Monk, fossem valorizados, principalmente, o aspecto da repetição temporal e, particularmente em relação a Meredith Monk, a conjunção entre os movimentos repetidos dos corpos dos bailarinos e da música executada.

Robert Ashley é o filme em que se opera a melhor tradução da performance para a linguagem televisiva e o motivo é que Robert Ashley compôs a ópera *Perfect Lives* para televisão, conjugando vídeo e performance musical. O filme centra-se na apresentação da ópera no Almeida Theatre, além de pontuados e contidos depoimentos. *Perfect Lives* narra em sete episódios os acontecimentos em torno do músico "R" e de seu amigo "Buddy", que vão até uma cidade do Meio Oeste dos Estados Unidos para entreter os frequentadores do "Perfect Lives Lounge". Greenaway condensa todo o espetáculo preservando a essência dos enredos, deixa os conteúdos dos quatro monitores de tevê invadir o espaço do filme, intercala as cenas com as performances dos cantores e, por se tratar de uma única obra que se documenta, cria-se um rico ambiente textual em que convivem a obra executada, os comentários a

O autor multiplicado 245

seu respeito e a visão pessoal do diretor que recria esse universo a seu modo.

Bill Nichols[10] propõe quatro modalidades (hoje ampliadas, mas que aqui serão consideradas em sua versão original) em que as apropriações do material fílmico por parte dos realizadores seguem diretrizes particulares e distintas entre si para a representação da realidade. Assim, a *modalidade expositiva* (Grierson, Flaherty) surgiu do desejo de explicar o mundo a partir da utilização de recursos didáticos, sendo sua inspiração a narrativa clássica na montagem e na apresentação dos eventos guiados por um narrador onisciente. O surgimento da *modalidade de observação* (Leacock–Pennebaker, Frederick Wiseman) foi possível graças ao surgimento de equipamentos mais leves e aparelhagem para gravação sincrônica, além de um "desencanto com a qualidade moralizadora do documentário expositivo" (p. 66); nesta modalidade prevê-se observação direta do acontecimento, acreditando-se que ele poderia narrar-se por si só. No mesmo contexto, no começo dos anos 1960, delineia-se a *modalidade interativa* (Jean Rouch), em que a perspectiva do realizador assume grande importância; desta forma, sua aparição no campo é frequente por meio de entrevistas ou comentários. Finalmente, a *modalidade reflexiva* (Dziga Vertov, Raúl Ruiz) se compõe de estratégias que almejam questionar os próprios limites do que é filmado; nesta modalidade, o próprio documentário torna-se objeto de reflexão.[11]

---

10 NICHOLS, B. *La representación de la realidad.* Barcelona: Paidós, 1997.

11 *Idem*, p. 66.

Tomando como veio a concepção aristotélica da poética, os estudos literários (Todorov, Valery) e matizes do pensamento pós-estruturalista (Derrida, Barthes, Foucault), Renov propõe-se a elaborar uma classificação do documentário a partir de suas funções. Deste modo, a primeira função seria descrita como *gravar, revelar ou preservar* e estaria no seio de toda a produção cinematográfica. Trata-se de uma crença fenomenológica do poder da câmera em restituir as coisas do mundo, já que seu status indicial permite captar o movimento real e o cineasta opera uma espécie de desejo de preservação do mundo. A segunda função, definida como *persuadir ou promover*, "deve ser entendida como um efeito da história dentro de condições discursivas precisas" e teria os filmes realizados na tradição de Grierson como fio condutor. *Analisar ou interrogar* é outra função e "pode ser considerada como o reflexo cerebral da modalidade *recordar/revelar/preservar*; é a revelação interrogada". Dziga Vertov (*Um homem com uma câmera*), Chris Marker (*Letter from Siberia*) seriam fortes vertentes dessa postura por assumirem em suas produções uma intervenção crítica na realidade e nos próprios meios de se fazer cinema. Por fim, *expressar* vincula-se a uma vertente do documentário estreitamente relacionada à vanguarda ou ao filme experimental; nessa categoria, elege-se a composição da imagem e do som objetivando o alcance de efeitos estéticos distantes de uma crença purista no significado histórico dos eventos captados. Cineastas como Joris Ivens (*The Bridge, Rain*), Godfrey Reggio (*Koyaanisqatsi*) e Stan Krakhage (*Fittsburgh Trilogy*) são nomes fortes dentro dessa função por realizarem filmes em que a preocupação com a realidade filmada não se dissocia em nenhum instante de um trabalho mais elaborado com a pesquisa de linguagem.[12]

Levando-se em conta as reflexões sobre o filme documentário de Bill Nichols e de Michael Renov em relação à série *Four American Composers*, notamos que ela carrega uma forma híbrida de composição, ao haver a presença simultânea das modalidades de observação, de interação e de exposição de Nichols e da função "expressar" de Renov. Assim, por se tratar de uma série de filmes documentários em que o realizador se omite propositalmente para que se componha um espaço sonoro capaz de dar a real dimensão dos trabalhos apresentados, acredito que o conceito de função "expressar" de Renov se exerce de maneira dominante, amalgamando os outros aspectos discursivos, o que evidencia um procedimento autoral, pois mesmo Greenaway preservando o material coletado em sua gênese, elabora-o segundo um método próprio em que se perpetua o desejo de equacionar visualmente o material cênico.

A programação seriada faz parte do alfabeto televisivo e traz consigo o desafio de compor a imagem e o som de tal forma que sejam reconhecíveis imediatamente pelo telespectador. O que se nota é um exercício de adaptação de um conteúdo fortemente intelectualizado para o ambiente dispersivo do meio televisivo, e as estratégias encontradas para aproximação do tema ao meio se dão pela insistência em destacar, primeiramente, os aspectos similares das obras que, na maioria das vezes, prezam pelos contornos minimalistas. Outro

---

12 In: RENOV, M. "Re-thinking documentary". *Wide Angle*, vol. 8, ns. 3/4, 1986, p. 71-77.

elemento é a permanência em expor o gesto de vanguarda próprio às suas trajetórias e a necessidade, ao nível da composição, de se expor ao extremo as obras em detrimento das biografias. Vale dizer que esses três aspectos são trabalhados na edição que ordena ritmicamente o material, reforçando a ideia já referida sobre a intenção de criação de um espaço sonoro. Diferentemente de filmes anteriores, nessas quatro peças, Greenaway optou pela economia de elementos utilizados, justificado pelo amálgama entre expressão e conteúdo –, diante disso, existe a sensação de apagamento do realizador, que se trata de uma estratégia discursiva de reflexão na composição da série.

Ao mesmo tempo em que os filmes foram feitos para não destoarem completamente da forma como se realiza a programação ordinária da televisão, justamente pelos aspectos citados anteriormente, eles também não se distanciam do princípio de unidade próprio aos sistemas mais fechados de elaboração, como o cinema. Assim, unidade, homogeneidade e acabamento são características da série que contrastam com a multiplicidade, a heterogeneidade e a continuidade próprios ao meio televisivo e já apontadas por Santos Zunzunegui.[13] Desta forma, nota-se a astúcia de se adequar um tema que, a princípio, não é comumente tratado no ambiente da televisão.

Tenho ressaltado a presença do comentário, da reflexão, da inclusão de uma voz ensaísta nos filmes de Greenaway. Essa voz inquiridora e autorreflexiva, atenta para a criação de universos narrativos em que o inusitado emerge como desvio

---

13 ZUNZUNEGUI, S. *Pensar la imagen*. Madri: Cátedra, 1989, p. 208.

a padrões rígidos de verossimilhança, também recai sobre seu trabalho de adaptação de textos canônicos da história da literatura, que inauguram outro momento de realização a partir de *A TV Dante* (1989), na televisão, e se sedimenta com *A última tempestade* (1991), no território do cinema. *A TV Dante* é um marco da apropriação que ele faz do universo eletrônico e digital, tanto no que diz respeito à investigação do instrumental tecnológico à disposição, como na tradução da obra literária, expandida pela polifonia com que é construída. Conforme se constata, essas passagens de uma fase para outra não se pontuam cronologicamente de maneira rígida, mas fazem parte de um processo de criação que se entrecruza com outras vertentes da obra do diretor, tal como se observa na impossibilidade de se traçar uma linha evolutiva em que os momentos sejam demarcados pontualmente.

O filme foi encomendado por Michael Kustow a Peter Greenaway e ao artista plástico e inglês que traduziu e ilustrou *A Divina Comédia*, Tom Philips.[14] Concebido inicialmente em 1985, o filme ganhou uma versão preliminar em que os diretores adaptaram apenas o primeiro canto e, em seguida, em 1989, lançaram uma versão maior, adaptando os cantos de 1 a 8, do *Inferno*. A partir de então, Greenaway se familiarizaria com o Quantel Paintbox e com recursos de edição não linear, as ferramentas tecnológicas necessárias para sobrepor imagens e realizar narrativas não lineares, como irá acontecer em *A última tempestade*.

---

14 Refiro-me à tradução lançada por ele em 1983.

A descida ao Inferno, realizada por Dante Alighieri e conduzida pelo poeta Virgilio, onde se deparam com a pletora de condenados em um espaço alegórico fechado em seu contorno religioso, no contexto da passagem do obscurantismo medieval para o renascimento, assinala um momento de transformação intensificada, e segundo Flavio Aguiar, esse declínio, seguido do percurso ao Purgatório e ao Paraíso, "abre, no poema, e de modo inesquecível, a presença de um novo espaço que durante o Renascimento continuará crescendo e que, por fim, fará implodir definitivamente a arquitetura religiosa e ptolomaica do mundo, já em meio à Revolução, às Luzes e às guerras de Independência das colônias americanas".[15]

O que os diretores restituíram no trabalho de adaptação está em consonância com as considerações de Flávio Aguiar, que observa a riqueza da obra poética enquanto construção literária, a medida exata de um percurso subterrâneo de um sujeito a um universo alegórico restituído como visão:

> Uma visão é um salto, é viver e ao mesmo tempo abrir um anel de saber; é compreender e abandonar uma identidade. Uma visão literária não tem o sentido passivo da contemplação religiosa, de impor-se um Olhar ou uma Palavra de Além. Oferecer-se a uma visão é saltar além, é ver a tradição e rompê-la. É a presença da tradição que dá a visão sua inteligibilidade; mas é a ruptura desta com aquela que lhe dá sua condição de percepção. Uma "visão" que

---

15 AGUIAR, F. "Visões do inferno ou o retorno da aura". In: NOVAES, A. (org.). *O olhar*. São Paulo: Companhia das Letras, 1995, p. 320.

se limite, em sua construção, a confirmar a tradição não é uma visão; é uma tautologia.[16]

E, ainda:

Dante pôs em movimento enciclopédico, pela primeira vez na história do Ocidente, uma língua vulgar, levando-a a ampliar-se até recobrir o universo do conhecimento e o anel de saber de seus contemporâneos.[17]

Nesse sentido, *A TV Dante* como obra de reescritura, como transcriação, oferece-se também como visão que não se contenta com a recriação de um passado distante e rico em sua simbologia, mas presentifica o texto literário, alinhando àquelas visões do Inferno algumas imagens de acontecimentos do século XX, enriquecendo a obra original com o trabalho de construção da encenação e do manuseio do material visual, via paleta eletrônica e digital.

Os campos visual e sonoro se abrem para a multiplicidade discursiva que objetiva enriquecer o texto de partida, descentrando-o por via da distribuição de pontos de vista que iluminam a fonte, no desejo de atualizá-lo, o que ressalta sua imortalidade canônica. Para isso, o filme articula uma estrutura tríplice: 1) manifesta pelas faces e vozes de Dante (Bob Peck), Virgílio (John Gielgud) e Beatriz (Joanne Whalley), que recitam os oito primeiros cantos; 2) a navegação profunda no

16 *Idem*, p. 321.

17 *Idem*, p. 321.

universo visionário do poema de Dante, atualizado mediante uma edição em que confluem imagens de arquivo e a perfomance dos atores; 3) e o tom documentarista pela aparição de especialistas que funcionam como informação de rodapé na tela do vídeo, a saber: o naturalista David Attenborough, o classicista David Rudkin, o astrônomo Olaf Pederssen, o cosmologista Colin Ronam, a historiadora Patricia Morison, o teólogo Malcom Wreer, o psicólogo James Thompson, o entomologista Michael Day e o próprio diretor, Tom Philips, que segue a linha trilhada por Greenaway anteriormente visando inscrever-se no texto que constrói.

Se para Dante a palavra era o meio de acesso ao território obscuro objetivando uma revelação, no filme temos um procedimento análogo, em que a palavra emprestada se coaduna aos meios tecnológicos de registro, edição e pós-produção para fazer explodir um universo imenso de referências e distorções, tensionando o conteúdo traduzido.

Seguindo esse raciocínio, a imagem de abertura de cada canto transformado num episódio televisivo é composta pela inscrição de um vídeo médico que registra o interior do organismo, bastante esquematizado com números e letras e acrescido de dados cronológicos que indicam o tempo da jornada. A meu ver, essa solução visual metaforiza o componente reflexivo que estabelece no processo tradutório uma atualização conflitante, na medida em que funde duas temporalidades de forma descentrada e provocativa nos seguintes termos: a *Divina Comédia* é um trabalho artístico em que Dante mergulha no passado clássico e medieval e anuncia os novos tempos; correlato a esse movimento, detectado no texto de partida,

Greenaway e Philips realizam um recuo no tempo impulsionados pelas ferramentas que manuseiam e encontram na figura do homem descendo a escada de Muybridge a forma exata de aludirem aos primórdios do cinema. Essa imagem recorrente no filme aponta para a descida dos autores em sua representação do *Inferno*, cuja selva passa a ser a metrópole contemporânea, e ao avançar nos círculos descritos por Dante recuperam acontecimentos trágicos do século XX, centrando-se nos grandes extermínios provocados pelas guerras e a emergência de figuras tiranas. Assim, o processamento anamórfico recupera imagens de arquivo e funde-se com o pavoroso balé de homens e mulheres numa pulsação delirante. Esse movimento visionário como revelação adensa-se poeticamente justamente pelo ir além do uso dos dispositivos em nome da equação forma e conteúdo, e busca questionar o próprio mecanismo, por vezes autoritário, de apropriação das imagens que o desenvolvimento tecnológico gerou, daí a importância da cena da abertura, que enfatiza a incisão do homem no interior do corpo, nas possibilidades infinitas de transformação da vida que se operam, quer queiramos ou não, como relações de poder.

Para finalizar, vou destacar dois documentários experimentais realizados por Greenaway. *Death in the seine* (1989) inicia com uma nota explicativa: "Este filme examina uma série de mortes ocorridas dentro e nas proximidades do rio Sena, entre 1785 e 1801. Havia conexão com os acontecimentos da Revolução Francesa? O telespectador deve julgar. Algumas cenas poderão chocar as pessoas mais sensíveis". Em seguida, aparece a famosa fotografia autoperformática de Hippolyte

Bayard, intitulada *Self Portrait as a Drowned Man*, e o filme é dedicado ao fotógrafo. O filme, feito para a televisão, teria como origem o livro escrito por Richard Cobb, *Death in Paris* (1978), que, por sua vez, versava sobre a descoberta de um arquivo sobre mortos na Biblioteca Nacional, na capital francesa. Nele, dois assistentes de necrotério, Boule e Doude, catalogavam e descreviam minúcias sobre os cadáveres, entre 1790 e 1801, justamente no contexto da Revolução Francesa.

O filme apresenta uma sucessão de 23 mortos, estruturalmente obedecendo aos movimentos que sucedem a retirada do cadáver do rio Sena, o exame por parte dos legistas e novamente a exposição do corpo já "preparado". Há o recurso da dramatização dos eventos, em preto e branco. Letreiros são apresentados na tela, imagens em *picture in picture* também são acionadas e a imagem é trabalhada plasticamente, *com o movimento de traços que remontam ao desenho, mediante o uso de processos de computação gráfica.* Esse trabalho com as imagens já oferece um tipo de resultado, com força expressiva na superfície da tela, que irá ser uma marca forte em importantes filmes de longa-metragem posteriores, em que o diretor assume as tecnologias digitais de pós-produção. Todo esse material é "organizado" por uma *voz over* masculina, sob a música de Michael Nyman, remontando a características já reconhecidas do estilo do diretor.

Há um tratamento singular em relação aos arquivos e, principalmente, aos fatos historicamente datados. Para tratar de um tema, verídico, distante do tempo, o enunciador recupera uma fotografia em que a ideia do falso é dominante; consequentemente, a fotografia do falso suicídio também

O autor multiplicado

255

pode ser um indício da valorização da instância representativa maior, o filme, como um falso. Greenaway não parece estar
interessado em recuperar o passado "fielmente", seu gesto é
mais no sentido de oferecer visões e interpretações sobre a
história, questionando os regimes de verdade. Água, corpos
mortos e mortes violentas são elementos recorrentes em seus
filmes e, como temos apontado, indicam forte presença do
grotesco na constituição de sua estética. Curiosamente, essa
dimensão alcança os filmes de ficção e de não ficção.

Outro trabalho, também feito para a televisão (BBC), de-
nomina-se *M is for Man, Music and Mozart* (1991). Trata-se de
um vídeo experimental que agrega imagens de animação,
teatro e dança, sob a música do compositor holandês Louis
Andriessen. O filme é encenado em um ambiente inspirado
em um Teatro de Anatomia europeu, do século XVII. O filme conta com a voz de uma cantora, que canta versos cujo
conteúdo relaciona letras a nomes, arbitrariamente, até que
se alcance a letra M. Nessa sucessão, ao gosto de Greenaway,
já desenvolvido em narrativas de ficção, imperam as listagens
em seu esplendor. Assim, a letra M dá origem ao Homem
(Man), depois ao Movimento (Movement), à Música (Music) e,
finalmente, à Mozart. Compoem as imagens bailarinos e bai-
larinas nus, uma plateia e vários objetos de cena. As referências ao barroco flamenco, às perfomances contemporâneas e
ao próprio vocabulário de Greenaway são evidentes.

Capítulo 4
Cinema e novas mídias:
modos expandidos de construções narrativas

A complexidade narrativa e expressiva
de *A última tempestade*

O filme *A última tempestade* (*Prospero's books*, 1991) é uma adaptação da peça *A tempestade* (*The tempest*, 1611), de William Shakespeare, feita nos moldes do que Haroldo de Campos[1] denomina *transcriação poética*, ou seja, há o investimento criativo que transforma o texto de partida, conferindo-lhe novas qualidades, redimensionando-o em seu duplo aspecto, expressão e conteúdo, o que aponta para uma recriação do mesmo. Greenaway elegeu um elemento que ao mesmo tempo representasse e justificasse a atmosfera fantástica que paira sobre a ilha em que estão Próspero (John Guiegud), Miranda (Isabelle Pasco), Calibã (Michael Clark) e Ariel (Orpheo, Paul Russel, James Thierrée e Emil Wolk), encontrando na nomeação e na exibição visual de 24 livros[2] o extrato exato do encantamento.

---

1 CAMPOS, H. "Da tradução como criação e como crítica". In: *Metalinguagem*. São Paulo: Cultrix, 1976, p. 21–38.

2 Esse elemento já está indicado no título original em inglês e foi abolido da tradução do mesmo para o português, o que, a meu ver, desloca o sentido da obra para o fenômeno da tempestade. A escolha arbitrária de vinte e quatro livros é justificada pela retomada da visão pessoal do cineasta Godard, ao afirmar que o cinema "expõe a verdade em vinte e quatro quadros por segundo", evoca também a utilização da dúzia que é anterior ao sistema decimal – neste caso vinte quatro corresponderia a duas vezes doze –, o conteúdo dos livros representa uma amostragem significativa do conhecimento acumulado pelo personagem, e,

A peça delega a Próspero a voz que elucida ao público sobre as causas e as consequências de seus infortúnios. O passado é dado a conhecer em sua confissão à sua filha Miranda, jovem de 15 anos que, assim como todas as criaturas do lugar, estão sob o domínio mágico de Próspero e, no presente da história que se desenvolve, é acordada de um sono profundo para ouvir seu pai revelar-lhe os acontecimentos do período remoto, até então desconhecido. Ele revela-lhe a traição de seu irmão e enfatiza o tempo devotado ao cultivo de seu espírito, motivo pelo qual foi distanciado do poder:

> Próspero: Não percas nada, peço-te. Descurando dos assuntos temporais e vivendo inteiramente retirado, a cuidar, tão só, dos meios de aperfeiçoar o espírito com as artes que, a não serem secretas, no conceito dos homens subiriam, fiz instintos perversos despertar no mano pérfido. Minha confiança, como pai bondoso, fez nascer nele uma traição tão grande quanto minha boa-fé, que era, em verdade, sem limites, imensa. Assim, tornado senhor não só de quanto minhas rendas lhe facultavam, mas também de tudo que meu poder, então lhe permitia – como alguém que o pecado da memória cometesse, por dar inteiro crédito às suas próprias mentiras, enunciadas como verdades puras – chegou ele a acreditar que era, de fato, o duque, por ser o substituto e estar afeito às mostras exteriores da realeza e aos privilégios inerentes a ela. Tendo sua ambição tomado vulto...

finalmente, evidencia o livro como objeto e símbolo do conhecimento em nossa sociedade.

Chama atenção outro momento do início da peça, em que o destronado duque comenta sobre os livros que portava em sua retirada, favorecida pelo nobre Gonzalo:

> Próspero: A Providência divina nos guiou. Conosco tínhamos alimentos alguns e um pouco de água potável que Gonzalo, da nobreza napolitana, e que incumbido fora da execução de todo esse projeto, por piedade, tão-só, nos concedera, além de ricas vestes, linho, panos e muitas outras coisas, que têm sido de grande utilidade. Assim, por pura gentileza, sabendo quanto apego eu tinha aos livros, trouxe--me de minha biblioteca volumes que eu prezava mais do que meu ducado.

Esses dois elementos, o acentuado culto ao espírito e o porte de livros valiosos, compuseram os elementos-chave para o desenho de Próspero por Greenaway. Ele o concebeu como um refinado erudito renascentista, portador de poderes mágicos levados à exaustão pela construção ilusória de um lugar que atendesse a esse apelo da peça, daí a explosão de seres que bailam nos espaços e todo um delirante movimento de entradas e saídas, tanto de estranhas criaturas como de lugares habitáveis e movediços. Outro componente dessa magia é a apresentação dos livros de Próspero, dado essencial do filme, perdido na tradução do título para o português. São vinte e quatro livros assim intitulados, cujos conteúdos merecem comentários esclarecedores:

Um livro da água. Essencial para a tempestade que Próspero cria para atrair os usurpadores de seu trono até a ilha e poder vingar-se. A água é essencial para a vida e está presente em quase todos os filmes de Greenaway como elemento de sentido.

Um livro de espelhos. Os espelhos aparecerão com frequência ao longo da narrativa e consubstancia com o jogo especular realizado com as múltiplas figuras de Próspero e de Ariel, bem como o intenso ilusionismo na construção da fábula.

O livro das cores. Ele contém três mil cores que se sucedem ininterruptamente. Referência à riqueza da pintura em suas infinitas possibilidade de criação de universos pela manipulação de cores e formas e às possibilidades de introduzir isso ao cinema, pelas tecnologias digitais.

O livro da arquitetura e da outra música. O livro traz noventa e cinco modelos de edifícios exibidos tridimensionalmente quando se abrem suas páginas e a música é associada à arquitetura pelas proporções harmônicas. Arquitetura e música são integrante de um suposto sistema greenawayano, desde *A barriga de um arquiteto* até a associação profícua com Michael Nyman.[3]

Um inventário alfabético da morte. Trata-se de um documento apócrifo que contém todos os mortos desde Adão até a mulher de Próspero, Susana, e antecipa sua morte, que aparece logo após a exibição do livro. As listagens e as classificações são diretamente associadas ao vocabulário de Greenaway; além disso, o tema da morte é contínuo desde os filmes

---

3   O entusiasmo em relação à arquitetura também foi explorada nos catálogos da série de exposições *The Stairs* e num ensaio intitulado "Just place, preferably architectural place". In: ADAIR, G. (org.). *Movies.* Londres: Penguim, 1999, p. 273-279.

experimentais, que incluem a morte de artistas, ou mais apropriadamente, a morte do autor.

Um Atlas que pertence a Orfeu. Esse livro traz um mapa do Inferno traçado por Orfeu para o resgate de Eurídice. A presença deste mapa liga-se à obsessão do cineasta pelo sistema da cartografia, amplamente desenvolvido em *A Walk Through H.*

Um severo livro de geometria. "Um manual da nova ciência emergente que permite a formulação matemática do espaço físico". A geometria ocupou papel central na pintura renascentista, momento reportado intensamente no filme; além disso, a geometria sempre pauta a composição da encenação nos filmes de Greenaway em sua fixação pela simetria.

Versalius's A. Uma anatomia do nascimento. Referência ao estudioso da anatomia humana que escreveu *De corporis humani fabrica libri septem.* A exploração do corpo e a abordagem grotesca, nos filmes de Greenaway, se tornaram flagrantes em sua segunda fase de realização assim entendida: o homem e a paisagem (*O contrato do desenhista*), a simetria e a decomposição de corpos (*Zoo*), a gestação e a doença (*A barriga do arquiteto*), o jogo e o desejo do corpo (*Afogando em números*), a comida, o sexo e o canibalismo (*O cozinheiro, o ladrão, sua mulher e o amante*), a fixação com a nudez (*A TV Dante*).

Uma cartilha de pequenas estrelas. Através do conhecimento da estrelas, Próspero salvou-se na imensidão do mar. As estrelas também compuseram o espaço de *Afogando em números.*

Um livro de cosmologias universais. Demonstra por meio de diagramas variados todos os fenômenos universais, almejando fisgá-los num único sistema. Vê-se novamente a fixação do diretor pela organização, pela necessidade falível de dar ordem ao caos.

O livro da Terra. Este é o primeiro de três livros de ciências naturais, essencial para Próspero conhecer os aspectos geológicos do lugar.

Plantas finais. Ricamente ilustrada, essa enciclopédia apresenta todas as informações sobre a flora. É o segundo dos três livros de ciências naturais.

O livro do amor. O amor, nos termos de Greenaway, cumpre papel decisivo para a concepção darwinista do mundo; o livro aparece no momento do encontro entre Miranda e Ferdinando.

Um bestiário dos animais do passado, do presente e do futuro. Terceiro livro de ciências naturais que trata da fauna, porém com animais reais e inventados. A tríade de ciências naturais é uma ferramenta interessante para o controle sobre o espaço natural, ou melhor, na tentativa da cultura impor-se sobre a natureza.

Um livro das utopias. Este é um livro sobre as sociedades ideais. "Próspero, seguindo os ensinamentos da *Utopia*, Thomas More ou a *A cidade do sol*, de Campanella, criou uma sociedade que se poderia considerar utópica, oferecendo aos habitantes da ilha, o retorno ao estado do bom selvagem, de Rousseau".[4]

Um livro de contos de viajantes. O livro contém as maravilhosas descobertas narradas por seus aventureiros: seres híbridos, gêmeos siameses, monstros etc. Sabe-se que a literatura de viagem ganhou impulso com as grandes navegações, época correlata ao desenvolvimento da literatura de Shakespeare.

---

4   GOROSTIZA, J. *Peter Greenaway.* Madri: Cátedra, 1995, p. 175.

Paixão por ruínas. Versa também sobre arquitetura, centra--se na recuperação da antiguidade pelo homem renascentista. O livro aponta para cerca de dois mil anos de construção de um modo de vida "ocidental".

A autobiografia de Semíramis e Parsiphae. É um livro pornográfico, trata do tema da sexualidade, caro a Greenaway, aqui exposta na dimensão libertina e proibitiva.

As noventa e duas vaidades do Minotauro. Já discorrri sobre a importância do número 92 no desenvolvimento de outras narrativas. Greenaway o retoma, filiando-o à figura misteriosa do Minotauro que, assim como Próspero, está "preso" num universo fechado, cujo espaço dá vazão para a fabulação.

Um livro do movimento. Esse parece ser a fonte da magia que confere às criaturas de Próspero o ingrediente necessário para a atualização dos gestos coreográficos constantes no filme. O livro do movimento também metaforiza o cinema, o vídeo e as novas mídias, em sua capacidade infinita de representação pelo registro do movimento.

Um livro de mitologias. O universo mitológico é constantemente referido no filme, principalmente pelas figuras que habitam o espaço da narrativa. Anteriormente, Greenaway também tematizou a mitologia em *Zoo.*

Um livro de jogos. Próspero é um jogador, Miranda e Ferndinando jogam xadrez, – o jogo, no universo de Greenaway, ganhou dimensão simbólica em *Afogando em números.*

Um livro de trinta e cinco livros. Refere-se aos escritos de Shakespeare.

Um livro chamado "A tempestade". No final do filme, Próspero/Shakespeare concluiu o livro que começara a escrever nas primeiras sequências.

A escolha arbitrária de vinte e quatro livros é justificada pela retomada da visão pessoal do cineasta Godard, ao afirmar que o cinema seria vinte e quatro quadros por segundo, evoca também a utilização da dúzia que é anterior ao sistema decimal, neste caso vinte quatro corresponderia a duas vezes doze, o conteúdo dos livros representa uma amostragem significativa do conhecimento acumulado pelo personagem e, finalmente, evidencia o livro como objeto e símbolo do conhecimento em nossa sociedade.

Em trechos da peça, pode-se constatar a brevidade e a sutileza com que o par livro/conhecimento é tratado. Diante disso, opera-se uma interessante mutação ao nível tradutório, pois, se há alusão em Shakespeare à atenção que Próspero dedicou ao conhecimento livresco, isso é potencializado e torna-se o ponto de partida para a reescritura do texto original por via da incrementação do conteúdo e da expressão, o que viabiliza a construção de outra coisa. Os livros que conferem a magia de Próspero, o substrato de seu poder, contêm ingredientes que se filiam diretamente ao universo particular de Greenaway, as escolhas se assentam em variações sobre determinados elementos que se desenvolvem de maneira particular em cada filme, compondo, tal como venho sugerindo, um movimento interior em que sua visão da narrativa se pratica mediante um processo de valorização do artifício.

No filme *A última tempestade*, as relações de poder apresentadas ganham outra dimensão, mas alinha-se a *A TV Dante* a continuidade do trabalho de adaptação literária de *A Tempestade* e o uso das tecnologias digitais fundidas ao cinema. Tomemos o comentário da peça de William Shakespeare pela voz de

Bárbara Heliodora, que o credita como uma "fábula de extra-ordinária complexidade sobre relações do indivíduo com seus semelhantes, com o Estado e com as forças da natureza, que é um dos livros onde se lê o universo criado por Deus":[5]

> Próspero, antigo duque de Milão, teve seu trono usurpado pelo irmão, a quem entregregara o efetivo exercício do governo enquanto ele se dedicava a estudos de mágica: não tenho a menor dúvida de que para Shakespeare a omissão do antigo duque era praticamente tão grave quanto a usurpação do novo. Na ilha à qual chegou, no barco em que ele e a filha foram postos à deriva, segundo Caliban, que se proclama o antigo dominador daquele espaço, o próprio Próspero é o usurpador e, na verdade, entre concretizados e tentados, a obra apresenta nada mais que seis casos diferentes de usurpação em níveis diversos. Para a sua ilha e usando mágica, Próspero atrai, durante uma tempestade que cria, o barco onde estão os responsáveis por sua atual condição de banido. Seu objetivo inicial é a vingança, porém toda uma série de aventuras, bem como o amor de Miranda e Ferdinando, acabam por transformar todo o processo em aprendizado, e a vingança em reconciliação. A peça termina com os preparativos da volta de Próspero a Milão, a fim de retornar as rédeas do governo, devolvidas a ele pelo irmão, e antes de partir Próspero abre mão de seus conhecimentos mágicos. Essa fala[6] é

---

5 HELIODORA, B. *Falando de Shakespeare*. São Paulo: Perspectiva, 2001, p. 150.

6 Prospero: Oh elfos das colinas, rios, vales/E que sem deixar marcas nas areias/A fuga de Netuno perseguis,/E calvagais a glória do refluxo;/Oh

romanticamente tida por muitos como a despedida de Shakespeare de seu mundo de teatro; quanto a mim, creio ser possível que, com sua larga experiência com o jogo da aparência e da realidade, o poeta estivesse efetivamente aproveitando a ocasião para *também* despedir-se de suas atividades profissionais mais permanentes; mas, no quadro específico da ação dramática de *A Tempestade*, parece-me que a grande lição que Próspero aprendeu, nas aventuras desse único dia retratado na peça, é de que não se pode recorrer à mágica na resolução de problemas humanos ou de Estado: para o bom governante se realizar pessoal e politicamente, não é preciso mais do que aquilo que Shakespeare sempre considerou mais do qualquer outra coisa: um homem.[7]

Diante do fato de Próspero abrir mão de seus poderes mágicos destruindo seus livros, Greenaway declarou numa

---

vós, semidemônios que talhais/O leite que não bebem as ovelhas;/E vós, cuja alegria à meia noite/É fazer cogumelos que jubilam/Se a noite chega – por cuja arte,/Embora fracos mestres, apaguei/O sol do meio--dia, criei ventos,/E entre o verde do mar e o azul do céu/Criei a guerra; e ainda incendiei/O trovão que alucina, e abalei/De Júpiter o tronco do carvalho/Com o próprio raio – e o vasto promontório/Sacudi; e das bases arranquei/O pinho e o cedro; e com uma só palavra/As tumbas libertaram seus defuntos/Por força da minha arte. Mas tal mágica/Aqui renego; e quando houver pedido/Divina música – como ora faço – / Para alcançar meus fins pelos sentidos/Que tal encanto toca – eu quebro a vara,/A enfio muitas braças dentro à terra,/E, mais profundo que a mais funda sonda,/Afogarei meu livro. (*Idem*, p. 151).

7   *Idem*, p. 150.

entrevista[8] que esse final da peça não lhe agradava, por acreditar não haver significado em jogar fora o conhecimento acumulado; em contrapartida, na adaptação, delegou a Caliban a retenção do último volume lançado na água, sendo essa solução, não prevista no original, um gesto simbólico que aponta para as revisões de caráter pós-colonialista[9] a que a peça tem passado, já que Caliban, anagrama de canibal, como selvagem e ex-escravo, de posse desse conhecimento poderia reescrever a história, de outro ponto de vista. Temos, por meio dessa cena, inscrita textualmente, tal como nos filmes anteriores, um devir narrativo que lança um projeto em continuidade.

Em relação ao filme destaco dois estudos que esmiúçam particularidades em sua organização textual. O primeiro deles é de Fernando Segolin[10] e centra-se no aspecto barroco de sua linguagem. Para isso, ele utiliza como referencial teórico as concepções sobre o neobarroco de Omar Calabrese, para referir-se às produções artísticas contemporâneas centradas na cisão que promovem em relação à transparência do estilo clássico e se caracterizam por trazerem na manifestação textual os pares: ritmo e repetição, limite e excesso, pormenor e

---

8   RODGERS, M. "Prospero's books – Word and spectacle: an interview with Peter Greenaway". *Film Quarterly*, vol. 45, n° 2, inverno 1991/1992, p. 16.

9   Ver O'SHEA, J. R. "Shakespeare além do estético: *A tempestade* e o pós(-)colonial". *Crop 3*, dez. 1996, p. 48-57.

10   SEGOLIN, F. "A tempestade barroca de Peter Greenaway ou a proliferação do barroco no cinema". *Revista Face*, São Paulo, maio 1994, vol. especial – Barroco, p. 62.

fragmento, instabilidade e metamorfoses, desordem e caos, nó e labirinto, complexidade e dissipação, distorção e perversão.[11]

Segolin enfatiza, no trabalho de adaptação, as soluções visuais que correspondem cinematograficamente ao clima de magia delineados por Shakespeare, dando destaque para os efeitos alcançados por meio do uso da tecnologia eletrônica e digital e o entrelaçamento desses artifícios com o texto de partida.

> O que Greenaway busca recuperar do texto shakespereano, para inscrever em seu filme, é este aceno mítico que a obra de Shakespeare – não por acaso seu canto de cisne – faz a esse instante inseminador, epifânico mesmo, que todo gesto criador instaura, numa espécie de auto–referência metalingüística não só a todo o seu teatro, mas também a toda e qualquer manifestação artística.[12]

A análise pontua ligeiramente os momentos altos do filme, como a presença de Gielgud, a música de Nyman, o bailarino Michael Clark e os livros presentes na trama narrativa. Chama–nos a atenção, especialmente, sua visão para algo que o filme traz em sua estrutura profunda, ou seja, toda a organização estética relacionando–se ao ato criador:

---

11   A obra de Omar Calabrese intitulada *A idade neobarroca* também inspirou a análise de Marcelo Araújo, denominada *O cozinheiro, o ladrão, sua mulher e o amante: Peter Greenaway e os caminhos da fábula neobarroca*. Nele, Araújo investiga aspectos da estética de Peter Greenaway, como dispersão, paródia, obliquidade, intertextualidade, situando-se num pensamento próximo às noções de pós–modernidade.

12   SEGOLIN, F. *Op. cit.*, p. 62.

O autor multiplicado

269

> Filme metalingüístico por excelência, a "Tempestade" de Greenaway é um contínuo auto-apontar-se, um contínuo apontar do cinema para o próprio cinema, com a finalidade de desnudar no palco da tela esse momento mágico, necessariamente plural, multifacetado, feérico, barroco sem dúvida, que marca o nascimento de toda obra. Filme sobre a tempestade da criação, promove o retorno do cinema a seus primórdios, ao mesmo tempo que põe em relevo as potencialidades inesgotáveis e inesgotadas da linguagem cinematográfica.[13]

Segolin enxerga no neobarroco contemporâneo de Greenaway as vibrações do cinema do futuro, rico em suas relações com as outras artes e as outras mídias. Enfim, para ele, o filme encarna o conceito de cinema multimídia.

Em "A fúria poética dos signos em *A última tempestade*",[14] Pedro Nunes realiza um estudo que é parte integrante de uma investigação sobre as relações entre imagem cinematográfica e as tecnologias eletrônicas e digitais. A análise pauta-se, principalmente, pelas particularidades do filme em relação aos processos híbridos de fabricação da imagem e seus desdobramentos estéticos.

Nesse sentido, Nunes atenta para os novos contornos que a palavra ganha ao ser trabalhada visualmente, estabelecendo um diálogo com a poesia visual. Os arranjos entre o verbal e o visual na imagem cinematográfica podem ser

---

13 *Idem*, p. 62–63.

14 NUNES, P. *As relações estéticas no cinema eletrônico*, João Pessoa/Natal/Maceió: EDUFPB/EDUFRN/EDUFAL 1996, p. 109–154.

lidos comparativamente como hipertexto em que "o espectador, diante de estruturas flexíveis, escolhe o seu percurso de navegação".[15] Esse aspecto é realçado, principalmente, pela composição dos livros, em sua elaboração que amalgama vários caracteres para as letras e sua dinâmica na tela, mas o autor não chega a esmiuçar a constituição, oferecendo uma visão geral sobre a maneira como esse imbricamento se realiza.

O segundo aspecto relevante do filme é a tradução tecnológica que culmina no que o autor denominou de edição polifônica. Nunes descreve o processo de captação e conversão do material filmado para o sistema eletrônico, onde a imagem passou a ser tratada em termos cromáticos e recebeu incremento de figuras computadorizadas. Destaca no resultado desse processo a dimensão metalinguística do filme e os elementos plásticos da imagem que se vinculam à concepção de montagem no interior do plano, conforme teorizou Eisenstein.

O estudo contempla também o plano sonoro em que descreve o trabalho de pós-produção realizado a partir de fontes diversas, sendo mais relevante os aspectos discursivos promovidos pela fusão das vozes no personagem Próspero, o que culmina num tom artificial, enriquecido pelas ligações com a ópera que o filme apresenta.

Os dois últimos aspectos que chamaram a atenção de Pedro Nunes foram o trabalho com a cor no filme e a sensualidade das imagens; o primeiro é resultado de um diálogo do filme com a história da arte, em que se extraiu caracterizações para o cenário e para o vestuário, além da referência explícita a alguns

---

15 *Idem*, p. 123.

O autor multiplicado   271

quadros que são recriados; quanto à sensualidade, observa o excesso de corpos nus presentes ao longo do filme, mas não limita sua observação a isso, pois procura fixar um olhar em que a sensualidade emana da própria natureza das imagens:

> A sensualidade do filme é então formada por essa variedade de jogos de corpos: mulher grávida, ninfas, homens gordos que entram na piscina, velhos estáticos, sensualidade do próprio protagonista que se transmuta na luxúria de suas vestes ou mesmo em sua nudez belamente composta na piscina no momento em que experimenta sonoramente a palavra "contramestre". (...) Enfim, essa sensualidade técno–poética, em *A última tempestade*, se caracteriza enquanto um espaço semiótico de intersecções de suportes tecnológicos, conjunções de linguagens e por transformações do que é considerado grotesco em sublime.[16]

Passado, presente e futuro são as temporalidades descritas no roteiro[17] e atualizadas por uma vibração enorme no espaço visual. O passado refere-se aos acontecimentos da vida palaciana, a expulsão de Próspero e a viagem que os tripulantes do navio realizam até a África. Misto de fatos, memórias e fantasias, o passado elucida os caminhos que a narrativa irá trilhar; sob a narração de Próspero, vemos despontarem os episódios que atualizam o conteúdo de sua fala num movimento de justaposição de cenas teatralizadas e fortemen-

---

16   *Idem*, p. 154.

17   GREENAWAY, P. *A última tempestade* (*Prospero's books*, 1991), p. 37–165.

te inspiradas na pintura maneirista. O presente concretiza o naufrágio e a chegada dos usurpadores até a ilha de Próspero contendo um duplo projeto de vingança, o de Próspero e o de Caliban, que se une a Trinculo e Stéfano para se apropriar da ilha, além do encontro passional de Miranda e de Ferndiando. Aqui a variação da luz ocorre de forma diferenciada, os jardins inspirados em Alhambra, as colunas da mesquita–catedral de Córdoba, as paisagens de Brueghel e de Milliet, a escadaria de Michelangelo compõem os cenários que os personagens percorrem. O futuro se inicia com o perdão de Próspero e o abandono de seus poderes mágicos pela destruição de seus livros, ele liberta Ariel e está disposto a retornar para Milão e reaver seu ducado, o clima de paz reinstaura–se sob um céu de estrelas e o filme termina com aplausos e a imagem fixa de Ariel saindo da tela.

Em sua composição plástica, o filme transborda num fluxo de imagens que se repetem, sobrepõem–se e multiplicam––se, apresenta um trabalho com cores contrastantes, mescla imagens de arquivo, abre janelas, com resolução técnica depurada, o que acentua o detalhamento de signos visuais em sua artificialidade.

O resultado desse processo de composição é um transbordamento de imagens do começo ao fim. Greenaway atentou para os pintores marcantes do maneirismo, tais como Ticiano, Tintoretto e Veronés, conhecidos pelos quadros de grandes dimensões e que inspiram as cenas saturadas e alegóricas, além do uso de cores berrantes em cenas de força dramática, mas não se fixou apenas nessas referências; buscou, como já dito, na Mesquita–Catedral de Córdoba (Espanha) e na tela

São Jenônimo, de Antonello Da Messina (Itália), inspirações para compor as colunas do lugar em que Próspero mora; além dessas, também são referências as escadarias da Biblioteca Laurenziana, em Florença, desenhadas por Michelangelo, os jardins da Alhambra, Granada (Espanha), em Muybridge, o desenhista inglês contemporâneo a Shakespere John White, Vesalius, William Blake, Kircher, Botticelli, Brueghel, Rembrant, referências da cultura pop como Felicien Rops etc. Comparado a outros filmes, em *A última tempestade* Greenaway reúne o maior número de referências, compondo um mosaico de citações que recuperam obras consagradas da história da arte europeia, textos ilustrados com imagens, tratados e enciclopédias.

O filme transcorre no mesmo ano em que a peça foi escrita, 1611, tratando-se de um período marcado pelo aparecimento tardio do renascimento na Inglaterra, comparado a outros países da Europa continental, pela mescla do conhecimento medieval, em seu obscurantismo fixado pela cabala judaica e pela alquimia, e pelo empirismo moderno[18] decorrente das descobertas científicas. Tem-se também um período de transição no plano político, já que em 1603 começava a dinastia dos Stuart, com a ascenção de James I.[19] 1611 é também

---

18 KILB, A. "I am a cook: a conversation with Peter Greenaway". In: GRAS, V.; GRAS, M. (org.), p. 60–66. *Peter Greenaway: interviews*. Jackson: University of Mississippi Press, 2000.

19 É interessante pensar nas relações de algumas narrativas de Peter Greenaway que recuperam momentos de profundas transformações no plano político da Inglaterra, como é o caso da Restauração, que conforma o pano de fundo de *O contrato do desenhista*, e certas alusões ao thatcherismo nos longas-metragens também da década de 1980.

o emblemático ano da publicação da controversa versão da Bíblia do rei James.

A música de acentuado acorde de violinos de Michael Nyman alinhava uma explosão de signos que saltam à vista de forma ininterrupta, a dicção poderosa de Guielgud oferece-se como resgate da musicalidade extraída das palavras de Shakespeare e que varia ao descrever o conteúdo dos livros, interrompendo a ação dramática para incluir um certo tom documentarista. Acresça-se ao trabalho coletivo de feitura do filme a performance de Michael Clark como bailarino no papel de Caliban, o trabalho coreográfico de Karine Saporta e a câmera potente de Sacha Vierny, que regula ritmicamente o traçado visual do filme.

O projeto de adaptação, na verdade, foi apresentado a Greenaway por John Gielgud, destaque do filme. Conhecido como grande ator shakespereano ao lado de Lawrence Olivier, ele completava no mesmo ano do filme 86 anos e, assim como *A tempestade* foi a derradeira peça do dramaturgo, *A última tempestade* também assinalou seu desfecho no horizonte da atuação. Gielgud é homenageado no filme, ele é o sujeito centralizador de toda a ação, mestre de marionetes que controla tudo, encarnação do próprio autor, responsável pela invenção de tudo, escritor da história que se desenvolve.[20] Essa encarnação do dramaturgo e do ator no personagem Próspero engloba também o próprio Greenaway, tratando-se de uma presença interna do diretor que se alinha ao grau de reflexividade do filme e

---

20 *Idem*, p. 131.

da própria visão do cineasta sobre o cinema em sua defesa por uma estética declaradamente artificial.

Essa maneira de o autor se estender no próprio enunciado como um enunciador interno é uma marca do diretor desde os primeiros filmes. Trata-se da inscrição de personagens que oferecem direções, constroem e reconstroem o relato de diversas formas como, por exemplo, a arquefigura Tulse Luper, personagem emblemático que percorreu as obras do diretor nos anos 1970 como escritor, projetista, cientista e foi revitalizado em 2000 no projeto multimídia *Tulse Luper Suitcases*. Nessa última versão tem-se filmes em longa-metragem e para a televisão, DVDs, websites, livros e exposições que tomam como ponto de partida a trajetória desse personagem nascido em 29 de setembro de 1911, em Newport, no País de Gales, cidade de origem de Greenaway. A biografia apócrifa é motivo para que acontecimentos do século XX sejam abordados ficcionalmente e, bem ao estilo do diretor, desdobrando-se em referências, citações, catalogações etc. Assim, julguei de suma importância a seguinte síntese realizada por Alan Woods,[21] em que destaca esses aspectos nos seguintes termos:

> São comuns na obra de Greenaway as combinações espiraladas e intrincadas de idéias e de referências, da importância do texto como um esqueleto ou como uma força condutora, havendo uma intensa fixação no corpo, em seus componentes físicos, impedimentos, prazeres e crueldades, um corpo mostrado freqüentemente como uma estrutura auto-referencial

21 WOODS, A. *Being naked, playing dead: the art of Peter Greenaway*. Manchester: Manchester University Press, 1997, p. 15.

e representado sem "realismo" ou idealismo – tudo isso é um eco consciente da pintura maneirista e, particularmente, do barroco. Greenaway não apenas utiliza referências da história da arte; ele pensa e aprende através dela, busca, inclusive, juntar-se a ela. O artista que está na maior parte das vezes presente nos filmes de Greenaway é ele mesmo, seja ironizando, investigando ou malogrando as relações entre cinema e pintura.

O filme *A última tempestade* uniu imagem e texto verbal num corpo único, apropriando-se da tecnologia da televisão de alta definição japonesa e da computação gráfica para poder potencializar os domínios do cinema e das artes plásticas de forma imbricada. Filmou tudo em película e na edição interferiu e manipulou a imagem tentando libertar o cinema do peso da representação realista, reafirmando sua visão da sétima arte como artifício. Conceitualmente, o hieróglifo e o ideograma japoneses funcionam como motivos para que o visual e o verbal possam ser sintetizados textualmente. Ciente de que esse processo de síntese já fora previamente delineado por Einsenstein, o diretor almejou ir além, apostando na simultaneidade das ações narradas, estruturando suas histórias por via de enumerações, de catálogos, da quebra da continuidade, na organização plástica que delibere livremente sem as amarras da referência imediata. Assim, concluiu:

> Indivisibilidade entre texto e imagem. Eisenstein já vira as possibilidades lá nos 20. Suas teorias de montagem assimilavam o duplo papel imagem–texto do ideograma oriental. Nada de intermediários.

Imagem e texto vêm juntos de mãos dadas. O cinema não parece ter querido aprender com esse encorajamento. Encorajamo-nos a precisar de, quem sabe, intermediários demais, tradutores demais. A maioria deles ociosos. O meu menos-que-perfeito calígrafo da amante japonesa é Jerome de Ewan McGregor, um tradutor. São Jerônimo foi o primeiro grande tradutor de texto para o mundo moderno – embora seu negócio fosse convencer-nos sobre o cristianismo. De que o cinema pretende convencer-nos? Cristianismo e cinema desejam ambos um final feliz. O céu e um crepúsculo dourado. Talvez, infelizmente, o cinema seja afinal só uma arte de tradutor, e vocês sabem o que se diz dos tradutores: traidores todos.[22]

Ao organizar esse tecido direcionado e infinito de conexões, reitera-se um aspecto já observado por Lev Manovich, que entende a manipulação simbólica de bancos de dados como componente sintomático da nova ordem no fazer artístico, no contexto das novas mídias.[23] Ao assumir as tecnologias digitais de produção e de divulgação da informação

22 GREENAWAY, P. "Cinema: 105 anos de texto ilustrado". *Aletria*, nº 8, dez. 2001, p. 12.

23 MANOVICH, L. *The language of new media. Cambridge*: MIT, c. 1996. Nesse trabalho, Manovich utiliza a teoria e a história do cinema como uma lente conceitual através da qual ele olha as novas mídias. Os tópicos incluem paralelos entre a história do cinema e a historia das novas mídias; a identidade do cinema digital; as relações entre a linguagem da multimídia e a as formas culturais pré-cinematográficas do século XIX; as funções da tela; câmera móvel e montagem nas novas mídias comparadas com o cinema; e os elos históricos entre as novas mídias e o cinema de vanguarda.

como dispositivos centrais capazes de promover interfaces variadas e interconectar mídias de naturezas distintas, Greenaway desenvolveu conscientemente mutações no seio da própria obra, adotou a abertura para citações e traduções, articulou um processo de criação que alia ficção e não ficção e recusou apenas a contemplação das novas mídias para favorecer um projeto na esteira das vanguardas e de seus ideais de transformação.

Se Greenaway mostra-se atento às tecnologias digitais, incorporando em seus últimos filmes ferramentas que permitem manipulação da imagem e quebra do quadro único, há também um certo grau de desconfiança em torno dessas mídias. No trecho abaixo, observamos esse nível de questionamento voltado para as incertezas que a interatividade proporciona:

> Estou curioso sobre todas as formas de interatividade, embora ainda espere entender como ela será alcançada. Interatividade implica escolhas – pode o novo cinema interativo ser experimentado em massa? Se cada espectador quiser satisfazer seus próprios desejos, como fazê-lo? Haverá um cinema consensual, operado democraticamente por votos, mãos levantadas, botões? Substituiremos a ditadura do cineasta-diretor pela do mais espectador barulhento? É um fato curioso, mas a história do entretenimento por quadros dramáticos ou da arte dramática encenada sempre tem sido a de sucumbirmos passivamente frente à subjetividade de um outro. Podemos ser interativos com Michelangelo? Gostaríamos de mudar a forma de seus anjos, as cores do Adão da Capela Sistina, redramatizar "O

dilúvio"? Não consigo pensar em nenhum objeto de arte que tenha sido satisfatoriamente criado pela participação consensual. Foi a decisão comunitária que criou e dogmatizou o realismo soviético.[24]

No filme, como já se disse, são expostos os vinte e quatro livros que compõem o legado de Próspero, substratos de seu poder; há a escritura da narrativa realizada por Próspero em seu estúdio e o enredo, tal como Greenaway encontrou no texto original, é exposto num outro plano. Consubstanciam-se três estruturas - - a dos livros, da escrita da história e a de seu desenvolvimento – que compõem um espaço visual tensivo, enviesado por um entrelaçamento vasto de informações que desafia o espectador a construir os sentidos que a obra expõe.

Para a criação desse universo mágico, Greenaway recorreu aos recursos técnicos da televisão de alta definição japonesa (HTDV) e da tecnologia, já datada, do *Graphic Paintbox*, permitindo a criação e a sobreposição de imagens, de escritos, de inserções e de modificações de componentes visuais. O uso desse arsenal tecnológico instaura uma enunciação polifônica, por meio de janelas que se abrem e sobrepõem-se no espaço da tela, resultando na apresentação simultânea de várias instâncias narrativas, o que permite a construção de um discurso que é resultado de vários discursos sobrepostos e intercalados. Dessa profusão, resulta um palimpsesto em contínuo movimento em que potencialidades advindas de

---

24 LABAKI, A. "Greenaway rejeita interatividade no cinema". *Folha de S. Paulo*, 23 jan. 1996, Ilustrada, caderno 5, p. 7.

outros suportes – desenhos, pinturas, fotografias, ilustrações, textos impressos – são devoradas pela película, que as converte num produto único e híbrido.

Ao fugir dos esquemas estandardizados de adaptação literária para o cinema, em que o filme ilustra o texto verbal, há um investimento maior na pulsação da obra shakespereana, ou seja, ao realizar a tradução executou-se, sobretudo, um elaborado trabalho de interpretação visual, em que cada frase faz eclodir um vasto campo de referências, iluminando incessantemente a obra do dramaturgo inglês. Dessa forma, mantém vínculos estreitos com o contexto em que a peça foi escrita e vai além dela, submetendo o texto a outros contextos num declarado ensejo de transpor limites temporais rígidos, filiando-o a outras instâncias históricas por encará-lo, ao que parece apontar, como obra que permanece no tempo, um clássico que pode ser submetido a várias revisões. O filme rejeita a profundidade de campo cara aos preceitos realistas, o que permitiu, inclusive, certa aproximação com imagens cubistas pelo trabalho elaborado que se fez sobre o ponto de vista.

A construção fílmica, moldada por assimilação de dispositivos técnicos de natureza eletrônica e digital, possibilita o questionamento no campo semiótico na medida em que estabelece um convívio entre linguagens que guardam potencialidades diferenciadoras na estruturação da mensagem, além de trazer à tona esta questão, que está em pauta nas discussões sobre arte e novas tecnologias, em que se realçam as convergências e o abandono da fronteiras rígidas nos materiais e nos suportes.

As imagens foram captadas em 35 mm, posteriormente transportadas para o sistema de televisão de alta definição e com a utilização do programa de computador *Graphic Paintbox* realizou-se, nos estúdios da NHK,[25] a televisão de alta definição japonesa, a manipulação das cores das imagens, inserção de figuras animadas e sobreposição de quadros. Na sala de montagem realizaram-se as interferências necessárias; nesse sentido, há uma importância decisiva na etapa da pós-produção pela manipulação das cores, sobreposição de imagens, criação de formas visuais com os recursos da computação gráfica, enfim, modificação do espaço da tela até onde a tecnologia lhe permite.

Atento e curioso ao que a televisão pode oferecer, Greenaway sente que o meio não permite muitas manobras na obtenção de imagens se comparados ao cinema, mas destaca a eficácia dos recursos de pós-produção, principalmente nos ajustes e criações cromáticas (cerca de 17 milhões de cores), que vão além do que nossos olhos podem observar, e nas possibilidades de animação, viabilizando o cinema antinaturalista centrado na criação de universos fantasiosos.[26]

A peça é a despedida de Shakespeare do teatro e do ilusionismo; para Greenaway, serviu de trampolim para novos investimentos criativos em que a ilusão é extremada pela edificação de um universo fantástico povoado por criaturas

---

25 Almir Rosa discute as relações técnicas e estéticas da televisão de alta definição no artigo intitulado "A Hi-Vision do Japão: mudança de paradigma técnico ou estético?" *Galáxia*, São Paulo, n° 3, 2002.

26 TRAN, D. "The book, the theater, the film, and Peter Greenaway". In: GRAS, V.; GRAS, M. (org.). *Op. cit.*, p. 129–134.

mitológicas, anjos e demônios e uma listagem enciclopédica de referências que brotam na imagem. Em sua leitura pessoal, o diretor associa seu conteúdo ao fim do século XX e ao fim do milênio, justificando-se da seguinte forma: "É uma peça sobre finais e começos, sobre renascimento, sobre o perdão de nossos inimigos para começar tudo de novo, o que eu acredito ser particularmente pertinente agora".[27]

As relações entre passado e presente se completam em associações que percorrem vários séculos encontrando referenciais que indicaram transformações radicais na percepção do mundo, na comunicação, na representação e na arte. Os papéis que voam no cenário evocam Gutemberg, assim como o elogio aos livros; Muybridge e Lumière – as origens do cinema –, a junção entre fotografia e a busca pela representação/visualização do movimento são os indícios mais fortes desse olhar penetrante nas raízes dos fenômenos. Gutemberg, Muybridge e Lumière são manifestos conjuntamente, convergidos pelas tecnologias digitais que permitem essas sínteses na imagem. A recriação de uma narrativa distante no tempo passou a ser construída transversalmente, como informa sua enunciação.

Embora seja possível estabelecer relações de natureza psicológica na análise dos personagens desse e de outros filmes, para o autor esse aspecto não é determinante, sendo, neste caso, preferível observá-los como construções alegóricas. Assim, as imagens mostram figuras que se relacionam mitologicamente à agua, à ciência, à arte, ao poder etc., compondo uma pletora de signos que desafiam nossa intelecção.

---

27 *Idem*, p. 131.

Greenaway almeja, por esse viés, alcançar com mais pertinência o imaginário do século XVII, rico em alegorias. A visão particular de Greenaway ao recriar o universo shakespereano para o cinema vai ao encontro da visão pessoal de Bárbara Heliodora, leitora privilegiada do dramaturgo inglês:

> Desde os tempos de Shakespeare, aos poucos viemos a ser cada vez mais estragados pelo realismo, e os famosos espíritos se transformaram em tremendo entrave para a montagem satisfatória dessa fábula de extraordinária complexidade sobre relações do indivíduo com seus semelhantes, com o Estado e com as forças da natureza, que é um dos livros onde se lê o universo criado por Deus.[28]

Por fim, outros aspectos ressaltados pelo diretor no filme são sua visão plástica da nudez e o excessivo universo visual criado. Greenaway expõe corpos nus de todas as idades, magros e gordos, feios e bonitos e de raças variadas. Ao despir seus atores, não quer que a nudez seja referência somente para o sexo, ele está mais interessado no corpo tal como Ticiano expunha, por exemplo, sem necessariamente haver conotações sexuais. Os corpos nus aludindo a seres mitológicos ou criações deliberadas do artista preenchem a tela e aparecem em recriações de quadros ou transitam pelos cenários. Enfim, todo esse entorno é justificado pela visão

---

28 HELIODORA, B. *Op. cit.*, p. 150.

de Próspero como mágico que, com sua cartola, constrói um mundo possível.[29]

Tulse Luper Suitcases e os domínios das narrativas transmidiáticas

A ideia clássica de narrativa pode ser assimilada a partir do código hermenêutico, de Roland Barthes (1974), que prevê o desenvolvimento de três estágios, a saber: 1) o enigma que nos coloca uma questão a ser desenvolvida na narrativa; 2) o adiamento, uma vez que o interesse do espectador foi despertado, é interessante alimentar essa curiosidade por uma sequência de adiamentos do momento da resolução; 3) a resolução. Vimos que os filmes de ficção de Peter Greenaway possuem esse tipo de configuração, no entanto, a sequência lógica dos acontecimentos convive com surpresas, falsas pistas, encadeamentos enigmáticos e com sucessões de listas, contagens e procedimentos de organização e de catalogação. Esse tipo de estrutura altera a configuração convencional da narrativa e instaura processos mais complexos. Trilhadas sobre os excessos, as narrativas e seus enredos, convivem, assim, com expedientes de uma lógica arquivista. A partir da incorporação das novas mídias no processo criativo, Greenaway redimensiona radicalmente esses procedimentos. As combinações entre narrativas, arquivos e novas mídias resultam em narrativas transmidiáticas (Jenkins, 2009). Essas manifestações são desdobramentos de um processo de criação que, desde

---

29 RODGERS, M. *"Prospero's books* – world and spectacle: an interview with Peter Greenaway". *Film Quarterly*, vol. 45, n° 2, inverno 1991/1992, p. 138–141.

a fase experimental, previa diferentes suportes e entrecruzamento de linguagens. Em *A última tempestade* há as camadas narrativas superpostas, algo tornado possível pelos recursos da computação. No projeto *Tulse Luper Suitcases* (As malas de Tulse Luper), o diretor expandiu ainda mais esses universos narrados ativando, simultaneamente ou não, outros suportes.

O livro de Mary Ann Doane *The emergence of cinematic time: modernity, contingency, the archive* (2002) desenvolve-se a partir de uma reflexão sobre o tempo cinemático, sendo a emergência do cinema o acontecimento que marca a relação entre a narrativa e as mídias audiovisuais, desde o final do século XIX. Ao investigar sobre o tempo, a autora recupera a ideia de contingência, entendida como algo que não é nem necessário nem impossível, trata-se de um conceito que se desenvolve pela negação da necessidade e da impossibilidade, instaurando, assim, uma ambiguidade produtiva.

Em suas considerações, a fotografia, a fonografia e o cinema são fundamentais para a concepção moderna do tempo e de sua representação. A autora observa que profundas mudanças na reflexão sobre a contingência, a temporalidade e o acaso marcaram as epistemologias do tempo na passagem do século XIX para o XX. Em seguida, conclui que as reverberações dessas rupturas ainda são percebidas, na atualidade, na conjunção contínua das tecnologias eletrônicas e digitais e nas questões da instantaneidade e de arquivismo do tempo. Assim, são intrisecamente mídias temporais o cinema, a televisão e o vídeo.

Soke Dinkla (2002), no artigo intitulado *The floating work of art* (A obra de arte flutuante[30]) também considera as relações entre narrativas e mídias temporalizadas, chamando a atenção para o renascimento da narrativa nos anos 1990, sobretudo no contexto do vídeo. Mas é o conceito que dá título ao texto que nos chama a atenção pela proximidade com Tulse Luper Suitcases. Assim, a obra de arte flutuante é uma expressão cunhada para dar uma ideia da forma pela qual as características convencionais de trabalhos tradicionais, bem como as fronteiras entre diferentes camadas da realidade e os vários conceitos dos sujeitos estão em fluxo. A obra de arte flutuante é um fenômeno desde a década de 1980. Suas características estéticas foram formadas após um período de euforia tecnológica, no final dos anos 1970. O trabalho flutuante de arte faz parte da tradição filosófica do pós-modernismo. Enquanto a obra de arte flutuante alcança sua forma mais radical no meio digital, não é apenas um fenômeno dessa tecnologia. Algumas de suas características centrais também podem ser encontradas na literatura ou nas artes performáticas, como a dança ou o teatro (2002, p. 34).

As obras de arte flutuantes estão em perfeita sintonia com o conceito vigente de narrativa transmidiática, pois concebe o meio digital, não como uma extensão dos órgãos sensoriais humanos, mas como um espaço de estética, que permite a reconstrução de uma ordem mundial reelaborada. Estabelece-se que a metáfora da cartografia é importante para esse tipo

---

30 DINKLA, S. The art of narrative – Towards the Floating Work of Art. In: RIESER, M., ZAPP, A. *New Screen Media* – Cinema/Art/Narrative. Londres: BFI, 2002.

de manifestação artística, visa a desconstrução da linearidade e verticalidade das produções artísticas e rearticula o papel do espectador. Este se torna consciente de que ele é cúmplice em um sentido fundamental. Mas vale dizer que ele só aparentemente ocupa uma posição onipotente, que lhe permite controlar os acontecimentos, já que ocupa o duplo papel de vítima e agressor ao mesmo tempo, em uma teia de relações em que ele é apenas um dos muitos controladores. Isto se torna particularmente evidente quando a obra de arte flutuante é colocada diretamente na internet. Neste caso, é possível tentar mudar personalidades, que são capazes de mudar constantemente suas aparências e adaptá-los às novas condições (Dinkla, 2002, p. 38). O projeto *Tulse Luper Suitcases* encarna esse aspectos citados.

Se desde o final da década de oitenta Peter Greenaway vem insistindo na obsolescência e nas limitações do cinema, a partir de *Tulse Luper Suitcases*, ele tem decretado a morte da sétima arte por meio das máximas "O cinema está morto. Longa vida ao cinema", que funcionam como motivo para seu projeto transmidia que envolve filme de longa-metragem, exposição, série televisiva, website, livros, ópera e a VJ performance de seu realizador.

Ao assumir as tecnologias digitais de produção e de divulgação da informação como dispositivos centrais capazes de promover interfaces variadas e interconectar mídias de naturezas distintas, Greenaway buscou reinventar o cinema, justificando sua derrocada nos dois seguintes argumentos, já citados: a invenção do controle remoto nos anos oitenta, que presumivelmente "liberaria" o espectador e a declaração dos executivos da Kodak que deixariam de produzir película. Acresça-se a isso a descrença na narrativa clássica hollywoodiana que sempre marcou sua estética e gerou ousadas produções como o longa experimental *The Falls* (1980), o pouco convencional *Afogando em números* (1988), estruturado por um suspense artificial que conecta alfabeto, números, jogos e enciclopedismo e a apropriação da tecnologia digital do vídeo desde *A TV Dante* (1989). Trata-se de uma poética que antecipa a criação expandida em mais de um suporte, algo equivalente ao conceito recente de multiplataforma.

Passadas quatro décadas de realização artística em que o cinema está no centro de suas investiduras criativas, pode-se lançar um olhar oblíquo sobre sua extensa obra e percorrê-la como se procede num hipertexto, aliás é essa a dinâmica do projeto *Tulse Luper*, já que seus filmes organizam-se pelo viés de um processo intertextual contínuo em que se desdobram referências de sua atividade como pintor e escritor, da história da arte europeia, do próprio cinema, da literatura, do teatro, da arquitetura, da fotografia.

Ao longo de sua carreira, o pintor-cineasta insistiu na realização de filmes artificiais em sua composição visual, verbal e sonora, essas facetas respaldadas, respectivamente, pela pintura (o pintor R. B. Kitaj), pela literatura (Borges) e pela música (John Cage), pelo próprio cinema (*Resnais*) para citar as referências mais fortes. Se os curtas da primeira fase sobrelevavam a dimensão plástica dos planos, beirando o cinema abstrato, humanizado pela permanência da narração em *off*, o que segue a partir de *The Falls* é a centralidade de homens e de mulheres nas imagens. São personagens descarnados, destratados em sua dimensão psicológica, metonímias da elevação intelectual e artística (Próspero de *A última tempestade* e Nagiko de *O livro de cabeceira*) ou da corrupção e da degradação moral (Spica de *O cozinheiro, o ladrão, sua mulher e o amante* e a Virgem de *O Bebê Santo de Mâcon*). Em suas narrativas, Greenaway elaborou uma galeria de porta-vozes que distanciam os espectadores de jogos especulares para diverti-los, a sua maneira, com a ficcionalização do conhecimento acumulado no Ocidente.

Na contramão de *A Bruxa de Blair* (1999), um dos marcos das narrativas transmidiáticas, que criou virtualmente uma atmosfera ilusionista para o filme, anunciando via internet o desaparecimento de seus atores/realizadores, *Tulse Luper Suitcases* também ganhou uma versão preliminar na rede, no mesmo ano. No entanto, dando continuidade a uma estética conceitual, o site www.tulseluper.net, desde 1999, cumpre dupla tarefa, propagar o projeto, e em sua dimensão narrativa e discursiva, narra de forma fragmentada ações, gostos ou curiosidades da vida de dois personagens, anonimamente tratados como "ele", Tulse Luper, e "ela", arquétipo da companheira e da mulher, sendo o relato distribuído em 92 dias ilustrados com o ícone de uma mala aberta, com conteúdos diferentes, desenhados por Peter Greenaway. Trata-se de uma grande lista construída progressivamente em 92 dias que não perdeu de vista a tradição ficcional forjada pela sucessão espaço-temporal, mas que abre mão de ganchos folhetinescos ao expor temas e figuras fragmentadas, cosidas apenas pela contagem linear.

Embora modesta em sua configuração, a porta de entrada do projeto condensa os elementos-chave do produto desenvolvido: 92 como número atômico do urânio que conecta o projeto com a história do século XX (ver entrevista) e como ponto de partida para combinações ficcionais infinitas e as malas, metonímias dos deslocamentos intensos que marcam a contemporaneidade, cujos conteúdos também liberam um sem-fim de fabulações possíveis.

No longa-metragem *Tulse Luper Suitcases*, dividido em três partes *The Moab Story* (2003), *Vaux to the Sea* (2004) e *From Sark to Finish* (2004), Greenaway se vale novamente dos recursos da televisão de alta definição (*A última tempestade* e *O livro de cabeceira* também foram filmados com tal tecnologia) e elabora uma rede transversal e polifônica na composição visual e sonora para narrar as prisões de seu revitalizado personagem Tulse Lupe e sua história de vida, por meio da recuperação de 92 malas. Como fio condutor, o diretor pontua momentos significativos da história do século vinte, sua própria vida e, principalmente, sua obra, tudo isso ligado ao percurso do herói.

Tulse Luper Suitcases é um filme que narra a vida do personagem em distintas prisões em vários países. Em cada país, Tulse Luper está confinado num lugar com aspectos relevantes em relação à paisagem e à arquitetura. Os supostos acontecimentos narrativos relacionam-se com as 92 malas do herói que são dadas a conhecer e incluem um repertório, ao mesmo tempo, limitado e variado. Trata-se de uma "epopeia" sobre o século XX, onde a descoberta do urânio, cujo número é o 92, no deserto de Utah, nos Estados Unidos, em 1928 e a queda do Muro de Berlin, em 1989, marcariam o início e o fim da jornada do herói. Isso, aparentemente, pois o filme é construído em camadas narrativas que se sobrepõem e

O autor multiplicado

podem enganar o espectador desavisado. Thomas John Inox, um falso especialista é um narrador interno que conduz o espectador ao jogo do filme, ele convive também com outras cabeças falantes nesse processo narrativo em abismo. A revelação da última maleta, a de número 92, um filme de 16mm sobre a vida de Luper, desvenda a identidade de outro narrador, Martino Knockavelli amigo de infância do herói que, na verdade, havia inventado todas essas idas e vindas, já que Luper tinha morrido aos 10 anos de idade. O que arremata esses encaixes é, supostamente, a câmera, o grande narrador cinematográfico, que no filme ganha outro status, já que se estabelece uma escritura polifônica em constante movimento de gráficos, imagens de arquivo, animações, registros e filmagens, num processo delirante de narração que busca fugir da prisão narrativa a que o próprio cinema se vê atado, segundo Peter Greenaway.

Paralelo ao filme, o site www.tulselupernetwork.com funciona como sua extensão rizomática, nos termos deleuzianos, ao estabelecer uma cadeia de infinitas ramificações, interconectando o conteúdo do filme com o universo da rede, oferecendo mais informações sobre as situações narrativas e os personagens, abrindo a possibilidade de interação via webblog. Ao organizar esse tecido direcionado e infinito de conexões, reitera-se um aspecto já observado por Lev Manovich, que entende a manipulação simbólica de bancos de dados como componente sintomático da nova ordem no fazer artístico, no contexto das novas mídias.

Em sua composição plástica, o filme transborda num fluxo de imagens que se repetem, sobrepõem-se e multiplicam-se, apresenta um trabalho com cores contrastantes, mescla imagens de arquivo, abre janelas à maneira de *A TV Dante* e *A Última Tempestade*, com resolução técnica depurada, o que acentua o detalhamento de signos visuais em sua artificialidade. O que Greenaway tenta realizar assemelha-se a *Napoleão* (Abel Gance, 1927), com a diferença de que os meios já estão à disposição, o que aumenta o teor provocativo das palavras de Greenaway, ao enfatizar o estado de sonolência do cinema atual.

Peter Greenaway desenvolve conscientemente essas mutações no seio da própria obra, adota a abertura para citações e traduções racionalmente, articula um processo de criação que alia ficção e não-ficção e recusa apenas a contemplação das novas mídias para favorecer um projeto na esteira das vanguardas e de seus ideais de transformação. No termos de Ítalo Calvino, a *multiplicidade* seria um dos valores norteadores esse milênio, Greenaway inaugura-se, no século XXI, reinventando-se potencialmente.

Entrevista realizada em Edimburgo (Escócia), em 18 de agosto de 2003

Gilberto Alexandre Sobrinho: O filme *Tulse Luper Suitcases – The Moab Story* é um dos produtos do projeto multimídia *Tulse Luper Suitcases*. Logo no início percebi que houve o transporte de dados biográficos para a ficção. O que você pretende com um projeto que tenta conciliar a sua própria trajetória e ao mesmo tempo inovar o cinema?

Peter Greenaway: A maioria das pessoas criativas usará a própria experiência de alguma forma porque é a maneira que encontram para individualizarem-se e provavelmente eles recriam traços que sejam bastante importantes. Até criadores comerciais como Spielberg usariam certos materiais biográficos. Isso poderia ser bastante disfarçado ou muito acentuado, porque a autobiografia poderia ser autoindulgente, embaraçosa e muito pessoal. Então, eu acho que todo escritor recria ou fabula a própria vida. O filme começa com um garoto que está fantasiando as experiências de guerra de seu pai, ele está revivendo as atividades da 1ª Guerra Mundial que consistiam em pular as trincheiras que encontrava pela frente para assinar o próprio nome no último muro da vizinhança. É basicamente um jogo de guerra arranjado visualmente com imagens de documentários da 1ª G. M. em contraste com os saltos de Tulse Luper nos muros de seus vizinhos, os antagonistas ou alemães do jogo. Toda essa encenação é teatral e os truques cinematográficos são artificiais nesse embate "conceitual" entre o garoto, seus vizinhos e seu pai que o pune, prendendo-o num quarto escuro.

Era isso que eu fazia quando era garoto, em meados dos anos 1950, saltava os muros e pintava meu nome. Transportei minha experiência biográfica para a ficção. A razão pela qual eu fiz isso não foi para explicar a primeira de uma série de prisões do protagonista e sim para apresentar os interesses desse homem, suas fascinações, os lugares e pessoas. O resto do projeto será sobre pessoas e lugares que irá encontrar e perder.

GAS: O romance *Gold*, de sua autoria, possui conexões com esse projeto. Quando o escreveu já estava pensando em *Tulse Luper Suitcases*?

PG: Não necessariamente, mas eu posso fazer com que o projeto envolva um certo número de coisas e *Gold* seria o conteúdo da mala número 46. *Gold* conta as histórias das origens de 92 barras de ouro confiscadas de judeus durante a 2ª Guerra Mundial, então somando-se 46 com 46 o resultado é 92 que é o ponto central do projeto, mas cada mala recria o fenômeno. Eu estou negociando com Phillip Glass para fazermos uma ópera sobre o conteúdo da mala 23, uma rede de televisão japonesa produziria uma série sobre a mala 69, a mala 37 se tornaria uma exposição, portanto cada mala individualmente se tornaria um novo fenômeno.

GAS: *The Falls* é um filme experimental de 3 horas que desafia a atenção da plateia ao contar 92 histórias, sendo cada história um filme autônomo. Posteriormente, *The Falls* foi publicado e cumpre as funções de roteiro e obra literária, já que pode ser lido como livro. Desde os anos 70 você tem elaborado projetos amplos como esse em que escreve livros, realiza filmes, pinturas e, depois, entrelaça esses meios.

PG: Eu considero o cinema como um fenômeno proto-multimídia. Eu não me considero como um diretor de cinema, comecei minha carreira como um pintor e ainda acredito que a pintura seja uma arte visual suprema, então eu uso o cinema como uma ponte para eu executar diferentes tarefas: atividades curatoriais, óperas, exposições de pintura, programas de televisão. Isso me permitiu operar em diferentes meios e agora tenho a sorte de ser capaz de utilizar essas mídias para seguir meus interesses e minhas obsessões.

Assim como *The Falls*, eu quero maior campo de ação e um desejo de ter um grande espaço. De uma forma estranha *Tulse Luper Suitcases* é como se fosse a refilmagem de *The Falls*, este filme também é, acidentalmente, predicado no número 92, diferentemente de *Tulse Luper* em que o número 92 é intencional, pois é o número atômico do urânio. Para mim, o urânio é o centro do poder no mundo e talvez se deva a ele o fato de os Estados Unidos serem tão poderosos, porque possuem grande quantidade de urânio. Antes de 1945, atribuía-se tal importância ao ouro, mas depois de Hiroshima, o urânio representou a base para os eventos históricos mais importantes do século XX, pois foi elemento que efetivamente ajudou na construção da bomba atômica, e então tivemos a Guerra Fria, Kennedy, a ascensão dos Estados Unidos etc.

Eu me considero como um filho da guerra, porque nasci três anos antes de 1945, quando eles atiraram a bomba, e isto definiu os interesses de minha geração em termos políticos, sociais, educativos etc. Isto é a minha autobiografia no século XX.

GAS: 92 é também relacionado com John Cage, não é?

PG: Eu era fascinado por sua habilidade narrativa. Em *Indeterminacy* (1959), ele contava todas as histórias em 60 segundos, ele lia cada uma rapidamente ou vagarosamente. Eu gravei a obra e contei 92 histórias ao todo, quando na verdade eram apenas 90.

GAS: *Four American Composers* são filmes sobre música e, especialmente, sobre música minimalista. Nesses documentários a câmera e a montagem estão a serviço dos artistas.

PG: Eu estava bastante irritado pelo fato de alguns documentários sobre música serem mais sobre o diretor que sobre o artista e eu quis tentar usar as condições da criação artística de um compositor para cobrir a estrutura de um filme.

GAS: Como nasceu o projeto?

PG: Eu conhecia Pierre Audi, que administrava um teatro na área leste de Londres, chamado Almeida, e ele era bastante interessado na nova música moderna e sabia de meu interesse na música minimalista de Phillip Glass. Ele convidou John Cage para vir a Londres e celebrar seus 70 anos.

Eu sempre considerei John Cage como um de meus heróis, principalmente porque ele era músico e compositor, mas também era pintor, escritor e o mais importante de tudo é que era um homem com novas ideias sobre cultura. Nesse período, eu tinha alguns contatos com o Channel 4, que estava apenas começando, então sugeri que fizéssemos um filme sobre John Cage, eles concordaram e encomendaram uma série de quatro filmes sobre música, então fizemos os quatro filmes sobre compositores americanos: John Cage, Phillip Glass, Meredith Monk e Robert Ashley.

Minha relação com Pierre Audi foi muito valiosa porque posteriormente ele passou a ser diretor artístico da Netherlands Opera, em Amsterdã, e me convidou para montar duas óperas com o compositor de vanguarda holandês Louis Andriessen. A primeira chamada *Rosa*, sobre a morte de um compositor sul-americano, e a segunda *Writing to Vermeer*, sobre meu entusiamo pelo pintor holandês Vermeer, que será reencenada em Amsterdã na próxima primavera de 2004.

GAS: A música minimalista sustenta o tipo de imagem que você busca?

PG: Sim, ela é sobre repetição, sobre reinício, sobre variações de um mesmo tema, é profundamente irônica, é também universal em sua origem, é uma música eclética e relaciona-se mais com a música indiana, com a música oriental do que com a música clássica europeia.

GAS: Você tem trabalhado artisticamente com diferentes conceitos de espaço. Fale um pouco sobre isso.

PG: Há algo sobre o cinema que pode explicar o espaço de uma forma bastante satisfatória. Um de meus filmes preferidos é *O ano passado em Marienbad* (de Alain Resnais), o diretor de fotografia é Sacha Vierny (um de seus colaboradores) e o sentido de espaço arquitetônico neste filme é o que tento repetir, todo filme que tento fazer é como se fosse minha refilmagem dele.

A barriga do arquiteto é um filme que trabalha com noções de espaço relacionadas com monumentos, classicismo e a relação entre tamanho e escala, textura, orgânico e inorgânico. Eu acho essas coisas fascinantes porque o cinema é intocável e eu gosto de tocar as coisas, de entender o espaço para realizar viagens.

Tulse Luper Suitcases é uma viagem e os dezesseis lugares que ele percorre são os espaços arquitetônicos que me fascinaram de alguma forma. Quando ele vai para o deserto de Moab, o foco de interesse está na paisagem arquitetônica de Colororado e de Utah; acontece de outra forma com a Estação Ferroviária de Antuérpia, um bizarro e monolítico edifício, um fenômeno da comunicação no século XIX e também um dos meus lugares favoritos no mundo.

GAS: Quando você traz a arquitetura e outras formas de representação para o cinema, você tenta recriar cinematograficamente esses aspectos nos filmes e esse processo se dá principalmente com a pintura.

PG: Eu suponho que minha atitude em relação ao cinema seja tentar colocar o discurso da pintura no cinema. Meus principais interesses no cinema são relacionados com a estética, com a organização do espaço, com a maneira pela qual nos vemos, tenho um interesse na linguagem da pintura, na composição, na perspectiva, na percepção, no enquadramento.

Quando se olha para um quadro, não há identificação emocional, não se chora, não se ri, ninguém fica nervoso, a relação que se tem com a pintura é o processo que chamo de "distanciamento apaixonado" e eu quero trazer o exercício do distanciamento apaixonado para o cinema. A maioria das pessoas não considera o cinema como algo que inspira a racionalidade e eu quero que elas tragam seu espírito racional para as salas.

Considerações finais

Ao vasculhar os territórios de Peter Greenaway aproximei-me de determinados elementos históricos e culturais do universo britânico que são recorrentes em suas ficções exageradamente artificiais com destaque para o clima efervescente das décadas de sessenta e setenta, em que surgiram a Arte Pop e o cinema experimental (estrutural/materialista), a recuperação de certos signos pertencentes ao período elisabetano e à Restauração, a permanência da paisagem inglesa e as opulentas casas das famílias rurais, a era "Margaret Thatcher" e os valores neoliberais, os embates pós-modernistas em torno da arquitetura, a evolução da televisão britânica e seu segundo período de ouro, do qual Greenaway foi um dos protagonistas.

No plano formal, em seus filmes, as projeções enunciativas revelam aspectos essenciais, no meu entender, para o entendimento de sua estilística, tratando-se como apontei nas análises, em primeiro lugar, das manifestações textuais de figuras que apontam diretamente para o autor, o sujeito empírico Greenaway, tal como Tulse Luper nos filmes *A Walk Through H*, *Vertical Features Remake* e *The Falls*. Nesses filmes, Tulse Luper é, respectivamente, o autor do livro "Some Migratory Birds of the Northern Hemisphere" que contém os 92 mapas por onde percorre o narrador personagem em sua viagem, diretor de um filme denominado "Vertical Lists" e autor de contos sobre metamorfoses de homens em aves. Nessa primeira fase, há um trabalho de montagem sobre os artefatos imagéticos e verbais elaborados pelo próprio diretor, donde conclui, a formação discursiva de um universo auto-centrado que eleva as projeções autorais à condição do autor–Narciso. Os filmes alimentam um forte tom paródico em relação ao gênero documentário tradicional, traduzidos pela ficcionalização de estatísticas e de sistemas de classificação, ironizando, portanto, os órgãos oficiais de produção de bens culturais. Neles, a enunciação, assim como ocorre em filmes experimentais, provoca uma vibração inelutável na superfície dos filmes, acentuando a artificialidade e a perversão da narrativa desconstruída o tempo todo.

A partir dos longas–metragens de ficção dos anos 1980, pode–se notar a permanência na criação de personagens em que se transfere a questão autoral para personagens centrais que encarnam o ofício de executar um projeto artístico, destacando o papel do desenhista Neville, em *O contrato do desenhista* e de Kracklite, em *A barriga do arquiteto*, do Cozinheiro, em *O Cozinheiro, o ladrão, sua mulher* e o amante, embora não esteja analisado no livro. Ainda nesses filmes, há o registro dos desenhos de Greenaway no primeiro filme e das colagens que se aproximam à arte postal no outro. Além desse aspecto, que não é o único tema das narrativas, é necessário frisar que essas três figuras estão sob o comando de uma voz enunciativa exterior que conduz o espectador para um universo que beira o plausível, pelo esmaecimento da radicalização da fase anterior e a consequente encenação espaço–temporal aponta para a criação de um campo de tensão entre um universo de referências, as relações histórico–contextuais, o tom reflexivo, o discurso indireto–livre, traduzido pelo questionamento do fazer artístico, as armaduras artificiais e os enunciadores delegados que se voltam para a origem da criação.

Afogando em números, ainda nessa conjuntura, realiza um movimento de recuo às transgressões dos filmes experimentais pela construção implausível dos acontecimentos narrativos e de suas encenações. Nele os números tornam-se figuras do campo visual organizando a narrativa de 1 a 100, há o espalhamento de enunciadores internos como a menina que pula corda e o jovem Smut, e o reaparecimento de Cissie sugere não apenas um recuo no tempo e a afirmação de uma obra que se desenvolve por um intenso movimento interior, gesto que liga os filmes a um pronunciamento discursivo que realça o processo ao produto, como nas manifestações contemporâneas nas artes plásticas, mas também indica, por outros meios, o auto-centramento de um gesto Narcísico que não hesita em se exibir sempre.

No desenvolvimento da obra, a dimensão fantástica entendida como a irrupção de certas figuras estranhas ao mundo real em sua dimensão onírica, distante da lógica de causa e efeito das narrativas realistas, aparecem sob variados disfarces como os deslocamentos do narrador-personagem nos 92 mapas, um desconhecido "Violent Unknown Event" que provoca estranhas modificações nos corpos e nas atitudes de suas vítimas, a estátua que se move nos jardins de uma rica propriedade rural, a aparição de um certo Felipe Arc'n Ceil, em *Zoo*, os deslocamentos abruptos de Cissie I e as estranhas associações entre as mortes, os jogos e as enumerações no mesmo filme, tudo isso incrementa os artifícios dos relatos de Greenaway sendo, portanto, um chamamento, sobretudo, para a forma cinematográfica que se constrói por mediações incomuns. Penso, com essa breve síntese, estar de acordo com a opinião de Jorge Luis Borges que distinguiu dois processos causais nas narrativas de romances, o natural e o mágico, chegando à seguinte conclusão: "o natural, que é o resultado incessante de incontroláveis e infinitas operações; o mágico em que se profetizam os pormenores, de forma lúcida e limitada. No romance, penso que a única possível honradez reside no segundo. Que fique o primeiro para a simulação psicológica".[1]

A escolha pelo estudo de *O Bebê Santo de Mâcon* deu-se pela maneira como o processo intertextual se desenvolve. Para a construção de um espaço visual e sonoro artificial, para a elaboração da encenação, recorreu-se às formas do teatro e da pintura, o que transbordou numa narrativa reflexiva, com plasticidade destacada e camadas de sons que reverberam o tom operístico de uma narrativa que recupera o divino, como um ritual religioso, para narrar sobre a exploração da infância e da fé religiosa.

Em *A última tempestade* cumprem-se de forma vibrante o elemento mágico e a disposição visual e sonora dos artifícios. No tocante à enunciação, é certamente o filme que deliberadamente apresenta a autoria à exaustão e nele confluem intensamente as obsessões do cineasta favorecido pelos recursos digitais que jorram na tela muita informação. Visto sob esse aspecto, o filme recupera o gesto radical da primeira fase e perpetua o diálogo com referenciais culturais britânicos também desenvolvidos nos filmes da década de 80. Com *Tulse Luper Suitcases* sua filmografia seria revisitada no próprio desenvolvimento do longa-metragem. As questões autorais seriam recuperadas não apenas como processo narcísico, mas indicariam o movimento do diretor que acredita na força centrífuga e expandida do cinema.

---

1 Borges, J. L. El arte narrativo y la magia. p. 126.

Filmes citados

26 Bathrooms (1986), dir. Peter Greenaway

5 postcards from capital cities (1967), dir. Peter Greenaway

A bruxa de Blair (Blair Witch Project, 1999), dir. Daniel Myrick e Eduardo Sánchez

A TV Dante – Canto V (1985), dir. Peter Greenaway

A TV Dante (1989), dir. Peter Greenaway

A última tempestade (Prospero's books, 1991), dir. Peter Greenaway

A walk through H (1978), dir. Peter Greenaway

Act of God (1981), dir. Peter Greenaway

Afogando em números (Drowning by numbers, 1988), dir. Peter Greenaway

Carruagens de fogo (Chariots of fire, 1981), dir. Hugh Hudson

Cut above the rest, s.d., dir. Peter Greenaway

Dear Phone (1977), dir. Peter Greenaway

Death of sentiment (1959–1962), dir. Peter Greenaway

Death in the Seine (1989), dir. Peter Greenaway

Drifters (1929), dir. John Grierson

Eddie Kidd wonder kid, s.d., dir. Peter Greenaway

Erosion (1971), dir. Peter Greenaway

Fear of drowning (1988), dir. Peter Greenaway

Four American composers (1984), dir. Peter Greenaway

Goole by numbers (1976), dir. Peter Greenaway

H is for house (1973), dir. Peter Greenaway

Intervals (1969), dir. Peter Greenaway

Jubilee (1978), dir. Derek Jaman

Leeds castle, s.d., dir. Peter Greenaway

Listen to Britain (1942), dir. Humphey Jennings

M is for Man, Music and Mozart (1991), dir. Peter Greenaway

Made in USA (1967), dir. Jean-Luc Godard

Making a splash (1988), dir. Peter Greenaway

Maurice (1986), dir. James Ivory

Memórias de um espião (*Another country*, 1984), dir. Marek Kanievska

Minha adorável lavanderia (*My beautiful launderette*, 1985), dir. Stephen Frears

Night mail (1936), dir. John Grierson

O ano passado em Marienbad (*L'Anné dernière a Marienbad*, 1961), dir. Alain Resnais

O Bebê Santo de Mâcon (*The Baby of Mâcon*, 1993), dir. Peter Greenaway

O contrato do desenhista (*The draughtsman's contract*, 1982), dir. Peter Greenaway

O cozinheiro, o ladrão, sua mulher e o amante (*The cook, the thief, his wife and her lover*, 1989)

O despertar de uma realidade (*The Dawning*, 1988), dir. Robert Knights

O livro de cabeceira (*The Pillow Book*, 1996), dir. Peter Greenaway

A barriga do arquiteto (*The belly of an architect*, 1987), dir. Peter Greenaway

O vampiro (*Vampyr*, 1932), dir. Carl Dreyer

Passagem para India (*Passage to India*, 1984), dir. David Lean

Pierrot le Fou (*O demônio das onze horas*, 1965), dir. Jean-Luc Godard

Retorno a Howards End (*Howards End*, 1992), dir. James Ivory

Revolution (1967), dir. Peter Greenaway

Salve-se quem puder, a vida (*Sauve que peut – la vie*, 1980), dir. Jean–Luc Godard

Sammy e Rose (*Sammy and Rose get laid*, 1987), dir. Stephen Frears

Terence Conran (1979), dir. Peter Greenaway

The Falls (1980), dir. Peter Greenaway

The heart of Britain (1941), dir. Humphey Jennings

The silent village (1943), dir. Humphey Jennings

Train (1966), dir. Peter Greenaway

Tree (1966), dir. Peter Greenaway

Tulse Luper Suitcases (2003/2004), dir. Peter Greenaway

Um punhado de pó (*Handful of dust*, 1988), dir. Charles Sturridge

Uma janela para o amor (*A room with a view*, 1985), dir. James Ivory

Uma mulher é uma mulher (*Une femme est une femme*, 1961), dir. Peter Greenaway

Verão vermelho (*Heat and dust*, 1983), dir. James Ivory

Vertical features remake (1978), dir. Peter Greenaway

Water (1975), dir. Peter Greenaway

Water Wrackets (1975), dir. Peter Greenaway

Windows (1975), dir. Peter Greenaway

Women artist, s.d., dir. Peter Greenaway

Zandra Rhodes (1980) dir. Peter Greenaway

Zoo – Um z e dois zeros (*A zed and two noughts*, 1985), dir. Peter Greenaway

Zorns Lemma (1970), dir. Hollis Frampton

Referências bibliográficas

Textos de Peter Greenaway

GREENAWAY, P. *A zed and two noughts*. Londres: Faber and Faber, 1986.

_____. "Cinema: 105 anos de texto ilustrado". *Aletria*, n° 8, dez. 2001.

_____. *Drowning by numbers*. Paris: Dis Voirvoir, 1988.

_____. *Fear of drowning by numbers – regles de jeu*. Paris: Dis Voir, 1989.

_____. "Just place, preferably architectural place". In: ADAIR, G. (org.). *Movies*. Londres: Penguim, 1999.

_____. *Papers*. Paris: Dis Voir, 1990.

_____. *Prospero's books*. Londres: Chatto & Windus, 1991.

_____. *The belly of an architect*. Londres: Faber and Faber, 1988.

_____. *The cook, the thief, his wife and her lover*. Paris: Dis Voir, 1989.

_____. *The Baby of Mâcon*. Paris: Dis Voir, 1993.

_____. *The Stairs – Geneva – the location*. Londres: Merrell Holberton, 1994.

_____. *The Stairs – Munich – projection*. Londres: Merrell Holberton, 1995.

_____. MOURÃO, D. "Conversa com Peter Greenaway". *Cinemais – Revista de cinema e outras questões audiovisuais*. Rio de Janeiro, n° 13, set./out. 1998.

Sobre Peter Greenaway

ALMEIDA, C. H. "O belo horrível". *Bravo!*, São Paulo, ano 1, n° 10, jul. 1998, p. 54-59.

ARAÚJO, B. "'Macon'" anuncia o apocalipse". *O Estado de S. Paulo*, 2 set. 1993, Caderno 2, p. 1.

ARAÚJO, M. *O cozinheiro, o ladrão, sua mulher e o amante: Peter Greenaway e os caminhos da fábula neobarroca.* Dissertação (mestrado em Semiótica e Comunicação) – PUC-SP, São Paulo, 2000.

ARRIOLA, M. *Peter Greenaway: cinema e pintura, ubiqüidades e artifícios.* São Paulo, Catálogo do Evento 100 Objetos – Filmes, exposição, ópera e palestra de Peter Greenaway.

BAKER, A. "A tale of two magicians". *Sight and sound*, vol. 1, n° 1, jan. 1991.

BENTES, I. "A enciclopédia digital". *Cinema*, n° 1. Rio de Janeiro: Zahar, 1993/94.

BORG, L. "Art for art's sake". *Empire*, n° 28, out. 1991.

BRITO, J. B. "A última tempestade: Shakespeare por Greenaway". In: *Imagens amadas.* São Paulo: Ateliê Editorial, 1995.

BROWN, R. "Greenaway's contract". In: GRAS, V.; GRAS, M. (orgs.). *Peter Greenaway: interviews.* Jackson: University of Mississippi Press, 2000.

_____. "The Draughtsman's contract". *Monthly Film Bulletin*, vol. 49, n° 586, nov. 1982, p. 254-256.

BUCHHOLZ, H.; KUENZEL, U. "Two things that count: sex and death". In: GRAS, V.; GRAS, M. (org.). *Peter Greenaway: interviews.* Jackson: University of Mississippi Press, 2000.

CARVALHO, B. "Greenaway cai na própria armadilha". *Folha de S. Paulo*, 8 ago. 1998, Ilustrada, p. 7/4.

CAVECCHI, M. "Peter Greenaway's *Prospero's books*: a Tempest between word and Image". *Literature/Film Quarterly*, vol. 25, n° 2, 1997.

CHUA, I. "Peter Greenaway: an interview". In: GRAS, V.; GRAS, M. (org.). *Peter Greenaway: interviews*. Jackson: University of Mississippi Press, 2000.

CIMENT, M. "'Une femme émancipée comme beaucoup de mês heroines': entretien avec Peter Greenaway". *Positif*, Paris, n° 431, jan. 1997, p. 80–86.

_____. "Interview with Peter Greenaway: *Zed and two noughts (Zoo")*. In: GRAS, V.; GRAS, M. (orgs.). *Peter Greenaway: interviews*. Jackson: University of Mississippi Press, 2000.

DENHAM, L. *The films of Peter Greenaway*. Londres: Minerva Press, 1993.

FORBES, Jill. "Marienbad revisited: The Draughtsman's contract". *Sight and sound*, vol. 51, n° 4, p. 301. 2008.

FRENCH, S. "Spit roast: *The cook, the thief, his wife and her lover*". *Sight and sound*, vol. 58, n° 4, outono 1989.

GARCIA, W. "Dromoscopia greenawayana". *Significação – Revista Brasileira de Semiótica ECA/USP*, vols. 11/12, set. 1996.

_____. *Introdução ao cinema intertextual de Peter Greenaway*. São Paulo: Annablume, 2000.

GONÇALVES FILHO, A. "Cineasta propõe nova estética reproduzindo procedimentos de mestres como Ticiano". *O Estado de S. Paulo*. 8 jul. 1996, Caderno 2, p. 10d.

GOROSTIZA, J. *Peter Greenaway*. Madri: Cátedra, 1995.

JAEHNE, K. "The Draughtsman's contract: an interview". *Cineaste*, vol. 13, n° 2, 1984.

_____. *"The draughtsman's contract*: an interview with Peter Greenaway". In: GRAS, V.; GRAS, M. (orgs.). *Peter Greenaway: interviews*. Jackson: University of Mississippi Press, 2000.

JOHNSTON, R. D. "The staging of the bourgeois imaginary in *The cook, the thief, his wife and her lover*". *Cinema journal*, vol. 2, n° 41, 2002.

KENNEDY, H. "Peter Greenaway: his rise and 'Falls'". *Film Comment*, vol. 18, n° 1, jan./fev. 1982.

KILB, A. "I am the cook: a conversation with Peter Greenaway". In: GRAS, V.; GRAS, M. (orgs.). *Peter Greenaway: interviews*. Jackson: University of Mississippi Press, 2000.

LABAKI, A. "Greenaway rejeita interatividade no cinema". *Folha de S. Paulo*, 23 jan. 1996, Ilustrada, caderno 5, p. 4.

LAN, Y. L. "Returning to Naples: Seeing the end in Shakespeare film adaptation". *Literature/Film Quarterly*, vol. 29, n° 2, 2001.

LAWRENCE, A. *The films of Peter Greenaway*. Londres: Cambridge University Press, 1997.

LYRA, B. "Jogando nos campos de Greenaway". *Significação – Revista Brasileira de Semiótica ECA/USP*, vol. 11/12, set. 1996.

MACHADO, C. E. "O cinema está morrendo". *Folha de S. Paulo*, 20 jun. 2001, Ilustrada, p. 1 E.

MACIEL, M. E. "A poesia no cinema: de Luis Buñuel a Peter Greenaway". *Cadernos de Tradução*, Florianópolis, UFSC, vol. 7, 2002, p. 81–92.

_____. "Irrealidades virtuais: Peter Greenaway à luz de J. L. Borges". In: VASCONCELOS, M; COELHO, H. R. (orgs.). *1000 rastros rápidos: cultura e milênio*. Belo Horizonte: Fale, 1999.

_____. "O inventário do mundo: Arthur Bispo do Rosário e Peter Greenaway". In: DUARTE, E. A; SCARPELLI, M. *Poéticas da diversidade*. Belo Horizonte: Poslit/UFMG, 2002.

_____. "São Jerônimo em tradução: Júlio Bressane, Peter Greenaway e Haroldo de Campos". *Aletria – Revista de Estudos de Literatura*, Belo Horizonte, vol. 8, p. 38-48, 2001.

MATTOS, C. A. "Greenaway homenageia seus heróis cinematográficos". *O Estado de S. Paulo*, 16 fev. 1998, Caderno 2, p. 3d.

MERTEN, L. C. "Erotismo é perturbador". *O Estado de S. Paulo*, 8 jul. 1996, Caderno 2, p. 10d.

_____. "Greenaway diz que cinema é ineficaz para contar histórias". *O Estado de S. Paulo*, 8 ago. 1998, Caderno 2, p. 7d

_____. "Greenaway: um novo Gutemberg". In: *Cinema: um zapping de Lumière a Tarantino*. Porto Alegre: Artes e Ofícios, 1995.

MORAES, A. "Diretor é neo-renascentista". *O Estado de S. Paulo*, 8 jul. 1996, Caderno 2, p. 10d.

_____. "Greenaway declara amor à cidade". *O Estado de S. Paulo*, 4 jul. 1993, Caderno 2, p. 3d.

MOWAT, B. A. "Prospero's book". *Shakespeare Quarterly*, vol. 1, n° 51, 2001.

NUNES, P. *As relações estéticas no cinema eletrônico*. João Pessoa/Natal/Maceió: EDUFPB/EDUFRN/EDUFAL, 1996.

PALLY, M. "Order vs. Chaos: the films of Peter Greenaway". *Cinéaste*, vol. 18, n° 3, 1991.

PASCOE, D. *Peter Greenaway and moving images*. Londres: Reaktion Books, 1997.

PIRES, R. "Afogando em Greenaways". In: *Cinema*, n° 1. Rio de Janeiro: Zahar, 1993/94.

312   Gilberto Alexandre Sobrinho

QUERINO NETO, A. "Peter Greenaway". *Cinema*, São Paulo, ano 1, nº 4, nov./dez. 1991, p. 16–21.

RANVAUD, D. "Belly of an architect: Peter Greenaway interviewed". In: GRAS, V.; GRAS, M. (orgs.). *Peter Greenaway: interviews*. Jackson: University of Mississippi Press, 2000.

REDDISH, Liz (org.). *The early films of Peter Greenaway*. Londres: BFI, 1992.

RODGERS, M. "*Prospero's books* – Word and spectacle: an interview with Peter Greenaway". *Film Quarterly*, vol. 45, nº 2, inverno 1991/1992.

RODMAN, H. A. "Anatomy of a wizard". In: GRAS, V.; GRAS, M. (orgs.). *Peter Greenaway: interviews.* Jackson: University of Mississippi Press, 2000.

SEGOLIN, F. "A tempestade barroca de Peter Greenaway ou a proliferação do barroco no cinema". *Revista FACE*, São Paulo, maio 1994, volume especial – Barroco.

SIEGEL, J. "Greenaway by the numbers". In: GRAS, V.; GRAS, M. (org.). *Peter Greenaway: interviews.* Jackson: University of Mississippi Press, 2000, p. 78

SMITH, G. "Food for thought: an interview with Peter Greenaway". In: GRAS, V; GRAS, M. (orgs.). *Peter Greenaway: interviews*. Jackson: University of Mississippi Press, 2000.

SOARES, R. L. "Decifra-me ou te Devoro, ou do Enigma da criação em Greenaway". *Significação – Revista Brasileira de Semiótica*, nº 13 Mar. 1999.

SOBRINHO, G. A. "Espaço e sentido em *O Bebê Santo de Mâcon*". *Cadernos da Pós-Graduação/IA/Unicamp*, ano 4, vol. 4, nº 1, 2000.

_____. *Da semiose ao simulacro: a estruturação do sentido em* O Bebê Santo de Mâcon. Dissertação (mestrado em Letras) – IBILCE/ Unesp, São José do Rio Preto, 1999.

TRAN, D. "The book, the theater, the film, and Peter Greenaway". In: GRAS, V.; GRAS, M. (orgs.). *Peter Greenaway: interviews.* Jackson: University of Mississippi Press, 2000.

TURMAN, S. "Peter Greenaway". In: GRAS, V.; GRAS, M. (orgs.). *Peter Greenaway: interviews.* Jackson: University of Mississippi Press, 2000.

WALSH, M. "Allegories of Thatcherism: the films of Peter Greenaway". In: FRIEDMAN, L. (org.). *British cinema and Thatcherism.* Londres: UCL Press, 1993.

WELTMAN, W. "Peter Greenaway prega a reinvenção do cinema". *O Estado de S. Paulo*, 8 jul. 1996, Caderno 2, p. 1d.

WIILOQUET-MARICONDI, P.; ALEMANY-GALWAY, M. (orgs.). *Peter Greenaway's post-modern/post-estructuralist cinema.* Londres: Scarecrow Press, 2001.

WOODS, A. *Being naked, playing dead: the art of Peter Greenaway.* Manchester University Press, 1997.

WYVER, J. "Fragments from the Greenaway Encyclopedia". In: PÉREZ ORNIA, J. R. *Bienal de la imagen en movimiento' 90: exposición y catálogo, 12-24 diciembre 1990.* Madri: Museo Nacional Centro de Arte Reina Sofia.

Arte, cinema, televisão e cultura britânicos

ALLOWAY, L. "The development of British Pop". In: LIPPARD, L. *Pop art.* Londres: Thames and Hudson, 1966.

CHILDS, P.; STORRY, M. (orgs.). *Encyclopedia of contemporary British culture*. Londres: Routledge, 1999.

ELSAESSER, T. "Images for sale: the 'new' British cinema". In: FRIEDMAN, L. (org.). *British cinema and Thatcherism*. Londres: UCL Press, 1993.

FORD, J. *'Tis pity she's a whore*. Londres: Ernest Benn Limited, 1968.

FRIEDMAN, L. (org.). *British cinema and Thatcherism*. Londres: UCL Press, 1993.

GIDAL, P. (org.). *Structural film antology*. Londres: BFI, 1976.

GIDAL, P. *Materialist film*. Londres: Routledge, 1989.

GILES, P. "History with holes: Channel Four television films of the 1980s". In: FRIEDMAN, L. (org.). *British Cinema and Thatcherism*. Londres: UCL Press, 1993.

HEWISON, R. *Culture and consensus: England, art and politics since 1940*. Londres: Methuen, 1995.

HILL, J. *British cinema in the 1980s: issues and themes*. Oxford: Clarendon Press, 1999.

HILL, J; McLOONE, M. *Big picture, small screen: the relations between film and television*. Luton: University of Luton Press, s/d.

HUMPHREYS, R. *Tate Britain companion to British art*. Londres: Tate Publishing, 2001.

KATZ, Epharaim. *The Macmillan International Film Encyclopedia*. Londres: Macmillan, 1998.

LE GRICE, M. *Abstract film and beyond*. Londres: Studio Vista, 1977.

MacCABE, C. "The revenge of the author". In: *The eloquence of the vulgar*. Londres: BFI, 1999.

MULGAN, G. "The problem of being public". In: QUAND, D.; SELDON, A. *The ideas that shaped Post-war Britain*. Londres: Fontana Press, 1966.

NYMAN, M. *Experimental music, Cage and beyond*. Cambridge: Cambridge University Press, 1999.

O'PRAY, M. *Avant-garde film: forms, themes and passions*. Londres: Wallflower, 2003.

_____. *The British Avant-garde film. 1926 to 1995: an antology of writings*. Luton: John Libbey Media, 1996.

O'SHEA, J. R. "Shakespeare além do estético: *A tempestade* e o pós (-colonial)". *Crop 3*, dez. 1996.

PYM, J. *Film on Four 1982/1991: a survey*. Londres: BFI, 1992.

QUAND, D.; SELDON, A. *The ideas that shaped Post-war Britain*. Londres: Fontana Press, 1966.

REES, A. L. *A history of experimental film and vídeo*. Londres: BFI, 1999.

STONEMAN, R. "Incursions and inclusions: the avant-garde on Channel Four 1983–1993". In: O'PRAY, M. (org.). *The British avant--garde film 1926 to 1995*. Luton: University of Luton Press, 1996.

WALKER, J. *Arts TV: a history of arts television in Britain*. Londres: John Libbey, 1993.

WOLLEN, P. "The last New Wave: modernism in the British films of the Thatcher Era". In: FRIEDMAN, L. (org.). *British cinema and Thatcherism*. Londres: UCLPress, 1993.

WILDER, T. *The bridge of San Luis Rey*. Londres: Penguin, 2000.

WOOD, P. *Arte conceitual*. São Paulo: Cosac Naify, 2002.

Suporte teórico

ADAIR, G. (org.). *Movies.* Londres: Penguim, 1999.

AGUIAR, F. "Visões do inferno ou o retorno da aura". In: NOVAES, A. (org.). *O olhar.* São Paulo: Companhia das Letras, 1995.

ANDREW, J. D. "O desautorizado autor, hoje". *Imagens,* Campinas, n° 3, dez. 1994, p. 63–68.

_____. *As principais teorias do cinema.* Rio de Janeiro: Zahar, 1989.

AUMONT, J. *A estética do filme.* Campinas: Papirus: 1994.

_____. *A imagem.* Campinas: Papirus, 1993.

_____. *O olho interminável* – cinema e pintura. São Paulo: Cosac & Naify, 2004.

AUMONT, J.; MARIE, M. *Dicionário teórico e crítico de cinema.* Campinas: Papirus, 2003.

BAKHTIN, M. *Problemas da poética de Dostoievski.* Rio de Janeiro: Forense-Universitária, 1981.

BARTHES, R. S/Z. New York: Hill & Wang, 1974.

_____. "The death of an author". In: *Image, music, text.* Londres: Fontana, 1977.

BAZIN, A. *Cinema: ensaios.* São Paulo: Brasiliense, 1991.

BELLOUR, R. "A dupla hélice". In: PARENTE, A. *Imagem máquina: a era das tecnologias do virtual.* Rio de Janeiro: Editora 34, 1993.

_____. *Entre-imagens.* Campinas: Papirus, 1997.

BERMAN, M. *Tudo que é sólido desmancha no ar.* São Paulo: Companhia das Letras, 1986.

BERNARDET, J.-C. *O autor no cinema: a política dos autores – França, Brasil anos 50 e 60.* São Paulo: Brasiliense/Edusp, 1994.

BETTETINI, G. *La conversación audionvisual.* Madri: Cátedra, 1986.

BORDWELL, D. *Narration in the fiction film.* Wisconsin: The University of Wisconsin Press, 1985.

BORGES, J. L. "El arte narrativo y la magia". In: *Discusión.* Buenos Aires: Emecé, 1996.

_____. *Ficções.* São Paulo: Globo, 1999.

BRAIT, B. *Ironia em perspectiva polifônica.* Campinas: Editora da Unicamp, 1996.

BÜRCH, N. *Práxis do cinema.* São Paulo: Perspectiva, 1992.

BUSCOMBE, E. "Ideas of authorship". In: CAUGHIE, J. (org.). *Theories of authorship.* Londres/Nova York: Routledge, 1999.

CALVINO, I. *Seis propostas para o próximo milênio.* São Paulo: Companhia das Letras, 1999.

CAMPOS, H. "Da tradução como criação e como crítica". In: *Metalinguagem.* São Paulo: Cultrix, 1976.

CARMONA, R. *Como se comenta un texto fílmico.* Madri: Cátedra, 1991.

CASETTI, F. *El film y su espectador.* Madri: Cátedra, 1996

CAUGHIE, J. (org.). *Theories of authorship.* Londres/Nova York: Routledge, 1999

CHEVALIER, Jean; GHEERBRANT, Alain. *Dicionário de símbolos.* Rio de Janeiro: José Olympio, 1989.

CHILDS, P.; STORRY, M. (orgs.). *Encyclopedia of contemporary British culture.* Londres: Routledge, 1999.

CLARKE, J. "Architecture & Mortality". *Films and Filming*, n° 397, out. 1987.

COELHO, T. "O autor, ainda". *Imagens*, Campinas, n° 3, dez. 1994, p. 69-73.

COURTÉS, J.; GREIMAS, A. J. *Dicionário de semiótica*. São Paulo: Cultrix, 1989.

DELEUZE, G. *A imagem-tempo*. São Paulo: Brasiliense, 1990.

DINKA, S. "The floating work of art". In: RIESER, M.; ZAPP, A. (org.). *New screen media: cinema, art, narrative*. Londres: BFI, 2002.

DOANE, M. A. *The emergence of cinematic time: modernity, contingency, the archive*. Cambridge: Harvard University Press, 2002.

FOUCAULT, M. "What is an author?" In: *Language, counter-memory, practice: selected essays and interviews*. Oxford: Basil Blackwell, 1978.

GAUDREAULT, A.; JOST, F. *El relato cinematográfico*. Barcelona/ Buenos Aires/México: Paidós, 1995.

GENETTE, G. *O discurso da narrativa*. Lisboa: Arcádia, 1979.

GONÇALVES FILHO, A. *A palavra náufraga*. São Paulo: Cosac Naify, 2001.

GREIMAS, A. J. & COUTÉS, J. *Dicionário de semiótica*. São Paulo: Cultrix, 1989.

HARRIES, D. *Film parody*. Londres: BFI, 2000.

HARVEY, D. *A condição pós-moderna*. São Paulo: Loyola, 1993.

HEIDEGGER, M. "A questão da técnica". In: *Ensaios e conferências*. Petrópolis: Vozes, 2002.

HELIODORA, B. *Falando de Shakespeare*. São Paulo: Perspectiva, 2001.

HUIZINGA, J. *Homo Ludens: o jogo como elemento da cultura*. São Paulo: Perspectiva, 1971.

HUTCHEON, L. *Poética do pós-modernismo*. Rio de Janeiro: Imago, 1991.

_____. *Uma teoria da paródia*. Lisboa: Edições 70, 1989.

JAKOBSON, R. *Lingüística e comunicação*. São Paulo: Cultrix, 1995.

JENKINS, H. *Cultura da convergência*. São Paulo: Aleph, 2009.

KATZ, Epharaim. *The Macmillan International Film Encyclopedia*. Londres: Macmillan, 1998.

KOTHE, F. *A alegoria*. São Paulo: Ática, 1986.

LABAKI, A. *O cinema dos anos 80*. São Paulo: Brasiliense, 1996.

LOPATE, P. "In the search of the Centaur: The essay–film". In: WARREN, C. *Beyond document: essays on nonfiction film*. Middletown: Wesleyan University Press, 1996.

MacCABE, C. "The revenge of the author". In: *The eloquence of the vulgar*. Londres: BFI, 1999.

MACHADO, A. *A arte do vídeo*. São Paulo: Brasiliense, 1995.

_____. *Pré-cinemas & pós-cinemas*. Campinas: Papirus, 1997.

MANOVICH, L. *The language of new media*. Cambridge: MIT, c. 2001.

McLUHAN, M. *Os meios de comunicação como extensões do homem*. São Paulo: Cultrix, 2005.

MULGAN, G. "The problem of being public". In: QUAND, D.; SELDON, A. *The ideas that shaped Post-war Britain*. Londres: Fontana Press, 1966.

MULVEY, L. *Visual and other pleasures*. Londres: Palgrave, 1989.

NICHOLS, B. *La representación de la realidad*. Barcelona: Paidós, 1997.

NYMAN, M. *Experimental music, Cage and beyond.* Cambridge: Cambridge University Press, 1999.

O'PRAY, M. *Avant-garde film: forms, themes and passions.* Londres: Wallflower, 2003.

O'SHEA, J. R. "Shakespeare além do estético: *A tempestade* e o pós (-colonial)". *Crop 3*, dez. 1996.

PARENTE, A. "Cinema e tecnologia digital". *Lumina*, Juiz de Fora, vol. 2, n° 2, jan./jun. 1999, p. 1-17.

_____. *Imagem-máquina. A era das tecnologias do virtual.* Rio de Janeiro: Editora 34, 1993.

_____. *Narrativa e modernidade: os cinemas não narrativos do pós--guerra.* Campinas: Papirus, 2001.

PLATINGA, C. *Representation in Nonfiction film.* Nova York: Cambridge University Press, 1997.

PLAZA, J. *Tradução intersemiótica.* São Paulo: Perspectiva, 1977.

RAMOS, F. P. "O esgotamento de uma estética". In: LABAKI, A. *O cinema dos anos 80.* São Paulo: Brasiliense, 1996.

_____. "Falácias e deslumbre face à imagem digital". *Imagens*, Campinas, n° 3, 12, 1994.

RENOV, M. (org.). *Theorizing documentary.* Nova York: Routledge, 1993.

_____. "Re-thinking documentary". *Wide Angle*, vol. 8, n° 3/4, 1986, p. 71-77.

_____. "Toward a poetics of documentary". In: RENOV, M. (org.). *Theorizing documentary.* Nova York: Routledge, 1993.

ROSA, A. "A Hi-Vison do Japão: mudança de paradigma técnico ou estético?". *Galáxia*, São Paulo, n° 3, 2002.

ROSSET, C. *A anti-natureza*. Rio de Janeiro: Espaço e Tempo, 1973.

SITNEY, P. A. *Modernist montage*. Nova York/Oxford: Columbia University Press, 1990.

_____. *Visionary Film; the American Avant-Garde*. Nova York: Oxford University Press, 1974.

SOBCHACK, Vivian. "Inscrevendo o espaço ético: dez proposições sobre morte, representação e documentário". In: RAMOS, Fernão Pessoa (org.). *Teoria contemporânia do cinema*. Vol. II: *Documentário e narratividade ficcional*. São Paulo: Editora Senac, 2004.

STAM, R.; BURGOYBE, R.; FLITTERMAN–LEWIS, S. *New vocabularies in film semiotics*. Londres/Nova York: Routledge, 1992.

TALENS, J. *et al.* Elementos para uma semiótica del texto artístico. Madri: Cátedra, 1988.

VANOYE, F. *Ensaio sobre a análise fílmica*, Campinas: Papirus, 1992.

VILLAIN, D. *El enquadre cinematográfico*. Barcelona: Paidós, 1997.

VIRILIO, P. "O último veículo". *34 Letras*, n° 5/6, set. 1989.

WOODS, A. *Being naked, playing dead: the art of Peter Greenaway*. Manchester: Manchester University Press, 1997.

WOLLEN, P. *Signos e significação no cinema*. Lisboa: Livros Horizonte, 1984.

_____. "The *autheur* theory (extract)" In: CAUGHIE, J. (ed.) *Theories of authorship*. Londres/Nova York: Routledge, 1981.

XAVIER, I. *A experiência do cinema*. Rio de Janeiro: Graal, 1983.

_____. *O discurso cinematográfico: a opacidade e a transparência*. São Paulo: Paz e Terra, 1984.

ZUNZUNEGUI, S. *Pensar la imagen*. Madri: Cátedra, 1989.

Esta obra foi impressa em São Paulo no
outono de 2012. No texto foi utilizada a fonte
Nofret em corpo 10 e entrelinha de 15 pontos.